谨以此书献给所有关爱我的人

ANAN
JINGJING
ZUOJIAOYU

安安静静做教育

刘 斌 著

中国社会科学出版社

图书在版编目(CIP)数据

安安静静做教育/刘斌著.—北京：中国社会科学出版社，2019.6
ISBN 978-7-5203-4621-4

Ⅰ.①安… Ⅱ.①刘… Ⅲ.①校长—学校管理—文集 Ⅳ.①G471.2-53

中国版本图书馆 CIP 数据核字(2019)第 122286 号

出 版 人	赵剑英
责任编辑	陈肖静
责任校对	牛　玺
责任印制	戴　宽

出　　版	中国社会科学出版社
社　　址	北京鼓楼西大街甲 158 号
邮　　编	100720
网　　址	http://www.csspw.cn
发 行 部	010-84083685
门 市 部	010-84029450
经　　销	新华书店及其他书店
印　　刷	北京明恒达印务有限公司
装　　订	廊坊市广阳区广增装订厂
版　　次	2019 年 6 月第 1 版
印　　次	2019 年 6 月第 1 次印刷
开　　本	710×1000　1/16
印　　张	27
插　　页	2
字　　数	326 千字
定　　价	108.00 元

凡购买中国社会科学出版社图书，如有质量问题请与本社营销中心联系调换
电话：010-84083683
版权所有　侵权必究

目　　录

静水流深（代序） ……………………………………… 周　游（1）

【第一章　情怀】

我的关键事件 ……………………………………………（3）
从此，我将开启一段全新的人生旅程 …………………（6）
追寻心中的梦 ……………………………………………（10）
坚定自己的内心 …………………………………………（13）
做一个情感丰沛的人 ……………………………………（17）
让学生体验到成功的喜悦 ………………………………（18）
师爱随想 …………………………………………………（20）
德不孤，必有邻 …………………………………………（21）
"被需要"程度就是你的"人生价值"的大小 ……………（27）
学生跟什么人在一起才是重要的
　　——读《教学勇气：漫步教师心灵》………………（29）
教师的人格魅力是最根本的教育力 ……………………（31）
教育的终极使命在于提升人的主体性 …………………（33）
再读先生陶行知 …………………………………………（36）

【第二章　思考】

浅谈校长的领导力 ………………………………………………（43）

学校干部队伍建设的八个导向

　　（2016年9月26日,在中层干部会上的讲话）………………（46）

教师第一 ……………………………………………………………（53）

若得月轮终皎洁,不辞辛苦为卿热 ………………………………（56）

教学管理中的几点思考 ……………………………………………（58）

理想课堂建设的几点思考 …………………………………………（61）

信息化与课堂教学改革的几点思考 ………………………………（65）

学校培养对象和培养目标的几点思考 ……………………………（68）

精细化落实教学常规的几点思考 …………………………………（70）

提高教学质量的几点思考 …………………………………………（73）

关注就是教育 ………………………………………………………（75）

我们已无可回避地变成了一所薄弱校

　　——对当前学校现状的思考 …………………………………（76）

明确职责,脚踏实地,为学校的发展多做工作 …………………（84）

【第三章　方略】

自强不息　和衷共济　持之以恒把学校办好

　　——在2016—2017学年开学典礼上的讲话 ………………（91）

方略一:学校章程 …………………………………………………（94）

方略二:学校文化建设方案 ………………………………………（111）

方略三:学校发展三年规划 ………………………………………（135）

方略四:学校课程体系 ……………………………………………（167）

【第四章　担当】

奠定学校未来发展基调的一次会议
　　（2016 年 9 月 22 日）………………………………………（177）

讲政治　讲规矩　讲学习　讲团结
　　（2016 年 9 月 23 日,在中层正职干部会上的讲话）………（192）

工作做起来　目标明起来　干劲鼓起来
　　（2016 年 10 月 10 日,在中层正职例会上的讲话）…………（194）

保持良好势头　扎实推进工作
　　（2016 年 10 月 24 日,在中层正职例会上的讲话）…………（197）

同心同德　砥砺前行
　　（2016 年 11 月 1 日,在 2016—2017 年第一学期期中总结
　　大会上的讲话）………………………………………………（201）

交流汇报工作　安排期中检查　突出教学中心　注重思想建设
　　（2016 年 11 月 8 日,在中层正职例会上的讲话）…………（216）

统一思想　明确目标　强化责任担当意识
　　推动学校工作不断向前发展
　　（2016 年 11 月 21 日,在中层干部行政办公会上的讲话）……（221）

2017 年元旦致辞
　　（2016 年 12 月 30 日）………………………………………（229）

提升我们办学的自信力
　　（2017 年 1 月 9 日,在中层正职例会上的讲话）…………（232）

以人为本　激发师生内生动力　整体推进　促进学校自主发展
　　（2017 年 2 月 12 日,在金山中学四届三次教代会暨职工
　　大会上的讲话）………………………………………………（242）

安安静静办教育　提高标准干工作
　　（2017 年 2 月 21 日,在中层正职例会上的讲话）…………（251）

在音体美专题工作会上的讲话

  （2017年2月22日）……………………………（257）

"主体性教育"核心理念逐步得以贯彻

"五优两满意"办学目标持续得以推进

  （2017年5月11日，在2016—2017—2期中总结

  大会上的讲话）…………………………………（260）

在2017届初中毕业典礼上的讲话

  （2017年6月26日）……………………………（265）

稳中求进 保持定力 咬定目标 自主发展

  （2017年8月26日，在2017—2018学年学校

  工作计划传达会上的讲话）……………………（269）

团结一心 凝神聚力 建设"五优两满意"优质学校

  （2017年8月28日，在2017—2018学年开学

  典礼上的讲话）…………………………………（284）

围绕核心理念 强化责任担当

持之以恒推进"五优两满意"目标建设

  （2017年9月4日，在校委会例会上的讲话）………（286）

内心光明 研究育人 成就学生 幸福自己

  （2017年9月8日，在庆祝第33个教师节大会上的讲话）…（290）

不忘初心 潜心育人

  （2017年9月11日，在"爱与责任"主题教育活动

  动员会上的讲话）………………………………（293）

同心协力 埋头苦干 推动学校工作再上新台阶

  （2017年9月18日，在校委会例会上的讲话）………（296）

认清形势 把握重点 攻坚克难 推进工作

  （2017年10月16日，在校委会例会上的讲话）………（304）

把握期中节点　全面检查工作　加强作风建设　勇于责任担当

　　（2017年11月13日，在全体中层干部行政

　　办公会上的讲话）……………………………………（308）

统一思想　保持定力　扎实工作

　　全面推进"五优两满意"优质学校建设

　　（2017年12月7日，在2017—2018学年第一学期期中

　　总结大会上的讲话）…………………………………（313）

抓住重点　把握形势　摆正心态　掌握方法

　　（2017年12月18日，在行政办公例会上的讲话）………（321）

教育服务社会　社会支持教育

　　——在社会实践基地揭牌仪式上的讲话 ……………（327）

2018元旦贺辞

　　（2017年12月31日）…………………………………（330）

【第五章　实践】

（一）金山中学的"金砺讲坛"——

没有爱，就没有教育………………………………程国伟（335）

精心设计德育活动　唤醒学生主体意识…………于建磊（343）

把工作当成研究……………………………………杨永梅（345）

生命因事业而澎湃…………………………………冯　亮（347）

让爱为他导航………………………………………李爱冬（350）

体味平凡……………………………………………赵真真（353）

做儿童的领读者……………………………………孙　蕊（357）

爱促花开……………………………………………李　婷（363）

教育需要等待………………………………………吴国平（365）

把小事做好…………………………………………纪志刚（367）

（二）金山中学的"值周校长"制——

值周校长制度 …………………………………………………（376）

"值周校长"启动仪式上的讲话

  （2018年9月12日）……………………………………（378）

不忘初心，温暖前行 …………………………………………（381）

  首任值周校长陈庆娜工作总结

  （2018年9月24日）……………………………………（381）

  第二任值周校长陈姝老师的发言

  （2018年10月15日）…………………………………（383）

  第三任值周校长张娟发言

  （2018年10月22日）…………………………………（386）

  第四任值周校长李婷发言

  （2018年10月29日）…………………………………（388）

  第五任值周校长高安文发言

  （2018年11月12日）…………………………………（390）

  第六任值周校长刘俊梅发言

  （2018年11月19日）…………………………………（392）

【第六章　回响】

"三环六步　立体合作"教学模式

  ——临淄区金山中学课堂教学改革纪实 ……………（397）

主体性教育，激扬生命自觉

  ——临淄区金山中学办学纪实 ………………………（401）

关于优质学校的思考 …………………………………………（405）

后记 ………………………………………………… 刘　斌（410）

静水流深
——从《安安静静做教育》中读出的境界(代序)

□ 周　游

　　一段时间之前，刘斌先生偶露有出本集子的意向，且嘱我在其大作付梓之际写点什么。当时，我几乎想都没想就痛快地答应了。可是没想到，一篇几千字的文章，竟然断断续续地写了一个多月。之所以如此，除了作者是位为人师表的老师、德艺双馨的校长以外，书中所反映的又全是融专业性、学术性、前瞻性于一体的经验、感悟和方略之外，更重要的一点是，作者几十年如一日如何专心想教育、痴心办教育、静心做教育的痴迷和安静程度让我打怵了。因为，在日新月异、纷繁杂陈的大变革、大发展的形势和环境中，形形色色的人们，有的是行走脚缥缈，垂钓浮水上；有的是为了达到某种目的左顾右盼，患得患失；有的则看重权，盯着钱，物欲横流，利欲熏心。正因如此，我一下走进这样一位安安静静的似乎不食人间烟火的辛勤园丁火热的内心世界时，不禁被深深地震撼了，以至于被震得思维短路，文笔枯竭，无从下手。

　　经历了这段心里旅程之后，我强迫自己先把滚烫的血冷下来，以刘斌先生为参照物，重新寻找茫茫夜海中的灯塔，完成一次神圣的精神之旅。这样以来，果然奏效。静下心来，通读原著，竟然从中读出清代民国时期著名学者王国维《人间词话》中著名的治学三境界："昨夜西风凋碧树。独上高楼，望尽天涯路"；"衣带渐宽终不悔，为伊消得人憔悴"；"众里寻他千百度，蓦然回首，那人却在灯火阑珊处。"

一

王国维认为治学第一境界是"昨夜西风凋碧树。独上高楼，望尽天涯路"。这词句出自晏殊的《蝶恋花》，原意是说，"我"上高楼眺望所见的更为萧飒的秋景，西风黄叶，山阔水长，案书何达？在王国维此句中解成，做学问成大事业者，首先要有执着的追求，登高望远，瞰察路径，以便了解事物的概貌，明确前进的目标与方向。

23年前，七月流火的季节，一个从圣人之乡曲阜师范大学刚刚走出校门，稚嫩中透着几分执着的莘莘学子，义无反顾地走进中国石化集团第十建设公司子弟学校，也就是现在的临淄金山中学，从此开始了他的执教生涯。

从这一刻开始，他清醒地意识到，走出求学的校门只是迈向漫长人生路的一个台阶，而走进的这个校门也许是一生中为之奉献青春和热血的神圣殿堂。

应该说他是幸运的，幸运的是一进校门就遇到一位视教育如生命的指导老师——谭爱菊。而他又是有准备的，正如法国思想家巴斯德曾经说过的："机遇只偏爱那些有准备的头脑。"面对这个从贫困山区走出来又痴迷教育的孩子，谭老师恨不得把自己几十年从教中的全部积累都一股脑地教给他：教他如何备课、如何授课，教他如何批改作业，如何编写试卷，教他如何与学生谈心交心，如何教学生为人处世等等。聆听谭老师苦口婆心的教育箴言，看到谭老师用红蓝铅笔密密麻麻画满的厚厚的备课簿，再看看谭老师垂到鼻梁的老花镜和稀疏花白的头发，他的眼里噙满了泪水，崇敬之情油然而生。但很快他悄悄地把泪水抹掉，因为他不想让母亲一样真心对他的导师看到自己的脆弱。他把这一切记在了心里，把这种滋养化作了动力，变成了行动。经过短短两年的时间，凭着这种动力，和着咸咸甜甜的汗水，他在全区"教学新秀"评比中以各项考评总分第一的成绩荣获"临淄区教学新秀"称号。

这一年他只有 24 岁。

对于有志者来说，成绩是激励他奋勇前行的润滑剂，更是一管兴奋剂。初出茅庐，他百无禁忌；初战告捷，他信心百倍。两年之后，星期天、节假日那盏时常亮到半夜的灯又开出了一簇灿烂的花朵，在全市高中数学优质课比赛中，经资深教育专家评委对各种参评项目的综合评选，他一路过关斩将，一举斩获"市优质课一等奖"的佳绩。

这是他获得的第一个市级荣誉。

从沂蒙山腹地那块贫瘠的土地上生长起来的孩子，一直做着一个绿色的梦，那些梦在他的行囊里鼓动着希望与腾飞的翅膀。于是，在 5 年后一个"飞雪如絮的清晨"，他"把梦撒向了南方"，只身来到花城，来到北大附中广州实验学校。

游学的过程使他有了更多的收获，思考的深入使他的内在潜质得到大大激发。然而，在很多夜深人静的时候，他的灵魂在"反复叩问自己，我的出走，是不是一种逃离？"他带着复杂的情绪在日记中写道："世上有一种鸟，没有脚，为了自己不灭的梦想，它只能不停地飞；那么为了我的梦想，我也愿意飞，飞到我的羽毛花白，飞到岁月锈迹斑斑。"当他写到这里的时候，他早已是泪水涟涟，泣不成声。因为，透过泪水，他看到了朦胧夜色中疼爱自己的孤独的妻子，看到了校舍里边朗朗读书的心爱的学生，看到了十几年寒窗为培养自己而付出汗水与心血的一双双期待的眼睛。为了梦想，他想飞的更高，而在飞翔的过程中，他的躯体，他的心灵又一遍遍地被朔风、被激流、被世态炎凉击得支离破碎，体无完肤。理想与现实的隔阂，追寻与迷失的胶着，痛楚与孤寂的漂泊像一剂毒针，一齐注入他的灵魂、他的神经。经过一个半学期的矛盾与挣扎，他将新颖开放的教育思想打进背包，迷途羔羊般重返故都。这看似回到原点的经历，却是他坚定信心，超越自己的新的起点与开始。

"要想成就一件事，必须从内心对这件事有一种执着、甚至痴迷的渴求状态，要有坚定的内心。"而"坚定自己内心唯一的途径是不断加强学习。"他用"心"写下这段话的时候，是 2015 年的金秋季节。也正是从这个季节开始，他走入了儒圣孔子《诗经》"如切如磋，如琢如磨"的痴魔境界。

"当下的中国教育，我认为最紧迫回归人本，让孩子成为他自己。"在常人认为，作为一个普通教师，似乎备好课，教好学就是他的主业，就是他的根本，而思考和探求一个国家教育的宗旨和方向，似乎远远超出了他的职责和能力范围。观念关不住活跃的思维，牢笼套不住跳动的心灵。他甚至固执地认为，一所学校应该同时挂三块牌子：学生的成长学校，教师的发展学校，家长的培训引领学校，"即三方协同，三位一体育人：学生自主的'自育'、教师主导的'他育'、家庭环境全天候贴身的'境育'。'三育'并举，才会取得教育的实效。"

从执着追求，登高望远，瞰察路径，到坚定信心，明确前进的目标与方向，达到王国维治学的第一种境界，他用了整整 20 年。

二

王国维的第二种治学境界是："衣带渐宽终不悔，为伊消得人憔悴。"这里引用的是北宋柳永《蝶恋花》最后两句词。原词是表现作者对爱的艰辛和爱的无悔。若把"伊"字理解为词人所追求的理想和毕生从事的事业，亦无不可。王国维则别有用心，以此两句来比喻成大事业、大学问者，不是轻而易举，随便可得的，必须坚定不移，经过一番辛勤劳动，废寝忘食，孜孜以求，直至人瘦带宽也不后悔。这当然又是王国维的高明之处。那么喝酒的这个境界则是酒至酣处，心雄万丈、脸飞红霞。此阶段，飞觞杯交，颐指气使，是最来"感觉"的时候。而作为从事教育工作的刘斌来说，使他对教育工作沉迷不返，乐此不疲的探索追求是永无止境，无怨无悔的。

在书中一篇《主体性教育，激扬生命自觉》的文章中有这么长长的一段话：基础教育不是培养少数精英的教育，而是以激扬全体师生的生命共同成长为目的的教育。金山中学以培养"有中国灵魂、世界眼光、具生命自觉的现代人"为方向，以建设"有家国情怀、社会担当、具人文气息的规范校"为办学目标，坚持"全面加特色，合格加特长"的办学宗旨，以"惜时如金，尚行以山"为校训，以"博彩成趣，和乐竞进"为校风，以"爱润无声，责铸师魂"为教风，以"乐学进智，明理扬长"为学风，落实主体性教育，初级学生核心素养的发展与提升，激发起学校的每一位教师和每一位学生的生命自觉，使学校里的每一个生命都全面、和谐、可持续的发展。

看到这里，我又一次震撼了。在这里，我看到了一种能量——一种似乎不是一所初级中学所能容纳和负载的巨大能量。这种能量折射出一所学校对生命的极大尊重与膜拜，折射出作者作为一校之长"衣带渐宽终不悔"的璀璨的人性光辉。这种似乎浸淫着宗教式灵光的熠熠光辉，大多反映在第二章的《思考》中。

"教育的第一资源是教师，学生的真正教材是教师。"他在学校响亮地提出"教师第一"的主张，与著名教育家、国家督学、北京十一学校校长李希贵的《学生第二》有异曲同工之妙。李希贵先生的论断，打破了多年来"以学生为中心"的教育观点，而将教师誉为"托起太阳的人"，也就是说教师这个职业，应该是太阳底下最光辉的职业。在刘斌的观念和意识中，"教师应该是一个真诚地探索者，一个智慧的求职者，虽然他有足够的耐心等待学生自己去发现，他也有足够的勇气承认自己不是全能全智，但是，他有把握将学生带向一个至少他领略过的理想境地。"作为校长，似乎有这种境界，这种胸怀，才能在领导和决策时充分考虑到教师的意见，维护教师的利益，从而达成组织的利益。反之，如果校长一味地从官本位出发，把自己放在第一的位置，总是高高在上地去指挥教职员工被动地接受一个个指令，那么在少了一份对教师的尊重和关怀的同时，在领导的境界里也就输了一筹。所以，他将"校长的官位"装进笼子里，以一位普通教育工作者的心态和本真，"贴地而行"，潜心研究学校干部队伍建设的导向，反思教学管理工作中的得失，钻研提高教学质量的途径，探寻信息化与课堂教学改革的最佳结合点。不一而足，用心良苦。在这项长期复杂的探索过程中，不知不觉思想的容量越来越大，胸中的道路越来越宽，治学的境界自然上了一个新的更高的台阶。然而，在学校体制改革前后的一段过度时期内，他发现，受市场经济杠杆调节的影响，随着国有企业效益的波动，与之息息相关的子弟学校同时受到很大的冲击。学校划归政府教育序列后，教师队伍的频繁调动，系统体制内各种检查、达标、进课堂、现场会等华而不实的表面化倾向，致使曾经健全的优秀师资力量流失，学校办学的自主性丧失，生源质量滑坡，就连竭力发展的各种适合学生特长育人动力也失去了强有力的支撑。"衣带渐宽",苦恼连连,他对学校建设和发展一向的自信也变得日趋"憔悴"和低迷。如何拨开迷雾,化解矛盾,走出瓶颈,重振学校往日的雄风?他攀着荆棘,迎着霜雪,爬上蜂山顶,任凭生硬的朔风肆无忌惮地抽打他的躯体,毫不留情地折磨他困疚的魂灵。

三

"众里寻他千百度,蓦然回首,那人却在,灯火阑珊处",这是王国维描述治学的第三种境界。这里引用了南宋著名爱国将领和词人辛弃疾《青玉案》中的最后四句。梁启超称此词"自怜幽独,伤心人别有怀抱。"这是借词喻事,与文学赏析似无交割。王国维已先自表明,"吾人可以无劳纠葛"。他以此词最后的四句为"境界"之第三,即最终最高境界。这虽不是辛弃疾的原意,但也可以引出悠悠的远意。做学问、成大事业者,必须有专注的态度,艰辛的付出,不屈不挠的精神,最终方能从必然王国进入自由王国。引申到这个层次,王国维的高明自不必说。

化解矛盾,走出瓶颈,说起来简单,做起来难。而对刘斌而言,越是艰难,越是对自己信念的一种考验,对生命的一种历练,对人生的一种升华。于是,有了文集的第三章《方略》,第四章《担当》,第五章《实践》。

不以规矩无以成方圆。他一直认为,学校要走上发展的快车道,必须秉承"依法治校"的管理思维,建立与时代步履同频共振的现代学校制度。举重若轻,领航发展。经过近两个月时间的苦苦思索,借鉴名校的管理经验,一套金山中学建校40余年首个真正意义上的学校章程诞生了。从理念文化,到行政管理,从教育教学到学生、教职工管理,直至"学校主动与社会、家庭联络沟通,建立学校、家庭与社会三位一体的育人体系"。有了章程，就有了规矩，日常管理有了参考，教师教学有了遵循，学校办学有了方向。洋洋数千言，字字溶心血。也许《章程》的内容是呆板的，教条的，甚至是枯燥的，但是，这是一名教育工作者对学校、对家庭、对社会的一颗忠心赤胆，这是一名业余写手献给当代教育事业的优秀答卷。

不知从何时起，我们进入了一个哪怕只有三个人组成的公司，老板都要带秘书，芸芸众领导即使来上一段貌似即兴的讲话都要秘书代笔的时代。而一个拥有数百名教职员工和学生的不算小的学校，大大小小的活动无疑都需要校长"讲两句"。透过文集我们发现，小到千把字的即兴演说，大到上万字的年度总结，所有由校长讲述的每一篇文稿，全部出自刘斌本人之手。对此笔者曾与其推心交流："作为一校之长，你有那么多的会需要去参加，那么多的事需要去协调，那么多的人需要去管理，怎么还有精力和时间去亲自写稿？"听到这个提问，他用陌生惊愕的目光看了我一眼说："校长讲话去念别人写的讲话稿，怎么能反映校长的真实心声？"言外之意自己写讲话稿是天经地义。难怪我们发现，他在不同时段，不同环境的讲话都那么与众不同，都那么通人情，接地气。相比一些虚情假意，无病呻吟，空泛阔谈的作品，他的每一篇讲话稿都是带着对师生的深厚感情的优美散文，都是带着对学校孜孜眷恋的浪漫诗篇。因为当他每一次走向讲台的时候，满眼望去，"看到的是一颗颗澎湃的心！"

铁肩担道义，妙笔著文章。写到这里，我们不禁回过头来辨析刘斌四十多年来走过的足迹，从学生，到老师，再到校长，从受教于人，到教书育人，似乎只是缠绕着教育问题的两个方面。从他踏实的足迹中我们读出一种沂蒙后生对师生、对学校、对社会巨大的人文关怀和悲悯情怀。

问渠那得清如许，为有源头活水来。一个有着如此人文关怀和悲悯情怀的人，一个勤于思考，敢于担当，躬行实践的人，还有什么困扰学校的矛盾不能解决，还有什么制约教育的瓶颈不能突破？

走出蜂山口，风雪渐已收。站在高处，俯视齐鲁化工名城这块璀璨的明珠，阑珊灯火映照，春风正拂面上。观此情景，我们还有什么理由怀疑安静痴心做教育的刘斌，在蓦然回首的一刹那，找寻不到他日思梦想的"千百度"？

品完刘斌先生吻合了王国维治学三境界洋洋30余万字的文集之后，如释重负地掩卷静思，脑海中忽然浮起出自《山海经》的一个成语，静水流深。对这个成语有多种解释，就像一千个人的眼中有一千个哈姆雷特。一种解释是奔腾不息的河流，虽有汹涌的外表，但却没有深度，没有内涵；静静的潭水，虽看似柔弱，但却深不可测。另一种解释是表面平凡无奇，但心中却存有大智慧。我最喜欢的是刘斌本人对这个成语的理解和感悟："静，波澜不惊，一碧万顷，生命的笃定在于初心明净；水，上善若水，利物不争，生命的价值在于润泽奉献；流，浩淼如烟，大川似渊，生命的奔腾在于超越悲欢；深，蕴涵辽阔，静谧庄严，生命的意蕴在于宁静致远。"延顺着这种超凡的思维定势，透过浮世红尘芸芸众生，我看到了月光下的海，原野中的花朵，高耸入云的山峦……它们看上去是那样的平静，那样的安详，那样的缄默不语。然而，它们的积淀却是那样的丰厚，精神是那样的富足，胸怀是那样的博大……

（作者系山东省作家协会会员，山东省作家协会创作专业委员会委员，山东省报告文学学会理事。淄博市作家协会主席团成员，临淄区作家协会主席。）

第一章

情 怀

不忘初心　方得始终

我的关键事件

有人说，一个普通的教师要成长为一名优秀的教师，必然经历过一些"关键事件"。我从一名普通的教师成为一名校长，也正是经历了一些"关键事件"。

1996年，我毕业于曲阜师范大学数学系，7月被分配到中国石化集团第十建设公司子弟学校，即现在我担任校长的临淄区金山中学。参加工作伊始，连续在1996—1997学年，1997—1998学年两个学年四个学期的校内青年教师各类讲课比赛中，我都是一等奖获得者。

我要感谢的是指导师傅谭爱菊老师。谭老师高中数学教学水平很高，1996年7月，我一参加工作，学校就安排我拜谭老师为师傅，全天候跟随师傅学习。学习如何备课，学习如何上课，学习如何批作业，学习如何与学生谈心，学习如何编考试卷，学习如何刻钢板印试卷，学习如何为人处事……从我的师傅谭爱菊老师身上，我学到了很多，收获很大，最主要的是专业方面的收获。举两个例子：一是谭老师的备课本上总是用红蓝两种颜色的笔密密麻麻地写得很满。即便她那时候已经是一位50多岁的老教师了，但是，仍然坚持写详案。更令我敬佩的是她在每一节课的备课中，把当时高中数学课本上的每一道课后习题，不论是让学生当堂做练习的题目还是要求学生课后做到作业本上的题目，都自己十分认真先做在备课本上，而且步骤书写作图都十分严谨规范。既便每年的课本并没有改变，但谭老师仍然每学期都要这样详细备课，每次备课也都是把课本习题这样详细规范地做在备课本上。这一点，在今天的教师备课中已经很难再看到了。我当年的备课也是按照谭老师的标准严格要求自己的，这一点我十分受益。二是当年高中学生在星期六、星期日是要上课的，不像近些年有双休日。即便是星期六和星期日上课，谭老师也要求我到校听她的课。平时周一到周五也几乎每天必须听她一节课。那时，我听了大量的课。每次听完课，谭老师总要认真地和我讨论这节课是如何设计的，以及上课过程中的一些细节是如何处理的。从谭老师身上我学到了很多很多，我的教学水平也迅速提高起来。我永远感激我的师傅谭爱菊老师。

1998年，我在全区"教学新秀"评比中以考评总分第一的成绩获"临淄区教学新秀"称号。这是我参加工作以来的第一个区级荣誉。

2000年，我参加全市高中数学优质课评选。当年在沂源一中大阶梯教室上课，我记得大教室内座无虚席，约有几百人在听我上课。教室后面还有三台摄像机在录相，当时的那种阵势至今仍让我记忆犹新。在那次比赛中，我一举获得全市第一名，荣获"市优质课一等奖"。这是我获得的第一个市级荣誉。

2002年4月，我被淄博市教研室朱恒杰老师点名指定代表全市参加山东省优质课评比，在胶州一中讲的课，在全省高手如云的竞赛中，我很遗憾地只获得了"二等奖"。其实那次我没获一等奖是有原因的。当时，我已经担任学校的团委书记，2002年4月正忙于学校的四十年校庆事宜，没能好好研究课。当时陪同我去胶州讲课的是王柏林老师和邹宗玺老师，一路上在车里我们还在备课。晚上到住地，第二天一早上课，没有讲好，只获得二等奖。

2003年，我被评为"临淄区数学学科带头人"、"临淄区百名名师"。

正是我过硬的专业水平赢得了教职工和家长的高度评价。我所任教的 2001、2004 两届高中毕业生的高考数学成绩都创下了学校历史最佳，在全市也名列前茅。2007 届成绩也很优秀，当年获得"淄博市教学突出贡献奖"。

2005 年，我游历到北大附中广州实验学校，这是一所优秀的私立学校。在那里我工作学习了一个半学期，短短几个月让我学习到了许多，感悟到了许多。这段经历进一步夯实了我的一些教育思想。

2010 年，学校的高中部撤并到临淄中学，我选择留在了义务教育段原校任初中教务主任。

2016 年 7 月 6 日至 8 月 5 日，参加淄博市委组织部举办的"2016 全市企事业单位青年干部素质能力提升班"。

2016 年 8 月 20 日，市委组织部到校考察拟任干部人选。

2016 年 8 月 30 日，我被市委组织部正式任命为临淄区金山中学党总支副书记、副校长，主持工作。

"教而优则仕"仿佛已成了规律，过硬的专业水平赢得了良好的口碑，组织的培养和个人的积累以及机遇的垂青，我被"抛"在了校长的岗位上。

谨记！

从此，我将开启一段全新的人生旅程

2016年9月14日，临淄区委组织部副部长宋磊同志（左7）在区教育局党委书记、局长刘学军同志（左6）陪同下，到校宣布组织任命。

校长由组织任命，但校长要真正建立起师生认可的权威，成为一所学校的领导者，不能仅仅靠组织任命，而更多地要靠个人的影响力。校长个人的影响力，主要由校长的人格魅力和学识魅力组成。校长必须是一位令人尊敬的君子，重视自我修炼，加强自我管理，用自己过硬的素养赢得师生的信任。

2016年9月15日上午10：10，我主持召开了全校中层干部会。

中层干部会上，我讲得很认真。兹将当时的发言稿整理如下：

同志们：

利用这个时间我们召开全校中层干部会议。本次会议是新一届学校领导班子调整后的第一次中层干部会，会议的主题是：统一思想，明确要求，团结一致向前看。

一 宣布干部安排

昨天区委组织部宋磊副部长在区教育局刘学军局长的陪同下来我校宣布了市委组织部对我校领导班子的调整文件。学校领导班子由我、王竹报、刘学军三人组成。我任学校党总支副书记兼副校长，主持工作；王竹报任副校长；刘学军局长兼任我校党总支副书记。刘学军同志以临淄区教育局局长身份兼任我校的党总支副书记，主要主持区教育局的工作，对我校的工作更多地从全区大政方针方面给予支持，不具体参与到学校的管理工作当中。王竹报副校长作为上届班子中的一员，也是我们的老领导，协助我开展全面工作，也不具体负责某一个方面工作。校级领导班子会由我召集，更多的是以个别沟通交流的方式形成集体领导意见。今后一个时期，学校的具体工作将由我主持的中层正职会议来决策部署。

中层任职安排如下：曹玉伟同志任督导室主任，任树村同志任教科室主任，张忠诚同志任总务处主任，宋玉平同志任小学教务处主任，王柏林副主任主持初中教务处工作，焦学军同志任政教处主任，纪志刚同志任办公室主任，关丙卿同志不再担任办公主任，负责工会、党务方面的工作。程国伟同志不再担任小学政教处主任，改任初中教务处副主任协助王柏林主任工作。其他中层副职任职不变。

二 统一思想，明确要求

全校工作分为前勤、后勤两条线。前勤：初中教务处、小学教务处、政教处、教科室。后勤：办公室、督导室、总务处、工会。学校管理采用扁平化管理模式，全校工作校长负责，部门工作由各中层正职负责，中层正职直接对校长负责。由校长、副校长和中层正职共同组成校务委员会，集体决策学校重大事务。艺术体育工作除由各教务处分管外，由办公室主任纪志刚协管。

三 团结一致向前看

（一）大家都是学校的老同志，有些还是我的老师，请大家自觉拥护、支持和服从市委、区委的人事调整决定，共同维护新班子的权威，服从新班子的领导，共同把学校发展好。

（二）今天成立了新一届校干队伍，我们要在群众中树立起良好的干部形象。言谈举止要有分寸。尤其是说话要注意场合、语境、对象、措词。做到言慎行修。我国的传统文化中特别注重礼，礼就是法度，礼就是规范。儒家文化中讲，"君子非礼仪法度不言行，言行正而后身正。身正则家治，家治则国兴。齐家以修身为本，修身以言行为始。君子居其室出其言，言善则千里之外应之，不善则千里之外违之。言出乎身，加乎民；行发乎迩，见乎远。言行，君子之枢机。言行，君子之所以动天地也，可不慎乎！言行所感应者，正则荣，不正则辱。正身之道，必时时反省己之言行。"希望我们大家在今后的工作中说话做事都要三思而后行。

（三）上级组织部门将我们放在领导岗位上，给我们一定的级别职位，不是让我们来享受待遇的，而是让我们承担责任的。要有担当意识。当前，学校发展正面临许多困难，市委、区委区政府、区教育局都在看着我们。学校班子调整之后，上级对我们寄予很高的期望。学校能否顺利发展，关键就看我们这个干部队伍是否作风过硬，能干事，干成事。在我们这个队伍中，谁是学校发展的促进者，谁是学校发展的阻碍者，不仅组织人事部门盯着看，广大教职工也在盯着看。广大学生家长、社会各界、全体学生都在观望着我们。所以，我们一定要严于律己，认真工作。

（四）团结一致向前看！学校将如何发展，关键就在在座诸位！只有我们大家团结一心，心往一处想，劲往一处使，互相补台，互相支援，互相帮衬，我们学校的未来才有希望。大家都是学校的中流砥柱，学校是我们安身立命、养家糊口的地方，也是实现我们个人人生价值的地方，我们谁都没有权力阻碍学校发展的大局。现在，新一届领导班子已经成立，希望大家尽快团结在新班子周围，维护新班子，助力新班子，抛开一切自私自利的想法，真诚地投入到工作中来。以"捧着一颗心来，不带半根草去"的教育情怀，以纯净之心做专业之事，团结一致向前看，我们学校才有希望！"文化立校"是学校下一步发展的必由之路，我们共同探讨并建立学校的文化体系，争取用两个"三年规划"，将我们学校建成区域内有一定影响力的优质学校。

同志们，"步调一致才能取得胜利"，我用三个词与大家共勉：一是自强不息。我们要立足学校的实际校情，不折腾，不浮夸，埋头干，自强自立，自强不息地干！二是同舟共济。我们要集中广大教职工的才智，广泛听取群众的意见和建议，集思广义，发扬民主，推动学校和谐发展、全面发展。三是持之以恒。任何工作不是一蹴而就的，要脚踏实地，持之以恒地干，久久为功。

【回味与感悟】这是我召开的第一次全体中层干部会。这次会议，确立了我的讲话风格。校长讲话不仅仅在其讲话的内容，校长讲话的语气、语调，都会传递出某种信息，影响学校的风气和发展形势。今天我是以校长的身份组织召开的中层干部会，从今天起，我的身份已经发生了变化，必须适应新的身份，承担新的责任，要把自己与学校发展融为一体。

"抓班子，带队伍"是任何一个组织的领导者首先要做好的事情。虽然这些中层干部全都是与我一起并肩战斗的兄弟，但是这并不意味着这个中层干部队伍能天然地迅速形成合力。在当前这种形势下，与中层干部的关系要有所调整，不能以兄弟相称，要有一定之规，否则会影响组织的正常运转，最终受损的是学校的发展，损害的是组织利益。

"知敬畏"是我的内心深切的感受。组织上任命我为校长，就是把学校发展、事业发展的接力棒交到我手中，我必须把推动学校发展当成自己的人生使命，把办好学校为社会提供优质教育服务当成自己的人生信仰。从今天起，我的个人生命将与学校的命运紧密联系在了一起，一荣俱荣，一损俱损，再也没有了自己的自由，在一切外人面前，我的一切行为都将不再代表我个人，而是代表了金山中学。

这是一种奇妙的感觉：意识到自己人生的使命，找到了自己人生的归宿之感。这种感觉一下子让我内心充满了一种敬畏感、一种使命感、一种庄严感。

我深知，从此我将开启一段全新的人生旅程！

追寻心中的梦

［题记］2005年2月18号（农历正月初六），大雪，我出发去广州，游学于北大附中广州实验学校，一所国内顶级的优

秀私立学校。2005年12月18号，我从北大附中广州实验学校重新回到原单位报到，第二天，就开始上课了，学生还是以前的学生。随着时间的推移，人们渐渐把我游学的这一段故事淡忘了，但是，对于我，却是终生难以忘怀的。因为，那曾是一段梦的追寻。谨记！

一

也许生长在农村贫瘠的土地上的我一直做着一个绿色的梦，那些绿色的梦想在我的行囊里鼓动着希冀的翅膀，做好了向天空飞翔的姿势。于是，在那个飞雪如絮的清晨，我把梦撒向了南方！

那是2005年的2月18日，正月初六，天空飘着当年的第一场雪。

背着梦想，我出发了。在游学的过程中，有许多收获。思考渐渐走向深入，内在潜质被大大激发，对教育的理解更加深入，对资源的认识更加深刻。但与此同时，我却有更多的恐惧和茫然，更经常地陷入一种莫名的忧郁之中。我在努力做到最好，但人是无法达到完美的。我还能不能做得更好？而对亲人的思念，又有一种负罪感。有很多夜晚，我反复叩问自己，我的出走，是不是一种逃离？我当然是逃离者！对疼爱我的妻子，对热爱我的学生。可我又不是逃离者，对我的心灵，对我的梦想。面对现实和心灵的两难选择，我忧郁彷徨。我用我的执着，支撑旅途中所有的孤寂。无需回首！在我每一个梦想遗失的地方，我相信都会开出一片美丽的花朵！

斗转星移，莺飞草长。转眼一年过去，当尘埃落定，审视当初，我时常叩问自己：那当初心中的目标还在吗？还是那么耀眼夺目吗？它有没有被世俗的尘埃异化成了一种庸俗的功利追求？除了这庸俗的功利还能给我什么安慰？是的，我又选择了回头！这是一个痛苦的选择。好马不吃回头草啊！千年古训给我的心灵以沉重的压抑！更何况我是"三进山城"！我还是我吗？我是谁？我是什么？我是不是一头不敢直面生命的鸵鸟？注定，我又一次失却了自己！忧郁成了我回头的代价！没有人再来安慰你！只有用冰冷的人情舔食自己流血的伤口，一滴滴血流进苦涩的嘴里，映衬着那顽强的微笑！何处是栖身的家园？我还能不能站起在当初出发的地方，重新找回自己。

二

故乡之外的房子只有房价，而没有家的情怀！故乡是那些冲出来的人对于自己出生地的浪漫称谓，那些一生没有漂泊过的人是没有故乡的，他们只有家。故乡是心灵的，不是身体的，是一种纯粹精神的东西。走出故乡的人，已成为精神人，因为他们已经没有根。他们推倒了生长自己的老屋，蜕掉了一层生命中最重要的皮。他乡不言败，游子情还乡！多少沉重的意志的支撑，多少晨昏寒暑的执着！迷失在了都市的浮华和无数个不确定。我知道自己，从来就是一个不安分的人，所以，我选择了行走。那么行走背后，应该是什么呢？是精神家园吗？精神家园是什么？我认为就是心灵寄寓的乌托邦，或者说是对理想世界永远不懈的终极追求，它无法回避痛楚、孤寂的默默担当和体验，更需要浮士德式的无畏和坚韧，有时甚至还需要一种普罗米修斯的殉道精神。"世上有一种鸟，没有脚，为了自己不灭的梦想，它只能不停地飞；那么，为了我的梦想，我也愿意飞，飞到我的羽毛花白，飞到岁月锈迹斑斑。"当我说这话的时候，我的泪哗哗流下来。

人往往是这样，在热闹的时候品味冷清；在宽大的地方，感受压抑；在飞黄腾达的时候，却看到落花的飘零。

原来为了教育的理想，然而现在，却不得不亲手把理想粉碎。

总是在灯下拷问自己的灵魂。记得我刚回来时,杨盼盼同学怯怯地走到我的办公室,走到我的身边,什么也不说,却泪水汩汩而下!是一种委屈啊:老师,您怎么会不管我们了哟……也或是一种理解:老师,我们理解您……李胜达给我写了一封信,信上说了一句话:"老师,您瘦了!"我的泪水又流下来了。孩子的心灵像小溪的流水,幽幽地,平和地,静静地,却把我的功利与自私提示得淋漓尽致!其实,越是比较差的生源越需要我们教育理想的支撑!那么,总是教导我们的学生在物欲横流的世界里,保持一颗清醒的心,而我们自己的教育情怀又表现在哪里?如果说,我的出走广州没有物质的成分,连我自己也不会相信啊!经历是一笔财富!如果说命运是一条河,我感谢它,曾把我注入过奔腾的珠江!

逝去的是岁月,收获的不只是苍桑,还有经过淬火的理想!感谢命运的轮回又把我放到了出发的地方。

谨以此文纪念我生命中的 2005 年。

坚定自己的内心

近来,我有一种深刻的体会和认识,那就是:要想成就一件事,必须从内心里对这件事有一种执着甚至于痴迷的渴求!要有坚定的内心。

时间过得可真快,转眼之间到了 2015 年 9 月了,我从高中到初中来已经过去 5 年了。整整过去十个学期了。在我的时间划分上,是以学期为单位的。在我的电脑里,每个学期建立一个以学期序号为名称的新的文件夹,存放所有的学期工作材料。这不,已建立了第 11 个文件夹了。

一个人的生命是短暂的，生命在宇宙中，像匆匆过客，一去不返。世界上曾经有过多少人，他们的生命消逝得毫无一丝痕迹，像一粒尘埃，飘散无痕？然而，一个人总要生活在他所处的年代之中，在他所处的生命时空中要拥有一份值得坚守的事业，实现其生命价值的平台。譬如我，从事教育工作，坚守教育事业已经快20年了。

一个人来到这世上，如果想干成点事，就必须要有一种强烈的信念。这种想法，或许与我长期以来一直坚持阅读的《易经》有关。孔子说："加我数年，五十以学《易》，可以无大过矣。"孔子说如果五十岁前学了《易》，就不会犯大的错误了。孔子是五十岁以后才读《易经》的。而我是从2008年开始读《易经》的，先是读了南怀瑾先生的《易经系列别讲》，后来又读了"四书五经"中的《易经》集注。再后来读了马其昶先生遗著《易经杂说》。林林总总，断断续续地读了许多关于《易经》的集注式解读的书。对六十四卦的名称、卦序、彖辞、象辞、爻辞、系传等都有些粗浅的了解性阅读，谈不上深入。但是，内卦变，才会导致外卦变。"物必自腐而后虫生"、"人必自侮，而后人侮之"的观点我深以为然。一个人只有自己的内心坚定了信念，才会百折不挠地去做事情。当年，红军长征为什么能取得胜利？那些在极端艰苦的条件下，而没有开小差的人，坚持走下整个长征的红军战士，凭的就是一种内心坚定不移的信念。

坚定自己的内心是根本。"不患无位，患无以立！"一个人，只有自己的内心的信念立起来了，他才会抓住机遇，顺势而为。我的职业信念是教育强国，经由教育工作力所能及地提升国民的素质，为中华民族伟大复兴尽绵薄之力。如果自己的内心摇摆不定，没有一个成型的坚定的信念，就会像随风草，东风来了向西倒，西风来了向东歪，始终没有一个定数。《大学》曰"知止而后定。"艮卦的象辞也是这个意思。都是说，一个人必须要有自己的立得住的见地，这是实现人生价值的基础。

坚定自己的内心唯一的途径是不断加强学习。《诗》云："如切如磋，如琢如磨。"说得正是自我修养就像加工玉石一样，切磋琢磨才行。《论语》中子曰："不患人之不己知，患不知人也！"不用担心别人不了解你自己，担心的是自己不能知晓作为一个人，怎样实现其人生价值的道理。所以，坚定自己的内心必须靠不间断地、持续地学习。研究表明，一个成功的人的最重的品质不是智商有多高，而是"意志力"有多强，而要保持持久的意志力，只有通过不断地学习。《论语》中说"学则不固"，只有通过学习，才不会固陋肤浅。

坚定自己的内心更重要的是要坚定一种担当精神。春秋末期，天下混乱，小人当道，礼崩乐坏，文化道德衰微了。孔子自觉担任起复兴道德文化、传播光明政治的使命。20世纪20年代，陶行知把"经由教育创立一个真正的民主国家"当成自己的使命。一个人要找到自己生命的崇高的使命。我把从事教育事业当成自己的使命，我知道，这个工作只能是平平凡凡的工作，不会有什么特别轰动的壮举，要甘于做一颗铺路石子，甘于做一名辛勤的园丁。我发自内的对我所从事的教育事业有一种强烈的使命感。我的座右铭是"人生天地间，各有所禀赋，为一大事来，做一大事去。"教育，是促进人的文明的大事，是值得用一生来做的事业。当年，陶行知在他那个年代，国民教育水平普遍较低的国情下，推行"平民教育"，创"小先生"制度，以改造社会为己任，为扫除文盲，普及教育做出了有益的尝试和贡献。每个人都有其所处的社会时代性，我们只有在现实的条件下确立自己的人生使命。

当下的中国教育，我认为最紧迫的是教育要回归人本，让孩子成为他自己。家庭教育是孩子成人的关键。学校教育必须同家庭教育密切联系起来，以培养孩子成为真正的人为教育的责任，而不仅仅是只会读书，只会考试的书呆子。我一直认为，一所学校必须同时挂三块牌子：一是学生的成长学校，二是教师的发展学校，三是家长的培训引领学校。一校三牌既是学校的功能定位，又是学校实现育人的力量整合，即三方协同，三位一体育人：学生自主的"自育"、教师主导的"他育"、家庭环境全天候的贴身的"境育"。"三育"并举，才会取得教育的实效。

教育的责任感与使命感还在虔诚守候，心中仍执着于我的教育理想。那么，我的教育理想是什么呢？做真正的教育。什么是真正的教育？适合每一个孩子的教育，让每一个孩子都能获得真实发展的教育，让孩子真正成为他自己。

中国的孩子并不是想接受什么教育就可能实现的，大学并不是任何人想上就可以上的，必须经过国家的选拔性考试，通过中考、高考，将中国的孩子分类：有的可以上大学，有的能上职业技术学校，有的只能自谋出路。一代代孩子都在被动地生活。而教育在于启发人的心灵方面的真正价值并没有被重视。有人说，教育在于培养习惯。而这种说法里的习惯更多的是指生活习惯。而生活习惯是在家庭中才有更好的机会进行培养的。有人说，教育在于启发人的智慧。那么谁来启发孩子们的智慧呢？总不能让一批连自己都毫无智慧可言的人来启发孩子们的智慧吧？那么，你自己呢？你自己是一个有智慧的人吗？你对自己的智慧程度还满意吗？你自信你的智慧足以可以传承给别人吗？足以给别人有益的启发吗？你凭什么有这个底气？说到底，还是"打铁还需自身硬"，自身足够硬，才可以去打铁！显而易见，锤炼自身才是王道！只有在实践中锤炼自己，提升自己，提升到足以指导和影响学生的高度，学生才会跟你学。

（2015年9月15日）

做一个情感丰沛的人

班会课上，我进行了班级学生期中考试的成绩分析。面对孩子们不算太好的成绩，我忧心忡忡。反思了一个问题：教师工作为什么是伟大的？难道仅仅是因为这项工作要付出超过其他性质工作的时间吗？显然不是，就工作时间而言，教师远不是付出时间最大的工种。难道是因为教师这项工作需要付出更多的体力吗？显然也不是，就工作体力强度而言，教师这项工作可无法跟农民工相比。难道是因为教师这项工作需要付比其他工作更多的智慧，勇气，技巧？都不是！从今天我心里堵得难受这一点上，我深深地感受到，教师之所以是伟大的，其伟大之处在于教师比其他工种付出了更多的情感！

是情感的付出使教师职业不同于其他行业。是情感的付出使教师被称为"太阳底下最光辉的事业"！是啊，有什么工种能比教师要求付出更大的情感呢？教育自己的子女，要付出情感，但那是基于血缘关系的天性使然。然而，教师对于与自己没有血缘关系的学生的教育付出，在时间、空间、体力、精力、技能、知识、智慧等方面的付出固然是重要的，但更重要的，是情感的付出！要感化一个人，要帮助学生建立正确的人生观、世界观、价值观，要帮助学生树立克服困难的勇气和信心，要帮助学生打牢成功人生的道德基石，教育孩子诚实做事，老实做人，最需要付出的是情感！看到学生学习成绩不好，进步不快，内心的着急与期待，不亚于父母对待自己的孩子那种恨铁不成钢的感情！

【回味】教师还要在情感当中融入智慧，把准每个孩子的性格特点、气质类型、做事的行为习惯，有针对性地深入做学生的思想工作，这一点甚至超过了父母所能给孩子做的。教师，要成为一个情感丰沛的人，教师工作需要情感加智慧！

(2009年11月30日)

让学生体验到成功的喜悦

学生不爱学习，产生厌学情绪，一个关键原因就是在学习过程中没有尝到甜头。而让孩子尝到甜头的方法，就是降低学习难度，浓缩知识结构，使孩子不断获得小成功，尝到小甜头。让孩子不断体验到成功的喜悦是克服厌学的不二法门。

在学习过程中，把一个大目标科学地划分为细小的小目标，每一个小目标都让孩子能真切地感到自己"学会了"，学生往往每感受到一次"学会了"就得到一次激励，每感受到一次"学会了"就得到一次激励。一次又一次的激励，就会让孩子克服掉厌学的情绪，进而喜欢上了学习。让孩子不断体验到成功的喜悦是克服厌学的不二法门！

例如，我今天在初四4班复习《二次函数》一章，学生大多认为这章太难了！我把《二次函数》这一章高度概括浓缩成三个问题：1. 会用配方法、公式法求出顶点坐标和对称轴方程。2. 会画图像，看图像，用图像。画图像归纳为"四看"：一看开口，二看顶点，三看与 X 轴的交点，四看与 Y 轴的交点。3. 应用题中"依题意得……"

然后，我用整整一课时时间训练"配方法"求顶点坐标，直至每一个学生都感到自己"学会了"为止。再用整整一课时时间训练画图，直到每一个学生都感到"会画了"为止。这样，让每一个学生不断体验到"学习原来这么简单"！只要经常让学生体验到"哇，我学会了！"学生就不会厌学！

然而，这里的关键在于教师素质！教师最重要的素质体现在两个方面：

一是教师对本学科深刻的洞察与把握，这是至关重要的。为了达到对所教学科的深入把握，教师必须对所教学科课程标准了解十分通透。不仅要对本学段通透，而且要对下游学段、上游学段的教材要求也把握通透才行。比如，对初中数学教师来说，就必须要了解小学段的数学的内容及要求和高中段的数学内容及要求。同理，对高中数学教师来说，就必须要了解初中段的数学内容及要求和大学数学的内容和要求。几年前，我们大家都熟悉的孙维刚老师，就是从初一教到高三，而且他对小学段数学及大学段数学都了解得十分通透。正是基于对学科知识体系的深刻洞察，孙老师的数学课能将知识传授得深入浅出、游刃有余！学生在他的课堂里如沐春风，怎么会有厌学情绪？

二是教师对学生认知心理规律的深度把握。学生头脑中的知识体系一定须是学生在自己已有知识架构的基础上的自我建构才能得以形成。绝非外部强行灌输进去的。知识靠灌输是不会传授成功的。学生对新知识的掌握，必须通过自我建构！好比一头牛，你只可以将其牵到河边，而没任何办法强按其头让其喝水。只有牛自己愿意喝水，它才会喝进水去。靠外力是不可能实现的。这就是学生掌握知识的认知规律，即建构主义。那么，教师要做的工作就是"把牛牵到河边"即创设知识情境，形成认知冲突，让学生自行建构。学生通过自我建构体验到"我学会了"，这样他就不仅不会厌学，而且会越学越会学，越学越爱学，逐步走上自主学习的康庄大道了。

师爱随想

早上，我巡查课堂发现，在以下几位老师（名单略）的课堂里，多则六七位，少则一二位学生在罚站。从学生的表情上看，学生是极不情愿的。表面上看是手捧一本书在读，其实，眼睛的视线却是游移的，表情是冷漠和充满怨恨的。

一 教师的爱，体现在何处？

教师要具有爱心，这是任何人都不反对的。相信这些老师也是认同的。甚至这些老师内心深处一定也充满对学生的爱。然而，我们看到的却并不是教师的爱，而是一种"恨"，是对学生的"恨铁不成钢吗"？我想，老师的爱，凭空来说时，大家仿佛都有，但是，如果真正在具体的教育情境中时，往往却拿"恨铁不成钢"来为自己的一些不当行为辩护。教师的爱体现在何处？应当体现在具体的教育情境中，就是在日常的工作的点点滴滴当中！而不是出现在写总结，搞演讲等虚谈师爱之处。

二 教师的爱，体现在何时？

当学生都特别听话，一切按照教师的要求做到位时，教师固然高兴，表现得很有爱心。但是，当学生做不到教师的要求时，这时，教师心里是否会对这些学生有一股无名之火？此时，教师的爱是否荡然无存？我想，教师的爱，在学生优秀，一切听话时，体现的并不明显，而当面对学生不听话时，面对学生不能完成教师布置的任务时，教师是否能持有一份爱心？这里的爱心，或许表现为宽容、理解、善意的批评。此时，才是真正体现教师的爱心的时候。

三　教师的爱，体现在何人？

我这里谈的教师的爱，是一种职业的爱，是一种职业操守上的爱。是要体现在学生身上的。首先要体现在自己教的学生身上。有的人对自己不教的学生可以大谈爱心，比如爱心捐款助学等行为。这些行为固然值得充分肯定，但是，我想谈的师爱，要首先施于你自己所教的学生身上。因为你自己教的学生与你接触最直接，也最容易让你操心，让你生气，这时才考验你是否真有爱心呢。而且，你对自己教的学生的爱是给一部分学生呢，还是给全体学生？这也是要认真对待的。我想教师的爱心要施于你所教的全体学生身上，尤其是暂时发展滞后的学生，更需要你的爱心。

四　教师的爱，体现在何种维持？

教师的爱，是为了给领导看的吗？当有领导在场时或可能会被领导发现时，体现得特别有爱心，而如果没有领导会发现时，你还会有爱心吗？这里我想说的是，教师的爱必须是发自本心的，是由自己的价值观上来的，是自己的价值追求使然，而不是为了什么别人的什么目的。它必须根植于教师自身的师德修养，溶化于教师的血液里，已经成了一种下意识的本能。惟如此，才能说有师爱！

德不孤，必有邻

我科室的一位员工，教务处已退休的解利珍老师在工作总结中对当时作为教处务主任的我，有以下评价——

他以勤奋忘我精神反复夯实事业的生命线，面对这样一位具有极强职业内驱力、工作认真细致的领导，我怎么能不认真做事呢。他通过《个人总结》了解每个人的内心世界、情绪波动、思想变化……

他懂得管理的技巧，更懂得尊重的力量。他并不是以领导的身份高高在上指手画脚，而是放下资格躬下身来和他所领导的教职工达到思想、灵魂的合拍。他就这样日复一日年复一年地不放过任何一次机会，不惜牺牲个人休息时间，不计得失，不怕委屈，去激励了解感化每一个人，他总能以自己的善良热情宽容化戾气为祥和。我说："有些时候好心不一定有好结果。"他说："即便是这样，也不能因此而违背良心。"他以自己的沉稳睿智、冷静克制、谨言慎行、宽宏大量给予每个人慰藉、理解、安抚和力量。也让我这颗曾经有过抱怨的心渐渐趋于平静。他以无私的爱，播种智慧与善良，播种友情与温暖，播种团结的力量，同时把自己的人品与形象也种进了大家的心里，从真正意义上与大家进行随性惬意的发自内心的平等对话。他以自己的人格魅力和团队意识，把初中部教职工的心凝聚在一起。他的默默坚守，不事张扬，像一盏灯无声无息地照亮了周围的人，使我工作起来有目标有方向。大家都在议论，学校近两年的情况是，校级领导年龄大了面临退休，领导班子青黄不接；十公司的搬迁导致学校生源流失以及质量的下降；教师长期工资待遇不对等问题，精神上物质上长期得不到满足，由此导致工作缺乏主动性，职业倦怠油然而生……这些因素对学校发展形成严重障碍，常常听到老师们痛心的叹息和焦虑的疑问："哎，干得一点劲头没有！就这样下去咱们学校还能维持多久？"我看得到听得到，初中部相当一部分老师和我一样，是被刘主任激情四射的忘我工作精神、善待他人的坦荡率真之心和一个教育者健全怜悯的胸襟所感动，才愿意择善固守。

付出是支撑信任的力量！刘主任辛苦的付出让我们感觉到了被呵护、被读懂、被尊重的幸福和温暖，同时回报他真诚、友好、信任与支持。这就是我还有 11 个月就要退休的人，能一丝不苟地做好每一份工作的原因。不管曾经内心有怎样的不满情绪，但现在面对这样一位领导，良心不允许我懈怠！理论上讲工作中不应该带有个人感情和情绪，但实际上工作也需要起码的人情维系，一个不能赢得人心的领导，谁会踏实拼命地跟着他工作？或许是因为刘主任的善良、阳光、古朴、厚道、机智，使他看上去眼神里总是透着机敏清澈干净和温暖。眼睛是心灵之窗，内心干净才会有眼神的干净。面对这样一双眼睛，我内心的不满情绪渐渐平息。

一个没有私心杂念、一个有着返璞归真的人格魅力的领导，身后怎么会缺少追随者呢？"德不孤，必有邻"。这些德行都是日积月累养成的习惯，他习惯性地修检自律，习惯性地内敛平和，习惯性地笑对困难，习惯性地承受担当，习惯性地信守承诺……于是，优秀于他便是一种习惯。他以不可抗拒的亲和力、凝聚力，带领大家，不失良知之守，奋进守正。非常感谢刘主任一直以来给予我的纯净如水，沉稳如山的感觉，让我切实感受到现实生活中还是不乏真善美。在这样的人身边工作，在他的感召下，我也能够做到，常思为人之过，常怀律己之心。

附　解利珍老师的个人总结

在初中教务处领导的带领下，紧张有序地完成了本学期的期中工作。现总结如下：

一、日常工作能严格按照《图书室/阅览室管理制度》的要求执行，及时整理打扫阅览室，保持教师阅览室和学生阅览室的整齐清洁，为师生营造了舒适洁净的阅读环境；及时装订报纸、刊物；阅读课之后及时检查学生放乱放错的刊物杂志，整理归类，并做好阅读课及课外阅读记录；随时做好各种资料的收到、缺送、发放记录，及每位教师的借阅记录；做为一名阅览室的管理人员，我能尽自己最大的努力配合教育教学工作，及时向广大师生推荐新的资料；并及时向领导反馈师生的要求，主动与老师们沟通，了解老师们对教辅资料的需求，协助老师们查找所需要的资料，老师们所需的资料阅览室里没有的，我都随时做好记录，汇总后并在下一年度刊物征订时，把信息反馈给负责刊物征订的领导，及时补订老师们所需的教辅资料。工作在这个岗位上，我起到了信息资源与读者之间的纽带桥梁作用，工作也得到师生们的认可。

二、对全校师生，全天、全方位开放阅览室，给师生们提供了更多、更自主的选择机会。将所有的教辅资料、所有的阅读资料充分利用起来，使阅览室成为为师生提供精神食粮的一个"小粮仓"。自从2010年合校后接管初中部阅览室以来，在教务处刘主任的提倡要求下，我一直坚持将各学科教学参考书第一时间送到各教研组，这样既节省了老师们的时间，又便于老师们及时学习研讨新知识、新内容，使我们的教辅资料最大限度地发挥作用，工作得到了老师们的好评。

三、按时更换教学楼的宣传报栏、按时打扫会议室，保持室内整洁，方便每周一的办公例会及老师们教研活动使用。

四、在日常工作中，我做到了团结同事、尊敬领导，能严格遵守学校的各项规章制度，严格遵守作息时间和劳动纪律，刘主任说："多干活少计较，矛盾就会最小化。"他率先垂范、身体力行地做好每一件事情，我记住了这句话，也看到刘主任严谨扎实的工作作风和忘我奉献的工作热情，他的职业素养、个人修为、人格魅力时刻影响着我，工作中我有了榜样，不计较、不攀比、事情抢着干。这样一来，与同事相处融洽，关系和谐，大家在一起合作愉快，工作中从来没有因为谁多干了谁少干了而产生矛盾。就像老师们说的："看着刘主任那么拼命地工作，自己也就不好意思不认真工作了。"于是，在刘主任的带动下，初中教务处形成一种风气：工作成为快乐、享受的事情！

五、在服务教学、服务师生的平凡工作中，我能全心全意地投入到工作中，做到了诚心、热心为师生服务，无论是老师还是学生来阅读，我都能做到服务周到，百问不烦。无论何时、无论是学生的作业检查，还是老师们的教案查评，我都按要求及时打开各功能室，积极配合各项教学工作。从未因为我的离岗失职而影响或耽误教学工作。我做为一名教辅人员，有较强的服务意识，能愉悦地接受领导安排的各项工作任务，真正做到了一切为教学服务，一切为师生服务。

六、无论是组织全市学业水平考试这样的大型考试，还是期中、期末检测，以及学校的各种集体活动，我都能积极按时参加，很好地与同事配合，认真完成领导分配的各项工作任务。

总之，在初中教务处这些年的工作中，我能以我的领导为榜样，遵规守纪、严于律己，我所从事的各项工作，基本做到了"勤"字当头，不怕麻烦，及时做好记录，及时汇报情况，及时解决问题，不拖拉，不推诿，不留尾巴，不留后患。正如刘主任所说的："走进学校就要接受制度纪律的约束，不可以放任、自由；工作起来就要严谨认真、有所担当，不要图轻松、方便……"

屈指算来，还有两个月的时间我就要退休离开工作岗位，回顾总结这些琐碎而平凡的工作，我发现在初中部这个团结向上温馨和谐的集体中工作着，是快乐的、是幸福的！因为在这个集体中，领导以身作则、公平公正、谦恭严谨、宽仁慈爱；老师们互相关心、互相帮助、携手共进。在这个集体中工作，我结识了优秀的领导和老师们，我学会了与人相处，我学会了处理问题，我学会了解决困难。在初中部工作的这些年最大的收获就是，我觉得：工作赋予我的意义，不仅仅是为了生存，同时也是将一己的生命赋予光彩，使我的人生更加充实、更加丰富多彩，使我能在快乐中享受每一份工作，让我学会了超越自我、完善自我！

所以，我感谢拥有这份工作，有了这份工作才有了和初中部的领导老师们近距离相处的机会，才有了向大家学习、取长补短、自我完善的机会。

在此，我要特别感谢刘主任，从他身上我还学会了"舍"，懂得了"施"。

他舍小我顾大局。他以"颜施"用微笑面对下属；他以"言施"用谦和的话语与人交流；他以"心施"敞开心扉诚恳待人；他以"眼施"用温和的目光关注每一位教职工；他以"身施"用实际行动去帮助人感化人激励人……这个才华横溢、正直向上、朝气蓬勃的领导人，他对工作的满腔热情，他对下属的体恤理解，他对学生的呵护关爱，他呈现给人们的由内而外的真诚、谦逊、温暖、坚强、包容一切的微笑，折射出他古朴厚道、举重若轻的良好心态，这种厚重的人生底蕴所滋养出来的从容、大度与坚韧，有种不可阻挠的亲和力、感召力，总能凝聚人心、汇聚力量、鼓舞激发大家战胜困难的勇气和斗志。

再次真诚地感谢初中部的领导老师们，谢谢你们的关心帮助和认可！谢谢和你们一起走过的所有日子！我将怀揣这些美好的记忆，精心打理、安然享受退休生活，同时真诚地祝你们，永远朝气蓬勃，健康快乐，事业顺利。

解利珍
（2015 年 11 月 10 日）

【回味与感悟】工作是人的第二生命。一个人只有带着对工作的无限热爱来干工作，才会把工作干好。"打铁还需自身硬"，在自身够硬的前提下，还必须"响鼓也需重锤敲"，要发自内心地想把工作干好才行。对工作有一种执着的热爱才行。只有热爱工作，你才会全身心地投入，拒绝任何抱怨。这种执着于内心真正的信仰一定会感染周围的人和你一起努力。我就是带着这种信念担任教务主任负责教学管理工作。

"被需要"程度就是你的"人生价值"的大小

世界上每个人都有自己的位置。这个位置或许是你自主的选择，也或许是被动地放置。无论你处于什么位置上，你总是被需要的。世界上不存在完全不被需要的人，倘若有一个人不被任何人所需要，那这个人也就失去了活着的价值和活下去的意义。

无论你是穷人还是富人，重要的是你要成为一个被大家需要的人。你在多大程度上被需要，反映的就是你的人生价值的大小。

当你还是个孩子的时候，你对于社会上的人来说，是完全陌生的，大家都不知道你的存在。但是，你的父母、你的家人知道你的存在，他们把你当成了宝贝，你的存在满足了他们对你的需要，所以，你的被需要的范围只限于你的父母家人，这时，你的人生价值就是父母家人的需要。

当你长大了，你成了一名学校的在校生。你的生活圈子已经从家庭扩大至学校。学校生活，往往是一个人开始社会生活的起始阶段，亦或说学校生活是人们社会生活的初始形态。你生活在一个班集体当中，比如在运动会上，你是你们班的长跑健将，于是，你被你们班集体所需要，因为你的努力给集体带来了荣誉，在班集体中你实现了你的个人价值。这样，或许就是你第一次体验到你的个人价值在社会组织当中得以实现。

你参加工作了，成了一名人民教师。你的工作被学校、被学生所需要。你在多大程度上被需要？这正是你人生价值大小的体现。

如果你是一名普通的老师，领导安排你带两个班的数学课，你的教学成绩不上不下，领导对你不咸不淡，各种荣誉与你无缘，当然，也不至于受到指责和批评，你就是一个默默无闻的普通老师，大家对你的存在若有若无，你对于学校来说，无足轻重，那么，你的价值就是一个岗位人选而已。一旦有什么人事变动的风吹草动，大抵你会被淘汰掉了。

如果你是一名优秀教师，领导不仅安排你带两个班的数学课，而且还让你带班主任，你的教学成绩出类拔萃，领导对你十分赏识，家长和学生对你十分认可，同事们对你十分钦佩，各种荣誉纷纷落到你头上，你是一位优秀教师。那么，你的价值就不仅仅是一个岗位人选了，你将是组织所需要的人才。说不定还会被组织任命为某个方面的负责人，那么，你的价值对组织来说，就是大的，因为你被组织所需要的程度大。

当然，这里，我们只是就职场价值来说。不涉及你在家庭或家族中的被需要程度。

人的价值在于被需要，基于此，我觉得教师和医生是世界上最有意义的两种职业。因为，医生是治病救人、救死扶伤的，被人的生存要求所需要；而教师，是"传道、授业、解惑"的，被人的成长要求所需要，人不仅要生存，更需要成长，所以，我觉得教师职业更有意义些。

作为一名教师，我们的生命价值在多大程度上被需要？我们能否最大限度地增加我们的"被需要"程度，从而提升我们的"生命价值"呢？

学生跟什么人在一起才是重要的
——读《教学勇气：漫步教师心灵》

人们常说，有好的老师，才会有好的教学。然而，我经常思考的是，什么样的老师才是好的老师？一个专业知识丰富的人，就会是一位好老师吗？再有，多年以来，我们习惯于用"这个老师教出来的学生考试分数高"来衡量一位老师是否是好老师，好老师的标准在当下语境下固然要有"学生考分高"这样的标准，但，这样的衡量标准是唯一要推崇的吗？衡量一位教师水平的高低，不是传授知识的多少，也不仅仅用学生考分高来衡量，而应当关注其如何引导学生积极主动地参与到教与学中来，让师生心灵、知识技能、过程方法、情感态度价值观充分融合为学习共同体，真正让学习有效地、真实地发生着。要有意识地从情感维度着眼对教学的内容和形式进行优化。

《教学勇气：漫步教师心灵》一书，是我假期向老师们推荐阅读的书。我不知道有多少老师真正能静下心来读一读这本书。在我心里，却一直有一个声音：如果一个老师都不能静下心来认真读一读这本书，无论他教的学生考分有多高，都可能会错失一次了解究竟怎样的老师是一位好老师的机会。换句话说，他成长为一位好老师的外部助力少了一种可能，一次直面和打开自己心灵的机会失掉了。之所以推荐大家读这本书，目的是建立起一种关于教学的是非观，树立起一种关于教学的信念。是非分明了，信念坚定了，才有教学的定力！定能生慧，从而才能产生教学的智慧。

《教学勇气：漫步教师心灵》这本书，揭示了"教学工作"中最深层的奥秘所在：教和学是人类所有追求中最崇高、最迫切的需要。一个教者的内心生活会以极其罕见的深度和激励力量影响行为世界。教学无论好坏，都发自内心世界。（犹如音乐，好的音乐，一定是发自内心的，从内心里流淌出来的！）就优秀教师而言，认识自我和认识学生和学科是同等重要的。甚至说，认识学生和学科主要依赖于自我的认识。当一个教者不了解自我时，就不会了解学生是谁，也就不能教好他们。当一个教者不了解自我时，也就不懂所教的学科——不能出神入化地、深层地吃透学科。优秀教师，需要真正地认识自我，优秀教学之源泉，正在于"人的心灵"。

如果你认真读一读《教学勇气：漫步教师心灵》一书的话，你就会明白书中提出的教学方面的问题是：教师的自我是什么？——这大大超越了"我们为什么教？我们教什么？以及我们怎样教？"这一类浅层次的教学问题探讨。教者的自我品质决定性地影响着教学。我们自己的心灵舒适自在，跟人交往自然就会亲密无间。越是熟悉我们的内心领域，我们的教学就越稳健，我们的生活就越踏实。真正好的教学不能降低到技术层面，真正好的教学来自于教师的自身认同与自我完整。好老师有一共同的特质：他们都有一种把个人的自身认同融入工作的强烈意识。反之，把自己置身于他所教的学科之外，在此过程中也远离了学生。好的老师则在生活中将自己、教学科目和学生联合起来。教学牵动着教师的心、打开教师的心，甚至伤了教师的心——越是热爱教学的老师，就越可能伤心！——教学的勇气，就在于有勇气保持心灵的的开放，即使力不从心仍然能够坚持，那样，教师、学生和学科才能被编织到学习和生活所需要的共同体结构中。

当前，我们面临的问题不仅仅来自于我们内心，而且还来自于社会的浮躁风气的冲击和当下学生由于家庭教育缺失造成的对教育的抵触和无知。这更容易让我们的注意力投射到外部从而忽略了我们的内心。

品读《教学勇气：漫步教师心灵》会使我们静下心来，关注我们的内心，从我们心灵深处获得教育的力量！我们有责任在教学中把我们心灵找回。我们要找到与自己的本性相契合的教学方式。决定一个人的行为是否正直，是否合乎礼仪，关键是在于一个人内在品性。人的信仰，人的精神世界问题没有解决，那怎么可能解决好外在问题？道德、才能是人立足社会的根本。许多人终其一生茫茫然不知人生价值何在。为个人私利碌碌而为是自私的价值观，为大众的福祉孜孜以求则是高尚的价值观。教学的出发点，是建立在高尚的价值追求之上，还是定位在"混个工资，养家糊口"而已？这无疑是对为师者的良心的扣问！

教师的人格魅力是最根本的教育力

我一直在思考："怎样的学校算是好学校？"思考的一个结果是，好学校不在于是否有漂亮的教学大楼、先进的教学仪器等"高、大、上"的硬件设施，而根本在于是否拥有一支优秀的师资队伍。

然而，当前的公办体制下，学校的师资队伍并不由学校说了算。在学校的历史沿革演变过程中，学校的师资队伍基本上是历史形成的，无论年龄结构、学历水平、学科搭配都相对固定，也不见得尽如人意。在这种背景下，我们只有本着"多换脑筋少换人"的原则，立足校本培训，自力更生，通过激发教师专业发展的内动力，不断加强学习和培训，提升教师水平提高教师的教育力。

为激发广大教师专业发展的内动力，在2017年2月12日四届三次教代会行政工作报告中，学校正式将"教师的人格魅力是最根本的教育力"写入报告，报告获得一致通过。自此，"教师的人格魅力是最根本的教育力"成为金山中学广大教师的共识。学校不仅将这句话写入学校工作报告，还将这句话保留在学校的电子显示屏上，希望全校教师经常能念到它，时刻能想到它，并用这句话鞭策自己，把"完善人格、提升魅力"作为职业生涯的毕生追求。教师的人格魅力体现在如下"五颗心"：

1. 责任心。责任心可以说是一个人能够在组织中立足的重要品质。一个没有责任心的人，即便能力再强，也很难得到组织的信任和重用。责任心体现在具体工作中就是把小事干好，把工作做细、做实、做好！

2. 忠诚心。忠诚心是指对事业对组织的忠诚。忠诚心意味着把学校的困难当成自己的困难，把学校的发展当成自己的事扛起来。表示忠诚的重要方式就是服从工作大局，配合好上级安排做好该干的工作。忠诚心还意味着时刻维护学校的利益，不利于学校发展的话不说，不利于学校发展的事不做！当你真正把维护学校利益当成自己的职责时，你才真正融入了组织，你的个人命运与组织命运才算是真正联系在一起，你就具有忠诚心！

3. 敬畏心。敬畏心是指对自己的说服。解决"你在为谁工作"的问题。如果给工作目的排一个序的话，处在第一位的是获得快乐和成就感、幸福感；排在第二位的是帮助他人和奉献社会；排在最后一位的才是获得自己应得的报酬薪水。仅仅将薪水报酬排在第一位的人目光是短浅的，境界是卑下的，他的发展注定是有限的。做人要有高尚的追求，要在工作中实现人生的最大价值，让自己的生命更有意义！

4. 仁爱心。仁爱心是推己及人的将心比心。只有真心爱学生，才能真心教学生。爱心的标准很简单：你希望你自己的孩子遇到什么样的老师，你就做什么样的老师；当你备课的时候，当你上课的时候，当你批作业的时候，当你辅导学生的时候，你希望你自己的孩子的老师怎么备课、上课、批作业、辅导自己的孩子，你就怎么去做。这就是有仁爱之心的体现！

5. 光明心。光明心是做人做事的至高境界。"此心光明，亦复何言！"作为一个有尊严的人，要表现为：做人光明磊落，做事光明正大，工作问心无愧。做任何事的动机不是来自于外界的胁迫，不是来自于功利的诱逼，而是出自内心，来自于自己的内驱力，来自于自己内心的对光明的追求！

【回味与感悟】教师具有人格魅力的标志是学生喜欢上你的课，甚至于学生崇拜你。教师赢得学生的崇拜是教师最大的成功。赢得学生的崇拜往往意味着教师对学生产生终生的影响。好的教师，一定极富人格魅力。好的学校，一定有一批富有人格魅力的教师。

教育的终极使命在于提升人的主体性

一　教育的终极思考在于两个根本问题

古今中外的学校教育，都是为了解决两个问题：即"培养什么人"、"怎样培养人"的问题。前者是目标问题，后者是方法途径问题。

围绕这两个看似简单的问题的讨论、纷争，从而形成的理念理论观点，就构成了人类历史长河中浩繁的"教育理论"。在不同的历史阶段、不同的社会形态、不同的民族文化、不同的政治需要等条件下，对这个基本问题的解释和要求是不尽相同的。人类社会发展到今天，人们对人类自身"教育"问题的理解仍然具有许多不确定性，甚至迷失在功利的追求中不能自拔。不过，就这两个根本问题的认识方面，人类已经有越来越多的理性的共识正在不断形成，这些更加理智和成熟的理性认知不断建构着现代人类文明的最高水平。如今，人们得到的结论越来越趋于一致：即学校教育要培养全面发展的人。中小学教育要完成"立德树人"的根本任务：（1）培养身心健康的合格的公民；（2）培养具有很强责任感的社会人；（3）培养能顺利进入劳动世界的有能力参与劳动的人；（4）培养能适应高一级学校深造要求的智慧的人。当前，党和国家的教育方针是：培养德、智、体、美、劳全面发展的有理想、有道德、有文化、有纪律的中国特色社会主义事业的建设者和接班人。

当前我国的教育方针旨在使受教育者在德育、智育、体育、美育、劳动教育等诸方面得到全面发展，这一定位从"培养什么人""怎样培养人"来看，德、智、体、美、劳这"五育"是密切相关，不可分割的一个有机整体，教育方针系统明确地指向了教育的两个终极思考。

二　教育的时代命题在于促进人的现代化

习近平总书记在党的十九大报告中指出，中国特色社会主义进入新时代，在这个新时代，以民族复兴的梦想确立教育的理想，以实现人的全面发展满足人民对美好教育的向往，以教育优先发展支撑国家现代化未来。

新时代呼唤现代教育。现代教育的目标是培养现代人，建设现代化社会。在国家现代化背景下，教育的重要使命就是促进人的现代化，培养具有现代精神的公民。人的现代化是社会现代化过程中的关键因素。现代人的本质特性就是人具有主体性。主体性包括三个方面：积极性、自主性、创造性。积极性意味着积极向上、自强不息、开拓进取、奋发有为。自主性意味着能够独立思考、有主见，不盲从。创造性意味着不墨守成规，充满创新意识，具有创新能力，并通过创新性的行为改造主客观世界。

主体性不仅对于人的发展至关重要，对于国家的发展也至关重要。英国思想家穆勒曾言："从长期来说，一个国家的人的价值就是组成这个国家的个人的价值。一个国家如果为了要使它的人民成为它手中更为驯服的工具，哪怕是为了有益的目的，而使人民渺小，就会发现靠渺小的人民是不能完成伟大的事业的。"什么是渺小的人民？渺小的人民就是主体性缺失的人民，就是积极性、自主性、创造性缺失的人民。这样的人民徒有"人民"之民，实为乌合之众，难以担当大任。

中华民族的伟大复兴绝对是一项伟大的事业，这项伟大的事业必须靠伟大的人民才能完成。教育的时代命题正在于促进人的现代化，培育伟大的人民。

三 教育的终极使命是提升人的主体性

学校教育承载着国家教育之责，承载着时代教育之魂。学校教育必须要达成对学生生命主体性的关怀。

首先，学校要帮助每一个学生清醒地意识到自身的生存与发展的需要，并促进他们这种需要的满足。学校，作为育人的机构，其人道主义要求必须要使教育为学生的人生幸福而奠基，不仅是为学生的将来谋幸福，更要关怀此刻的、当下的幸福和感受，并尊重每个学校人，连同教师、家长在内的每个人的追求幸福的权利。

其次，人最伟大的挑战是能够依靠自身力量获取幸福生活，以自己的双手创造自己的人生，把握自己命运。每一个人，有权利形成他自己的思想，发展他自己的良知，保证自己的生活免受他人不正当的干扰。每个人个体内心都有生长的欲望、生长的权利和生长的趋势，人的生命的巨大挑战在于实现个体的天赋并满足个体的需求，同时发展道德意识和对他人的道德责任感。个体生命的宝贵和尊严是人道主义的核心，人道主义应当鼓励个体实现自身的上天赋予的创造能力的发挥和生命欲望的实现，这就是人的主体性的实现。

【回味与感悟】教育的伟大任务，既不是简单的知识灌输，也不是将我们的观点强加给他人，而是为鼓舞人们达到新的道德发展水平而进行的主体性的启迪和引导，教育的终极使命正在于提升人的主体性。

再读先生陶行知

记不清是什么时候读过陶行知的文集。其中有一首诗至今仍记忆犹深："人生天地间，各自有秉赋，为一大事来，做一大事去。"

这成了我的座右铭，虽然，我怯于跟外人谈起。

但陶先生的这首诗，的的确确是激励我做好教育工作的动力的源泉。

寒假期间，我又从书柜中翻出尘封已久的《陶行知教育文集》，读来竟然如饮甘露，心情久久不能平静！

一　大师"做一大事去"的教育情怀，令我敬仰

"余今生之惟一目的在于经由教育而非经由军事革命创造一民主

国家"，这是陶先生的立志之言。1923 年，陶先生在给妹妹陶文渼的信中说："我们的使命就是运用我们全副精神，来挽回国家厄运，并创造一个可以安居乐业的社会交与后代。这是我们对于千万年来祖宗先烈的责任，也是我们对于亿万年后子子孙孙的责任。"

读到这里，我分明看到那位温文尔雅的陶先生满脸的红光，心潮起伏，意志坚定的目光深邃地盯着远方，仿佛是在注视着我们的今天！一种沉静地、从容不迫地将理想化为现实的坚定的教育信念荡漾在他的胸中。先生徐徐吟到："人生天地间，各自有秉赋，为一大事来，做一大事去。"

近百年过去了，我依然能感受到他如生的气息！而今，党的十八大刚刚召开，我们伟大的祖国从来没有像今天这样迎来了最接近中华崛起的时刻！作为当代的一名教育工作者，我们正应满怀豪情地践行陶先生的意愿：创造一个美好的社会，为建设一个"美丽中国"而尽我们自己的力量。

二 大师"教学做合一，生活即教育"的主张，仍有恒久的生命力

陶先生认为，人的本性是其本性和环境力量持续不断交替影响的结果。"学校本身必须是一种社会生活，具有社会生活的全部含义。社会的观念和社会的兴趣只有在一个真正的社会环境中才能发展。""孩子们在道德发展的最高阶段，理想调控行动，人们以自认为正确的方式行事，而不顾及他的周边社会的赞扬或者贬低。"

读到这些，我忽然想起读过的《56 号教室的奇迹》作者雷夫·艾斯奎斯所言：《寻找第六阶段》：第一阶段，我不想惹麻烦；第二阶段，我想要奖赏；第三阶段，我想取悦某人；第四阶段，我要遵守规则；第五阶段，我能体贴别人；第六阶段，我有自己的行为准则并奉行不悖。这不正是陶行知历经八年之久的生活教育试验才得

出的"教学做合一"的道理吗？

陶先生的观点很朴素明晰：在学与做当中，知识与行为之间，是统一的。他说，"知识是概念和行为的指导，行为是知识的人格化。"这正是所谓的"教学做合一"。他说，"必须将学生置身于社会的爱、服务、奉献的火热环境当中，并教化他去主动地爱、服务与奉献。"

反思我们的教育实践，我们是否真正做到了"教学做合一"？我们是否真正践行了"教育是一种行动"？

由此想到了朱永新教授在不遗余力推进的"新教育实验"，我区也在真切的实践之中。教育，其实是一种生活。我们倡导，"过一种诗意的教育生活，我们劳作、歌唱，我们诗意地栖息在大地上！"早在百年前，陶先生就在努力倡导并实践着一种教育的生活。

再读陶行知先生的话，仿佛大师就在我们身边，亲切地向我们谈论他的"教学做合一"的一贯主张，而且，大师身体力行，在做给我们看。让我们在先生身上，真切地体味到"教学做合一，教育即生活"的真谛。

正是这些，催生了我的"主体性教育"的理念和金山中学的"主体性教育"实践。教育者首先是自我教育，受教育者也要充分发挥自己的"主体性"，教育最根本的是自我教育。

三　教育者，责任无穷，机会无限

关于教育，陶行知说得很明白："教育者应当知道教育是无名无利且没有尊荣的事。教育者所得的机会，纯系服务的机会，贡献的机会，而无丝毫名利尊荣之可言……"

从陶先生的话语中，我能深切地感受到，先生是真心把自己奉献给教育的。不求名，不求利，从事教育工作，毫无私利可求，先生真正践行着"不带半根草去"的情怀。

但是，却又有着无穷可做的事，有着无尽的责任。他说："这又是我们的教育机会了，好教育要养成学生技能的教育，使学生可以独立生活。如社会上的农夫、裁缝、商人、工人……他们都有贡献社会的技能，他们各人贡献所做的事，可以使社会得着许多便利。所以，教育的成绩，就是'技能'"这里，先生说得是教育要培养人的技能，服务于社会的技能。但是，先生还说："人不能没有休息，但休息是人最险之时。人无论怎样忙都没有损害，倘若休息，则魔鬼立至。我们可以看出社会上许多恶事，都是在休息时候做的。所以，学校里有音乐，便是给学生以正当的娱乐，使学生不致在休息时间做出恶事来。所以学校应当使学生在休息时有正当的愉快，这又是教育者的机会了。"

从这些话中，我们可以看到，在陶行知的教育观念里，自己从事的教育事业，并不是朝九晚五有时有晌的一种"可以打发的日子"，而是倾情在其中的"每时每刻"都在"念着它，想着它的"事业！有着无穷的教育机会在等着教育者去做。是的，我们今天的教育积极倡导"素质教育"，我们今天的教育工作者，有没有一种如痴的情怀：把教育当成事业，在自己的教育人生中，每一分每一秒钟，都为教育而生活，也是为生活而教育？

八百多页的《文集》如汩汩细流，镌刻着先生的思想、先生的行止。掩卷沉思，不禁产生一阵阵惶恐：我们有没有把教育当成事业？我们有没有真正意识到作为教育者的责任？有没有以一种"做一大事去"的情怀对待我们所从事的大事——教育？

是的，教育，是真正值得用一生去做的"大事"！

满怀敬仰，聆听先生朴素的话语："人生天地间，各自有秉赋，为一大事来，做一大事去。"余音绕梁，久久不去！

第二章

思 考

贴地而行　困而有思

浅谈校长的领导力

作为校长，在学校里既不具体教一门课，也不具体做一项事，似乎没有什么具体的事情可干。但是，学校的发展却离不开校长。而且大家公认"一个好校长就是一所好学校"。那是因为，校长提供出一种叫"领导力"的元素。而这种元素恰恰是学校发展的内在的不可替代的动力之源！这正是校长的价值之所在，即"校长是学校灵魂"之所谓的"灵魂"。

什么是"领导力"？顾名思义，"领导力"就是"领"和"导"的"力量"。"领"，是指明确目标方向，亮明旗帜；"导"是指向导示范，伴随同行，引导路径；"力"是指身体力行，凝聚合力，激发潜力。校长提供"领导力"的途径不妨概括为"讲讲、转转、陪陪、拍拍、听听、拉拉"六个方面，即校长在学校里开会时讲讲话，平时转转校园，陪陪上级领导，拍拍员工肩膀，偶尔到课堂里听听课，时常与教职工拉拉家常，如此这般是也！然而，正是这些看上去轻轻松松的，似乎看上去还有一搭无一搭的事，就是作为校长最该做好的事。

1. 开会讲讲话。校长最大的权力，是话语权。校长通过各种场合的会议讲话，把自己的办学思想、对学校的规划蓝图等向广大教职工讲明白，讲清楚，这就是定方向。时常还要通过开各种层面的会议，统一思想，决策部署，安排落实，协调步骤，化解矛盾，营造氛围。会议至少包括校领导班子会、校长办公会、校委会例会、党委会、行政办公会、"三重一大"决策会、职工代表大会、全校大会等等。还要参加部门召开的各种会议，无论什么会议，校长的讲话都要有一个主体思想贯穿始终，那就是校长要提供给学校的办学理念和办学的指导思想。学校要培养什么人？怎样培养人？都由这个最核心的指导思想发端。办学的方向、办学的方式、办学的依靠力量等都包含在内。

2. 平时转转校园。校长是校园里最自由的人，随时可以转到校园里任何一个地方。转校园有两个目的，一是看看别人，二是让别人看见。看看别人，是感受学校员工的工作状态，让别人看见，是让学校的员工知道他的工作领导能看得见。同时，转校园还有一个重大责任是及时发现安全隐患，及时排除。

3. 陪陪上级领导。上级领导不常来，但每年也偶尔会来上几次，校长那是一定要全程陪同的。陪同上级领导的目的也是两个，一个是让领导看看办学的成效，二是让领导看看办学的难处。前者是争取领导的认可，后者是争取领导的支持。

4. 拍拍员工肩膀。校长如果想见到学校的哪一位员工，那是很容易的。比如，每天早上提前在签到处候着，就一定会见到任何一位员工。拍拍员工肩膀并非一定是拍，而是与员工的一种交流。交流的目的也有两个，一是表达对他工作的满意和鼓励，二是表达对他工作的不满和期待。无论哪个目的，都会促进员工的工作。

5. 到课堂里听听课。校长经常深入课堂听听课是有好处的。课堂，是教育发生的第一现场；课堂，是学校教书育人的主阵地。主阵地上发生了什么，校长当然必须要十分清楚才行。听听课除了解教学实情之外，还可以形成一种氛围，即学校的重点工作是课堂教学，无论何时都不能动摇"课堂教学的中心地位"。

6. 与教职工拉拉家常。别小看这拉家常，这可是校长的第一要紧的功夫。教职工的家长里短，爱人孩子，父母双亲，身体状态，饮食起居，兴趣爱好等，校长只有关心到这些看似鸡毛蒜皮的小事，才会让教职工感觉到亲切和信任。中国人最讲究感情，所谓"士为知己者死"，当校长与每一个员工都结成为"知己"关系的时侯，学校的各项工作还用发愁干不好吗？

校长，要做的事，就是这些小事。然而，正是这些小事，支撑起一所学校的正常运转。而在这些小事中渗透进去的文化要素的水平之高低，决定了学校的发展高度，外显为学校的办学品质，体现了校长的办学品位和境界。

然而，这些表面的小事背后，却需要校长要有深厚的领导力功底。

一是道德领导力。校长本身的道德权威，基于正义感、责任感、义务心、使命感而形成的道德领导力，这种领导力可以有力地影响和感化下属。下属在这种道德的感召下，勇于任事，尽心工作。校长必须具有高尚的职业道德。"学高为师，身正为范"，校长要敢于以师德的化身来领导教师。校长必须做到以身作则，率先垂范。

二是课程领导力。虽然说学校的课程必须服从国家课程，但是随着这一轮课程改革的进展，学校也有一定的课程自主权。校长必须有两种课程领导力，一是课程实施的运作机制，二是课程的开发建设机制。校长对国家课程、地方课程、校本课程三级课程都必须要有清醒的整体的课程目标的理解和把握。在课程实施过程中要给教师创造良好的教学的氛围，包括对教师教学工作的考评机制要合理，要让教师感觉到公平。毕竟课程的实施是要靠教师来执行的，所以，必须给教师一定的课程任务和高的期望，同时，还要有创造机会让教师能外出学习参加培训以提高教学能力。对于校本课程的开发，校长要善于充分挖掘校内校外的各类资源，不断丰富学校的课程体系。尤其现在倡导的综合实践活动课程和社团课程，校长要努力创造更丰富的可供学生自主选择的校本课程，以达成面向个体的教育的理想状态。

三是文化领导力。一所学校必须要有基于自身历史和特点的学校文化，特别是组织行为文化。而这些组织行为文化正是校长本身作风的具体体现。校长有自己明确的育人目标和办学目标，设计出清晰可感的共同愿景。制定一套完善的学校组织行为机制。从宏观上和微观上形成学校的运转模式。这里面体现了校长的前瞻性决策和脚踏实地合乎实际的科学安排。

四是情怀领导力。校长不仅仅是政府的一名类官员角色，代表政府管理学校办好学校。校长必须要有自己的教育追求和教育情怀！而且把这份教育情怀传递给全体教职工。校长应当是教师的精神领袖。

五是关系领导力。处理对上对下对内对外的各种关系无疑是校长必须具备的基本能力，处理各种关系的根本原则是真诚、信任，建立起彼此信任的关系，是校长领导力的核心。

学校干部队伍建设的八个导向

（2016年9月26日，在中层干部会上的讲话）

我校是区属九年一贯制义务教育学校。到今天为止，建校已经44年。2010年，高中部合入临淄中学，原南王中学合并进来，师资结构发生重大变化。近两年来，随着十公司总部搬迁，学校生源结构又发生重大变化。当前，学校正处于发展的转型期，学校发展现状迫切需要有一支思想统一、做事干练、执行力强的干部队伍。9月22日我们召开了全校教职工大会，会上我们统一了学校中长期发展目标和一系列发展措施要求，所有这些，关键在落实。我们中层正职就是冲在落实第一线的骨干，各项工作落实的如何，关键就看我们中层校干的素质。尤其中层正职，大家只有拿出百倍的勇气，敢于迎接困难，强化执行力，敢于迎接挑战，才能赢得未来！为此，学校对中层正职明确提出八个要求：

一 把"讲政治"挺在前头，要做政治上的明白人

讲政治是一切工作的生命线，不讲政治就是没有灵魂。全体中层正职校干要牢固树立政治意识、大局意识、担当意识、看齐意识。贯彻党的教育方针需要政治上的坚定，而政治上的坚定来源于理论上的清醒。全体中层校干要进一步加强理论学习，理论学习入脑入心，自觉接受党内政治生活的锤炼。坚持单周一下午第一节课为中层正职例会时间，例会即可以是工作安排会，也必然是一次学习交流会。通过学习，大家要站稳立场，守住底线，从细节做起，铸牢思想防线，慎独、慎微、慎始、慎终。把讲政治挺在前头，做政治上的明白人。

二 前勤、后勤工作都不要"差不多"，两方面工作都要追求最完美

前勤中的教学工作是学校的中心工作，德育工作又始终放在首位。后勤工作要为前勤做好保障。无论前勤后勤，这两方面工作既分工又合作、互为保障、互为依托、相得益彰。新的学年度，我们确立了"五优双满意"的学校发展中长期目标，时间维度上确立了"31111"工作循环体系，空间维度上我们确立了"12241"工作布局体系，工作安排上我们确立了一系列例会制度。这些安排，目的是切实保证学校运转的有序高效。能否达到此目的，关键看落实。关键看在坐的诸位。无论前勤工作还是后勤工作都来不得半点马虎，不能搞"差不多"。事实上，"差不多"是大家平时常说的一句口头语。很多人工作中只求过得去，不求过得硬，满足于应付差事，生

活中粗心大意、随意邋遢等，这其实是"差不多"心理使然。"差不多"心态看似没有什么大碍，但是若干个小的"差不多"，集中起来就会导致"差很多"，1%的疏漏往往会造成100%的错误。正所谓差之毫厘，谬以千里，上错一点，下错一片，长期下去对工作对事业不利、对自身成长不利、对单位形象也不利。其实质是一个态度问题，与能力基本无关，但与一个人的品行、性格、习惯有关。

世界上的事最需要"认真"，也最怕"认真"，所以，作为学校的中层正职校干，必须要强化精品意识、细节意识，时刻拥有"没有最好，只有更好"的理念，养成严肃严格严谨地对待工作的习惯，绝不忽视任何一个细节，绝不放过任何一个疑点，要做就把一件事做到极致，把"严细实"要求贯穿工作的全过程，切实做到"任务交给我请放心"、"部门交给我请放心"，自觉杜绝"差不多"，在工作上要精益求精，追求最完美。

三 工作讲究"长规划、短安排、立即做"

现阶段的一项重点工作是制定学校发展三年规划以及自主发展评估标准，全面落实9月22日工作会议精神。在推进各项工作的过程中，要做到"长规划、短安排、立即做"。长规划，就是说要着眼于明天、着眼于未来、着眼于长远。凡事预则立，不预则废。一个对人生和工作有计划的人，他就能胸怀大局、放眼长远，不为一时一地的不利所困。俗话说，"愚者赚今朝，智者赚明天"。有人说，学校工作靠惯性年年重复做，教师工作凭良心年年机械干，好比马拉松。其实这其中也有一个科学合理的长期规划的问题。无论单位还是个人，干工作切忌贪一时之功、图一时之名，而要脚踏实地、从长计议。当然，"不积跬步无以致千里"，光有长期计划还不够，还要善于将其具体化，阶段化。也就是有短安排，从细从实，每天给自己制定个小的目标，计划好今天要完成的事情，这样不仅可以知道每天要做什么，做了些什么，还可以对工作进行有效控制，让每一个小目标、短安排的成绩，都成为成功路上的阶梯和里程碑。

不管长远规划还是短期安排，都需要立即行动、马上就做，将工作落到实处，否则就是一句空话。这样坚持一段时间，就会发现，计划的工作都能如期完成，工作效果也会非常明显，工作给我们带来的快乐也容易获得。只有做到了长规划、短安排，才能真正实现有序、有效。也只有把"立即做"当成自己的座右铭，并形成习惯，才能不断进步。

四 工作力争做到"日清月结，有秩序、有条理"

对中层正职的工作，我们提出要求，即做到"日清月结"。这本来指办理现金出纳业务必须按日清理、按月结帐。本是一个财务术语，运用到工作中，就是要"今日事，今日毕"，每过一段时间就及时"回头看"，检查审视一下自己的工作，确保任务不拖延、事情不遗漏。如果今日事明日做，那一定是"日日待明日，明日何其多"，工作就永远拎不清、无章法、效果差。今天的这项工作你拖到明天，明天的工作就只能拖延到后天，这反映的是责任心不强的问题。责任心不强，工作就没有规划目标，任务稍重一点，就有畏难情绪，找理由拖延，觉得今天做不完的，明天还可以再做。殊不知今天的事情做不完，明天的事情也会做不完。"躲过了初一，躲不过十五"，在拖延中自己并不快乐，反而会累积许多压力，严重影响工作效率，甚至导致自信心下降。久而久之，牢骚抱怨就出来了，久而久之，你的这种工作态度就难以胜任你的中层正职的岗位职责，要么换脑筋，要么换人。

所谓"有秩序、有条理"就是有条不紊，干工作要有条理，不打乱仗，这是一个非常重要的习惯，甚至影响一个人的成功和发展。教育工作无小事，如果缺乏条理性，就会忙乱低效。做好日清月结，要统筹规划、有条不紊，不轻视怠慢眼前和当下的工作，把今天该做的事做好，把明天要做的事计划好、准备好，努力做到事不过夜、案无积卷，从容不迫、井然有序地应对复杂的工作。

五　工作要重积累，要有成果意识，始终"在研究状态下工作"

"合抱之木，生于毫末；九尺之台，起于垒土。"任何事物都要有量的积累才有可能发生质的变化。但也不是说积累越多越好，如果没有研究和思考，积累也只是把一堆东西堆砌在一起，做一个"储物柜"而已，工作、学习都应如此。

要想做好部门工作，必须能沉下身来、静下心来、投身于实践当中。无论前勤、后勤，都要深入研究学校的现状，思考学校的未来，结合本岗位工作实际，加强学习，掌握正确的工作理念和方法，做本职工作的通才。有了一定的积累，还要注重反思和研究，就是要用脑子干活做事，不仅苦干实干，更要巧干会干。面对工作中的新情况、新问题、新矛盾，必须在研究状态下工作，提出解决问题的点子、办法，善于学习，借鉴别人的经验，结合自己的工作实际，身在事中，心在事上，把握方向，强化问题导向、目标导向和效果导向，多做思考研究，多学习，多实践，知行合一，日积月累，就能不断提升自身业务素养、专业能力，就能成为一个专家、成为工作的行家里手。

六　工作要在状态，始终保持适度的紧张感，杜绝敷衍、应付、混日子

生命是需要永远激活的，"天有日月星，人有精气神"，工作必

须在状态。对每一个人来说，压力太大会崩溃，但没有一定的压力，不保持适度的紧张感，对身体、对生命、对工作都是不利的。青蛙在温水里待得太久，就难以跳出来；人如果太闲适，就容易出事、干坏事。井无压力不出油，人无压力轻飘飘，有压力不一定是坏事，适度紧张感对于一个单位、一个团队、一个组织、一个人的健康等方方面面都有好处，它能使我们不忘"初心"，远离职业倦怠，激发工作热情，始终让思维和行动保持在平均水平以上，甚至可以迸发出超出想象的能力。

当前，学校正处于转型发展的关键期，学校工作任务重、方面多，要求大家做到：人在岗上、岗在心上，时刻警醒、积极适应、快速跟进，在落实落细落小上下功夫，以"一日不为，三日不安"的责任感和"时不我待，只争朝夕"的紧迫感，一心一意干工作，推动学校创新发展。当然，也不能过于紧张，要劳逸结合，生动活泼，正确面对工作、生活、人际关系等多方面的压力，避免造成心理失衡和精神压抑。

七 工作要讲方法，事情要一桩一桩地做

随着全区教育形势的发展，学校各项工作迎来深度改革的挑战。无论是教师队伍管理改革，还是自主评估督导改革，还是新基础教育教学理念的更新，都需要学校迅速适应新变化、落实新要求，每项工作都要认真落到实处。人们常说，饭要一口一口地吃，日子要一天一天地过，事情要一桩一桩地做。这些都是大白话，大实话，富有哲理。"心急吃不得热豆腐"，我们很多工作都不是一朝一夕、一蹴而就的，教育工作需要潜移默化、不能急于求成，心浮气躁。明朝吕坤在《续小儿语》中说："大凡做一件事，就要当一件事；若还苟且粗疏，定不成一件事。"就是说无论什么事情，要取得实效，

都不能东一榔头西一棒槌、打一枪换一个地方，一阵风、不落实，更不能脚踩西瓜皮——滑到哪里算哪里。

面对学校工作的新变化、新要求，努力做到既要会总体把握、分步实施、统筹推进，更要发扬钉钉子精神，一件事不做则已，做必做到底，做到最后胜利。不能三心二意，黑瞎子掰棒子，抓一个丢一个，如果这样就什么事也做不成。要咬定青山不放松，做好做透每一件事，用足够的耐心和韧劲面对工作生活，不折腾、不反复，久久为功，绵绵用力，坚持到底，积小胜为大胜。

八 分工不分家，主动补台

无论前勤、后勤工作，都是学校的工作，都需要各部门通力合作。"同心山成玉，协力土变金"，学校是我们共同的家园，上周会上我讲过，我们是带着感情来投入到工作中的。我们是一个团队，而不是简单的一群随便坐到一起的团伙，团队是一个有共同目标的战斗组织，大家要团结协作、主动补台。这不只是一种工作方法，更是一种品行操守、一种胸怀。互相补台，好戏连台；互相拆台，一起垮台。工作中有人补台，就可能避免错误，或是将失误降到最低，若是各人自扫门前雪，不管他人瓦上霜，站在城楼看风景，结果"城门失火，殃及池鱼"，一荣俱荣，一损俱损。

学校很多工作需要各处室相互配合，同一个部门的工作也不是哪一个人能单独完成的，没有谁可以包打天下。要做到分工不分家，既提高人人单兵作战能力，也提高团队整体作战能力，超越个体认知和个体力量的局限，发挥 $1+1>2$ 的效果。同志们之间，要重视互相补台，还要善于补台。帮助别人补台，当无名英雄，时间久了，大家终会认清你的为人，最后都愿意为你补台。当然，补台也不是说毫无主见的盲从，更重要的是发现问题和不足，大胆提出意见，修正决策，不断完善；补台更不是毫无原则的迁就，对涉及个人利益的小事要讲风格，至于事关原则性的问题，则要敢于"拆台"，这样的拆台恰恰是为大局更好地补台。

金山中学的明天，取决于有没有一个作风过硬的领导核心，取决于有没有一支优秀的干部队伍，只要我们这些校干中的骨干团结一心，面向未来，勇敢面对挑战，我们的目标就一定会实现！我们的目的也一定能够达到！

教师第一

我一直有一种观点：教育的第一资源是教师！学生的真正教材，是教师。因此，我一直主张，学校里要响亮地提出：教师第一。李希贵的《学生第二》也其实持此论点。

"教师第一"要成为学校上下所有人的共识。从一校之长到普通员工，大家都树立起教师第一的思想。作为校长，如果树立了教师第一的思想，就会在领导和决策时，充分考虑到教师的意见，维护教师的利益，从而达成组织的利益。如果校长一味从官本位出发，总是站在上级部门的角度上指挥学校的教职工，诚然可以实现组织的利益，但是，却少了一份对教师的尊重和关怀，在领导的境界上便输了一等。

教职员工也要把教师第一的意识记在心里。作为教师本身，意识到学校的工作是依靠教师的，学校办学水平的高低是取决于教师的，意识到自己身上的责任，要勇于承担起学校交给的各项工作任务，并在自己的岗位上顶得起来，做出令人满意的成绩来，才无愧于教师第一的称谓和期待。

一般职员也要树立起教师第一的意识来。有了这种意识，就是要明白，自己的工作尽管也很重要，但是，在学校里，冲在一线的毕竟是教师，学校的主业是教学，承担这一主业的是教师，自己并不是低人一等，而是自己从事的工作岗位在学校里是从属支配地位，就要自觉地为教学一线服务，而不是与教学一线攀比，甚至于自己认为自己的工作重要程度比一线还重要。当然，每个人或许都会认为自己的工作比其他人的工作重要，至少认为不比别人的工作次。诚然，学校里每个岗位的工作都不可或缺，有些岗位的工作在某一时段或者某一情形下甚至比教学一线还重要得多。比如，绿化工作，你能说这项工作不重要吗？比如安全巡逻校园的工作，你能说这项工作不重要吗？教室里的照明灯具的维护工作，你能说不重要吗？如果没有这些工作，学校教学显然是会受影响的。但是，我们相信，没有人会认为类似的工作比教学工作还重要。因此，作为学校员工，要正确对待自己的工作岗位的性质，树立起教师第一的意识。在评优、考核等方面，学校有关政策往往会向一线教师倾斜，希望广大职员能理解接受。

教师第一更重要的意义，体现在学校的主业方面——教育教学上。如果没有教师的高素质，就谈不上教育教学质量的提高。教师素质，决定了学校的办学水平。作为学科教师，要让课堂教学实现学生与知识的共鸣，重现知识这一伟大事物的内在魅力，其前提是教师首先要能够认识到知识内在的魅力，并参与整个知识重现的过程。苏联心理学家维果茨基提出的教育心理学中的一个重要概念"就近发展区"理论，这一理论认为：教师所组织的教学对儿童的发展能起到主导作用和促进作用。儿童的发展有两种水平，一种是独立学习能够达到的水平，另一种是在成人的帮助下，在集体活动中，通过模仿等手段，能够达到的水平。维果茨基把这两种水平之间的距离叫做最近发展区。这一理论表明，如果课堂上没有能够发挥教师的主导作用，教师没有参与学生与知识之间的对话，那么无论是个体学生与知识的对话，还是学生群体之间的对话，都有可能停留于肤浅的层次，而达不到理想的效果。写到这里，我们不禁要对郭思乐教授的"生本"理念：完全依赖学生，一切依靠学生的说法要有辩证的认识！其实，在大多数时侯，教师的理解高度，也就是课堂及课程能够达到的高度！可见，在教育教学方面，教师第一显然是毫无争议的。

教师第一的主张要求学校将教师专业发展放在一个重要的地位上。从某种意义上说，学校，是一个教育机构，学校里的人，包括学生和教师都要过一种完整的教育生活。或者说，学校里的教师和学生都应当是过一种完整的教育生活的主体。对于一个教师而言，其生命的最宝贵的时光，大都投注于课堂教学当中，如果在课堂上，一个教师的生命不能发光，其个人生命魅力不能得以展现，那么他不仅没有给学生追求真理做出应有的榜样，而且更为遗憾的是，他自己的生命也将黯淡无光地度过！我们不认为教师的幸福只能到校园之外，课堂之外去追求。教师第一的主张认为，在教室里，在讲台上，在学生中间，在知识面前，教师应该是一个真诚的探索者，一个智慧的求知者，虽然他有足够的耐心等待学生自己去发现，他有足够的勇气承认自己并不是全能全知，但是，他确实应该有把握，将学生带向一个至少他领略过的理想境地！唯此，我们才能说，课堂教学，在实现人与知识深刻共鸣的同时，也实现着人际之间，自我之间的深刻共鸣！我们才能说，课堂教学不仅实现了知识的复现，而且也实现了人的复活——学生与教师生命的复活！而这一切，当然要依赖于教师，因此，我们说，教师第一！

若得月轮终皎洁，不辞辛苦为卿热

昨天看孙蕊老师的 QQ 空间，展示了学生的作文。学生作文中对孙老师几年来的教育付出充满了感激，学生发自内心地给予孙老"既聪明又善良"的中恳评语。我回复："既聪明又善良是对孙老师的很到位的评价！感谢学生们！老师的点滴付出学生是会记在心里的。谢谢孙老师！敬佩孙老师！祝福孙老师！"孙蕊老师又回复我"若得月轮终皎洁，不辞辛苦为卿热。多些鼓励！自当竭力！"有感于此，形成此文。

中华五千年文化，浩浩荡荡，其中闪耀着无穷无尽的优秀传统。世界上从来没有任何一个民族像中华民族那样，把人的生命同天、地并列。"天、地、人"并称为三才，人在天地之间，顶天立地，浩气贯虹。天人合一，是中华传统文化中的精髓之一。世界上也从来没有哪个民族像中华民族一样，重气节、重名声！这是一种天地豪气凝聚于胸的自尊与凛然！孟子曰："富贵不能淫，贫贱不能移，威武不能屈，此之谓大丈夫！"《易》云"天行健，君子以自强不息！"都无不体现出中华民族的人格特征！

"义之所存，虽千万人吾往矣！"组织必须要有旗帜！所谓旗帜，就是"义"之所在。一个组织，必须要有鲜明的旗帜。只有有了这个旗帜，组织的成员才会为"义"所聚，为"义"而战！组织的领导者，根本要靠不断明确和强化组织的"义"之所在来凝聚组织力量。当下的中国教育事业，有着鲜明的目标任务，习近平同志讲"立德树人"是教育的根本任务，在当今的中国社会转型期的巨大挑战面前，"立德树人"的根本任务更有深远的现实意义！

《大学》有言："大学之道，在明明德，在亲民，在止于至善。"教育的人本使命就是"明明德"，教育的社会使命就是"亲民，止于至善"，教育，是人和社会发展的根本推动力之一，尤其在社会转型期，多元的价值冲突急剧增加，如何引导全社会行走在"明德"之正道上，是教育责无旁贷的使命。

党和国家历来对教育事业十分重视。今年又大幅提高了教师的工资待遇，这是党和国家对广大教师的关怀，同时，也是对教育事业的鼓励与期待！体现了党和国家对教育人的理解和支持。有党和国家对我们教育人的理解，有教育事业"义"之所存的召唤，广大教育人无不热血沸腾，甘于披荆斩棘，奋然前行！

"士为知己者死"，中国人讲究义气。在大义面前，可以舍生取义，视死如归！历史上有将军为伤卒吮疮，卒母闻之，哭曰："吾无子矣！"管理的真谛在赢得人心。让人心悦诚服地、心甘情愿地服从于管理。大到一个国家，以"国家梦想"汇聚国人力量，小到一个单位，以"组织愿景"凝聚组织人心。中国人讲究侠气，"为朋友两肋插刀"在所不辞，组织凝聚力最终要落实在组织领导者的个人人格魅力上。正是高尚的人格魅力让一个人顶天立地，与天地同，从而赢得组织成员的由衷的敬佩和心甘情愿的跟随。《易》云"上下同欲者胜"，只有组织成员与组织领导者之间形成一种互动的理解与沟通，前者不断能从后者那里得到鼓励和赞许，后者不断给予前者以肯定和鼓舞，方能使得组织成员间形成一种默契，使组织成员感怀一种"若得月轮终皎洁，不辞辛苦为卿热"的衷肠：多些鼓励，自当竭力！

教学管理工作中的几点反思

回顾开学这段时间以来，在教学管理工作方面做了一些分内的工作。许多项工作都是在王校长、曹助理以及以焦主任为代表的其他各位主任的大力支持和协助下开展的。在此，表示感谢。反思两个多月来的教学管理工作，有三点主要的体会，与大家分享：

一 团结协作，发扬民主是干好工作的有力保障

本学期开学以来，承担教务主任岗位职责，可以说完全是个门外汉。如何开展好教学管理工作，的的确确给了我很大压力！这个压力甚至超过以往任何时候，比如当年考大学的时候，比如担任高中政教工作的十年间也从来没有感到过如此巨大的压力。但是，在各位领导同事们的大力支持和帮助下，特别是王校长和曹主任以及焦主任毫无保留的传帮带，任主任、王主任、姜主任任劳任怨的大力支持，费主任、王能慧主任、郭主任、于主任也是全心全意地，不计任何条件地支持，初中部教学管理工作整体上走得比较顺畅。无论是前期开展的"同课异构"活动，常规月查月点评活动，还是近期开展的期中总结，以及"推门听课"、初三年级的"分层走班"教学安排等活动，都得到所有领导的一致协同，大家心往一处想，劲往一处使，真正体现了高度的团结协作精神。确保了初中教学管理工作的顺利开展。尤其值得一提的是，关于初三走班上课的安排，前后多次与王竹报副校长、曹玉伟主任、任树村主任等人协商，讨论，甚至争辩，先后召开四次年级组长班主任会，多次会同数学英语两科任课教师商量如何操作，在这件事情上，充分发扬了民主，

包括张校长在内积极提出指导性意见，在民主协商的基础上，通过周密布署，既然决定要实行，就果断采取行动，立即执行。从上周五数学英语两科老师座谈汇总情况来看，无论A层B层学生应该说普遍感觉上课效果有所改观。我们还要继续跟踪观察一段时间。但就这件事的决策过程来看，我感觉到充分发扬民主，广泛听取各方面意见，经过周密考虑作出尽可能详尽的安排是取得良好效果的保障。

因此，我第一点与大家分享的就是团结协作，发扬民主是干好工作的有力保障。今后我衷心地希望我们大家能够更好地团结协作，发扬民主作风，以保障把各项工作做好！

二 张驰有度，宽严相济确保教学常规落到实处

上周我们实行推门听课，累计听课70余节次。对广大教师落实课堂教学常规有很大触动。从教学管理角度看，较广泛地了解了课堂教学的真实现状，摸到了一线教学中的真实脉搏。从教师角度看，普遍感觉到教学管理上的务实作风。因为凡是听课，必评课，对教师就是一种督促，自然也是对教学常规落实的最直接的检查。从学生及家长角度，也可以让其感受到学校对教学管理的重视。特别是当前融合期，有不少家长担心我们的教学质量会滑坡，担心我们的教学管理工作跟不上。我们这样高密度地听课，对促使教学常规工作落实到实处是一种促进。然而，我反思，从教师角度想，这种过严的做法会不会给教师们带来过大的压力？比如，有的组在教研活动时，就说现在实行推门听课，大家备课一定要充分。这从正面看无疑是对教学常规落实的有力促进，但是，教师的工作毕竟是个良心活，更多的是靠教师的自觉践行，不能完全靠监管，过严的监管有导致出现逆反的危险。老师的职业尊严感不喜欢随时被听课，被指手划脚地指挥。所以，我反思，我们要张驰有度，充分信任教师，

充分给教师足够的自由度和信任度，相信我们的教师队伍会自我约束自我要求的。因此，后半学期，我们教学管理方面要尽可能地少干扰教师，让老师们静下心来，认真地备好课，争取期末取得好成绩。

张驰有度，宽严相济确保教学常规落实到实处是我想与大家分享的第二点感想。

三　在研究状态下工作

我第三点想与大家分享的感想是在研究状态下工作。我们的工作是教书育人工作和教学管理工作。无论是教书育人还是管理育人，都落脚在"育人"二字上。所谓"十年树木，百年树人"，育人工作不允许出现次品。教育工作是一项高尚的工作，同时也是一项需要用智慧和情感来开展的复杂的专业性工作。这项工作的崇高性、复杂性和专业性，要求我们必须以研究的眼光看待我们的工作，以研究的心态对待我们的工作，以研究的实践贯彻我们的工作。我不妨称之为"在研究状态下工作"。在这种工作状态下，我们就会认真地审视我们的工作行为，避免出现工作中人为的失误。在研究状态下工作是一种自主意识支配下的理性的工作状态，克服了工作的盲目性和随意性。在研究状态下工作，会使我们经常对日常工作进行反思，进行辩证的思考；使我们能够不断地修正错误，克服惰性和局限性，不断超越自我，从而把我们承担的工作做得更好！

我今天与大家分享的体会就是这些，不当之处，恳请批评指正。谢谢！

【回味与感悟】担任教务主任期间，对教学管理从未停止过思考。正是那些不曾间断的思考成就了自己的办学思想。滴滴涓流，汇聚成海。

理想课堂建设的几点思考

一 理想课堂建设是永无止境的

课堂建设，永远不可能达到最理想状态。理想课堂建设永远在一种持续研究和改进过程之中。因此，我们提出的理想课堂建设研究与实验，可以说是一个永远可以进行下去的课题。这个课题的研究价值所在，正在于它有无限的创造性、有永续的发展性。就不同学校而言，不同的生源状况，不同的师资力量水平，不同的学校文化情况，都会造就不同的课堂状态，也都会有符合本校实际的理想课堂追求。就不同的学科、同一学科不同课型、同一学科同一课型而针对不同的学生，由不同的老师执教，也都会有不同的理想课堂追求。所以，理想课堂又极具丰富的师源性特征。正是基于理想课堂的无限的创造性、永续的发展性、丰富的师源性特征，我们提出进行理想课堂建设研究与实验。我们进行研究与实验的目的，绝不在于是否能找到一种最终的理想课堂模式，这种理想课堂模式是不存在的，既使存在，也是动态发展的，而不是僵化死板教条的。我们研究的目的，在于研究的过程。在此过程中，至少可以达到或部分地达到我们的三个目的——即师资队伍的专业成长、课堂模式的持续优化、教师个性的充分张扬。归根结底，通过研究过程促进形成一种"在研究状态下工作"的状态，促进形成一种以建设理想课堂文化为终极追求的组织行为文化。

二 课题的研究要基于内心的真诚

何谓真诚？真诚是对待人或事的一种心理状态。这种心理状态的本质特征就是态度是发自内心的，不是外在强加的一种自然心理状态。它发乎本性，源于自然。不矫揉造作，不自欺欺人。每一位参与研究与实验的教师，都不是抱着完成一个什么任务或者为了得到一个什么好处才来参与的。当然，以阶段性任务的完成为驱动来促使课题研究的进程有抓手是必要的。但是，只有把课题研究与日常的课堂教学有机地融合在一起，工作即研究，在研究状态下工作，在工作实践中研究，二者不分彼此，才是我们进行课题研究的应然状态。只有抱着真诚的态度来进行研究，我们才不会感到累，我们的研究才会处于一种始终活跃的自然状态。

三 课题的研究要求研究者要勇敢

仁者无忧。实践者的勇气来自于无私。只要做事情不是出于私心，而是基于公心，就不会产生畏惧。我们进行课题研究，就是要通过自己的实践与思考，探索理想课堂的形成机理，丰富理想课堂的内涵。努力提高我们自己的课堂教学质量水平，向理想课堂状态逼近。我们不仅对我们自己的课堂负起责任来，我们还要从广义角度上，对当下中国新课程实施背景下的课堂教学探索负起研究的责任来。当我们把自己的行动定位在铁肩担道义的高度上时，我们就会充满无限的豪情。对当下中国的教育，作为一线教师，我们有义务正视它，研究它，义务让我们绝不回避承担；为师者的职责，我们绝不推萎。对理想课堂建设这样的宏大课题，我们不是随波逐流唉叹现实的无奈，而是脚踏实地勇敢地迈出实践的脚步，拿起我们手中的笔，记下我们扎根在一线不断实践的感悟与思考。谁能说，我们看似粗浅的感悟不是仁者的一片至诚？谁能说这种源于至诚的思考不是真正的研究？

最近，语文组已开展了同课异构课堂教学研讨活动。数学组和其他教研组也将相继开始"同课异构"课堂研讨活动。我听了一些课，感觉到有不少老师对于课堂教学方面，有一些原则性的东西把握不好。有的青年教师一味模仿某种所谓模式，有些青年教师甚至连课堂基本环节都不能有效完成。我看到有如下一些现象：如没有情感孕育的引入环节，没有清晰的学习目标，没有过硬的当堂达标，缺少精彩的互动生成……归纳起来，我认为是这些教师心中缺少一些关于课堂教学的基本原则。我把课堂教学的一些基本原则归纳为"三大规律，八项注意"：

三大规律：学生认知规律、心理情感规律、学科课型规律。

八项注意：情感孕育、目标定向、以学定教、互动生成、知识建构、展示点评、当堂达标、习惯养成。

（一）

三大规律是教学的前提和保障。任何学科，任何课堂，只要是采用课堂讲授形式的，哪怕是中央电视台的百家讲坛，也必须遵循这些规律。

八项注意，是对课堂教学的基本要求。甚至可以说是一些基本原则。有了这些原则，我们就不必非要什么模式，我们的课堂要上出属于自己的模式来！我们期望不同的教师、不同的学科甚至同一学科的不同课型都要有最适合自己的学生实际的最佳模式，而不是僵化地套用外来的什么模式。对于八项注意，我格外说一下两头两项，因为其余六项老师们一般很注意，而对于两头两项可能会不够重视。情感孕育，是在上课之初要创造出一种氛围，让学生进入到教师预设的情境中来，这个环节不可少，但也不用太长时间，1分钟足矣。习惯养成，这是要贯彻始终的。因为，授人以鱼，不如授人以渔。这里所说的习惯养成主要指学习习惯，也就是所谓的"渔"的范畴。希望老师们理解。

（二）

近几年，多种多样的教学模式如雨后春笋般涌现出来，有名可数的新模式据说已经达到上百项（《山东教育报》2011年9月5日）。针对当前教学模式风行的现状，我们必须保持清醒的头脑：绝不能一味跟风！让模式牵着我们的鼻子走，失掉了我们自己的教学个性，葬送了我们自己学校的发展前程。这是相当危险的！每一个教学管理者，务必摒弃投机取巧，急功近利的心态，保持对教育规律的客观把握，走出我们自己的路来。每一位教师，也都要立足于自身的专业发展，把课上出自己的特色来！只有拥有了自己的特色，你才会成为业师、人师；如果一味邯郸学步，模仿别人的模式，哪怕学的再像，也不过是教书匠而已！

（三）

当然，上课不可能没有模式。

我们当然要有模式，即使这种模式或许是隐性的，我们没有概括表述出来的。但是，我们坚持这样的观点：基于校情、教情、学情的模式才有生命力。模式便于规范教学流程，在老师们没有自己成型的模式之前（一般指的是年轻教师、没有经验的新教师、或者尽管从教时间很长，但一直没有形成自己模式的个别老教师），我们必须要有一套"模式"来规范其教学流程，这一点，我们是很明确的。早在上学年第一学期，我们学校合并的第一个学期的第一次月点评会上，我们就明确地提出了我们的模式：情境引入—目标呈现—自主学习—合作探究—点拨提升—反馈矫正—当堂检测，大概是这么七个环节。但是，我们不能将所有学科的所有课型全都套用这一个模式，那显然是有失教育规律的。

（四）

结论：我们认为，教学质量的高低根本上取决于教师的素质。

我们要让所有学生在不同层面上都有进步。那么，我们就必须一切从学生的实际和教师的实际出发，坚持走我们自己的道路。做"让学生喜欢我的课堂，让学生喜欢我的为人，让学生喜欢我的学科"的优秀教师，在教育教学征程上，踏实而坚定地走下去！祝老师们教师节快乐。

（2011 年 9 月 10 日）

信息化与课堂教学改革的几点思考

随着互联网的快速发展和现代信息技术在教育领域的广泛应用，以云计算、大数据、3D 打印、微课程等先进的基于信息技术发展的前沿技术手段不仅转变了学生的学习方式，提高了学生的学习积极性和主动性，而且增强了师生互动，提高了学习效率，正逐渐被运用到我们的教学实践之中。当前全区课堂教学改革在区教研室的大力推动下，已经营造并形成了良好的氛围，各校正以实际行动扎实推进课堂教学改革。结合全区课改新形势的发展要求，我校也在思考如何更好地发挥信息技术的功能以推进课堂教学改革，进而推动教育现代化的发展。

我的观点是：充分利用信息技术手段和现代视听工具和信息传播工具进行教育教学，扩大教学范围，提高教学效率，这是课堂教学改革的方向，也是教育现代化的标志。

关于充分利用现有信息技术条件，推动课堂教学改革，我主要谈以下几点尝试与思考，与大家交流：

1. 广泛建立与家长的飞信、QQ 群、微博、微信等交互式联系。通过这些技术手段，密切家校联系，远程指导学生和家长明确学习要求，完成作业或前置任务，为教育教学提供有益的助力。并且通过收集反馈信息，实现交互式因材施教。

镜头一：某家长收到如下飞信："今天数学作业是《同步训练》22页解答题的第1题，挑战自我第1题，第2题，整理在演草本上，注意规范书写步骤。前置作业第1课。请家长督促。"

当家长每天能收到来自孩子的任课老师的飞信时，对于孩子在校各科的学习进度和要求了如指掌。家长能及时指导并督促孩子完成作业，在培养孩子方面家校同盟瞬间交汇对接，大大提高了教育教学的实效性。

思考一：随着网络交互式终端延伸至每一个学生家庭，远程全天候指导学生学习将成为可能。利用信息技术我们可以全面地交互式地指导每一个学生的学习情况，对于学生学习中的问题了如指掌，使课堂上的交流与指导有更强的针对性。未来，随着信息技术的进一步发展，学生人手一个无线终端的学习方式将成为可能，届时学生的学习方式将变得更加便捷且丰富多彩，在时间、空间上也会发生根本性的变化。我们每一位教师都应该有充分的迎接新技术挑战的准备。

2. 通过鼓励和引导学科教师制作和使用"微课程"，有效提升优质教学资源的共建共享。我们学校还将"微课程"资源上传到共享云盘上，为学生自主远程学习提供了丰富的课程资源。

镜头二：以裴景娜老师为组长的生物教研组正在制作"观察关节构成"的微课程。他们买回一条猪的前腿关节，小心剖开关节外的肌肉和韧带组织，充分展露出关节的内部构造，一边用手机拍摄，一边讲解，录制出关于关节结构学习的视频微课，最后用绘声绘影软件对视频进行编辑加工。一段5分钟的视频"微课程"上传到共享360云盘上，不仅可供全体生物教师每一届学生学习该内容时点击使用，也为学生课外开展自主学习提供了不限点击次数的课程资源。

思考二：建立丰富的网络课程资源将有助于未来实现真正让学生自主学习。今天我们所提倡的自主学习，还称不上真正意义的自主学习。我们只是通过"导学案"或前置任务单告诉学生学什么、何时学、怎样学、学多深、学多快、学多少，这一切仍然都是由教师掌控下进行的，学生仍然没有摆脱被动接受的状态。真正的自主学习是学习者自己掌控学习内容、时间、程度、进度、方式和节奏。不懂的问题可以利用网络资源反复看反复听，直到明白为止，不受任何外在的强迫。当学习可以被自己掌控时，自主学习才真正开始。未来，信息技术使教师的职责发生重大变化，将不再以传授知识为主，而是重在建设网络学习资源，培养学生掌握信息处理的方法和分析问题解决问题的能力，交流和共建学习资源将成为教与学的核心。

3. 发展学生的信息技术操作技能，拓展学生参与课堂教学的自主空间，激发学生的求知欲，提高学习效率。

在今天信息化课堂的大环境下，学生的信息技术操作技能，学生的信息素养已成为影响课堂教学效果的重要因素。信息技术支持下的新型课堂教学模式，在更加直观有效地完成教学任务的同时，还侧重了增强学生的学习兴趣，强调了学生的自主体验，强化了学生的求索探究精神，并在合作进行的小组学习过程中锻炼了合作意识。

镜头三：生物学科闫亮老师的课堂上，学生正在演示着自己和小组同伴一起制作完成的"西瓜虫避光趋阴实验"的 DV 视频画面。教师通过安排学生利用周末时间自行捉西瓜虫并进行实验，并要求学生以小组为单位，互相协作录制实验的过程，在课堂中展示。通过这种方式，大大地激发了学生的自主学习兴趣，并且使知识的巩固成为自然而然的事。让学生在自主学习的过程中体验到求知探索的无穷乐趣！在课堂中学生展示着自己制作或观赏着同伴完成的作品，学习的过程变得趣味无穷，怎能不提高课堂效率？

思考三：在当今信息时代，科学技术已成为人类社会经济发展的决定因素，信息化已成为人类社会发展进步的总趋势。在信息技术发展日新月异一日千里的大背景下，教育势必受到信息技术的强烈冲击。建立在基于信息技术支撑下的全新教育思想、教学模式、教学方法的教育教学改革，必将成为新时代实施素质教育的必由之路！

学校培养对象和培养目标的几点思考

义务教育阶段学校是划片招生的。学校职责范围内的儿童是我们的培养对象。为使学生成为他自己应当成为的人；为把学生培养成能在未来社会竞争中有实力获得成功，打下坚实的基础就是我们的培养责任。

作为学校，是一种社会机构，其职责是培养人。培养人的人称为教育工作者。教育工作者的工作对象是本学校职责范围内的所有称为学生的人，这一点与医生还有区别，医生的工作对象是有病需要治疗而选择进入你的医院的人，而教育工作者是没有选择的，所有那些法律要求当然也是自愿的进入你学校的那所有人，不论贤愚、不论美丑都是我们的培养对象。

社会竞争包括国内的竞争，也包括国际间的高端人才间的竞争。国与国之间的竞争，归根结底是人才之间的竞争。当然，我们更多地关注当下现实中的基本的社会不同阶层的各种生存生活竞争。所以，学校要培养人，就要直面社会竞争，不可避谈社会竞争。因此，我校的培养目标为：培养在各层各类竞争中有实力获得成功和幸福的人！

一个优秀的孩子进入我们学校，我们必须着眼于这个孩子的长远的发展，是要关注他一辈子，甚至他的子孙后代发展的，而不仅仅是他生命中的初中四年而已。这个优秀孩子经过我们的培养，为他的发展打下了坚实的基础，从个体生命角度讲，使他具备进一步成长的基础素质，从社会需求角度讲，使他成为能为社会做贡献，成为社会发展所需要的人才，有能力参与国际竞争，为我们的民族、为我们的国家造福的人才。这是我们基础教育义不容辞的责任。

一个普通的孩子进入我们学校，我们也应当着眼于他长远的未来，他或许没有能力达到高端人才的水平，但是，他要融入社会生活去，经过我们的培养，使他具备了在未来社会生活中，能凭实力获得竞争的成功，达到他所能达到的社会位置上去。

一个发展相对滞后的孩子进入我们学校，他的智力甚至还有些问题，但是我们却不能不收下他，一方面是国家义务教育法律要求我们必须承担我们所承担区域内的适龄儿童的教育，另一方面，作为教育者的社会责任和良知，作为教育者的人道主义的良心也要求我们来者不能拒收。他或许不是一个传统意义上的好学生，但是，他毕竟也是造物主造就的一个活生生的生命吧。我们教育我们自己和我们的学生要尊重生命，甚至对于动物、草木的生命都要尊重，何况再差的学生？只有收留他！收留下来之后，我们怎么办？只有给予他更多的关爱，当然，他会花费我们更多的精力，我们当班主任的都知道，谁都不愿意接受他，但这是我们的职责所系，我们必须承担。

坚持"全面加特色，合格加特"的办学宗旨，坚持"因材施教，全面、全员、全程育人"的育人原则。创设"适合学生的教育"，践行"为孩子一生负责"的办学理念是我们的不懈的追求！

（2013 年 4 月 30 日）

精细化落实教学常规的几点思考

落实教学常规，是取得良好教育教学效果的基础，是我们学校过去当前及今后取得辉煌成绩的决定性因素。在新的金山中学扬帆起航之际，在全区教育发展的新形势下，学校提出精细化落实教学常规的要求，既是提高教师专业素养，保持和发展教师的专业竞争力，促进学校教育教学质量不断提高的必然要求，也是适应学情、校情，贯彻区局督导要求，和我校提出建设精品学校的办学目标的客观需要。实施教学常规精细化，需要全体老师统一思想，深刻认识这一要求的重要意义，把握精细化落实教学常规的基本要求。

重要意义：这是学校实现整合后跨越式发展的新要求。新的金山中学整合后，师资、生源都发生了新的变化。我们提出"精细化落实教学常规"，体现出学校对新形势下学校发展要求的高度自觉，对学校发展脉搏的准确把握。

精细化落实教学常规是继承我校一贯重视常规落实的优良传统的具体体现。长期以来，我们学校一直重视教学常规的落实。任何一次教学工作会议都一再强调，全体教师一定要认真落实教学常规，在我们制定的《教职工考核方案》中，也特别突出了对落实教学常规的要求。教务处在过程性检查当中，也注重根据实际情况突出对备课、上课、作业、单元检测、学生辅导等常规的不同侧面。正是因为重视教学常规，我们的教学成绩才有了基本的保障，取得了辉煌的教育教学成绩。连续多年被评为"教学工作先进单位"。提出精细化落实教学常规，是对我校长期以来重视落实教学常规的继承和弘扬。

精细化落实教学常规是保持和发展教师专业素养的重要保证。教师的专业素养是教师的核心竞争力，是创造出优质教育的根本保证。一个教师专业素养不是天生的，也不是一成不变的。过去素养不高，不等于现在素养不能提高上来；现在素养很高，也不等于一直会很高。我们把教师的专业素养提高作为学校的重中之重的工作来抓。这项工作就必须放在教学常规的具体落实上。精细化落实教学常规，正是保持和发展教师专业素养的重要保证。

精细化落实教学常规是提高教学质量，促进学校发展的有效途径。当前全区的教育格局经调整后，发展、竞争的压力日益激烈。我们学校要想在激烈的竞争中居于主动地位，保持区重点发展的六所初中校之一的地位，就必须提高教学质量。教学质量上不去，就会落后于形势发展的要求。对于我们学校来说，只有全体老师精细化落实教学常规，努力使备课、上课、作业、辅导、检测、讲评等各个环节精细化，真正精心研究学生，精密设计教学过程，才能有效提高教学质量，更好地促进学校发展。

基本要求：目标清晰化，过程精细化，成果最大化。

一般意义上的落实教学常规，方法较粗放，过程较随意，成果欠提升。精细化落实教学常规，根本目的是提高教学质量。因此，要求目标清晰化，过程精细化，成果最大化。

目标清晰化。各位老师根据自己的教育对象，首要任务是明确自己的目标。目标要清晰。既包括自己事业发展的目标，又要包括学生成长的目标。既有长远目标，又有中期目标，近期目标。既有学生成绩方面要追求达到的目标，又有学生学习习惯，学习过程的规范要求方面的目标。目光要长远，既关注到学生的现时利益，又关注到学生终生受益的长远利益。老师们要不断廓清自己的工作目标，使目标越来越清晰。

过程精细化。有了清晰的目标，就有了努力的方向。有了方向就要努力去实现它。实现目标的过程和途径要精心设计，细致谋划。即过程精细化。过程决定结果，细节决定成败。要牢固树立精细化思想。在备课上，精心设计情境引入，精密设计课堂讨论的问题。作业批改时精心设计作业评语。在指导家长参与学生学习指导上精心设计交流沟通的机制。敢于正视问题，用创造性的思维精致用心地去解决实际问题。

成果最大化。成果是我们最终的追求。是承载我们劳动的主体。我们尽少地做无用功，尽最大化地将付出的劳动转化为可见的成果。随笔，课件，节目，作品等成果要积少成多。既展示了自己的劳动，又满足了上级督导检查的要求。积少成多，再经理论升华，就会转化为教科研论文，进而转化为自己的成果，从功利化角度讲可以为自己考核得分，转化为自己的切身利益。学生的成绩也必然会在我们的成果追求中水到渠成，达到我们的期望了！

【回味与感悟】这是我为学校校刊《新叶》撰写的稿件。教学常规是任何一所学校必须扎实抓好、抓细落实的。教学常规的落实要求再怎么细、再怎么严都不为过！因为，这是取得良好教学效果的基础。

提高教学质量的几点思考

全面推行素质教育，尊重受教育者的个性，因材施教，培养综合素质高、全面发展的人是学校的重要使命。而其中的教学质量是学校的生命线。如何提高我校的教学质量，我想通过分析如下六个着眼点以给我们的教学管理提供思路。

一　教师的教育态度和教育理念

广大教师每天都在努力地干工作，到底工作成效如何？好的工作成效取决于哪些因素？从最根本上来说，好的教育教学成效取决于教师好的教育态度和教育理念。教育态度和理念决定了教师的教育教学行为。包括价值观、信念、情感和伦理在内的意识形态决定了教师的教育行为。我国学者杨启亮早就说过："在基础教育的教师教学过程中，懂得如何教总比懂得教什么更重要。"反思我校的校本研修，我们每学期初都有组内的研讨课活动，充分采用"同课异构"等形式发挥同伴互助的研修功能。各教研组的教研活动、各教研组开展的学科类活动，外出观摩，校本培训中的理论学习，专家讲座，常规管理中的月点评，以及贯彻"青蓝工程"的每学期末的教学大赛活动等都是我校对教师的教育态度和理念当然包含教育专业能力的有效培养。总之，教师的教育态度，归根结底是得依靠教师的校本研修来解决。

二　教师的教学能力和方法

教师的基本素质和专业素质决定了教师的教学驾驭能力。包括吃透课程标准和教材的能力，课堂管理能力，激发学生学习热情的能力，调动学生自主学习的能力。备课的深度与广度，上课的高度与宽度，辅导的力度与频度。知识传授与能力培养，情感、态度、价值观的潜移默化的影响力，不同课型的课堂教学模式的操控能力等。

三　学生的学习态度和习惯

学生有没有认识到学习是他自己的事情？学生的学习热情是否高涨？学生有没有责任感？有没有学习的兴趣和动机？肯不肯吃苦？这些因素决定了学生的学习成效。我们在这方面是否要有所作为？

四　学生的学习能力和方法

有没有形成生与生之间，班与班之间的比、学、赶、超的氛围？学生的学习方法有没有统一的模式要求？班内的小组间有没有形成竞争格局？学生会不会听课？会不会做笔记？会不会做作业？会不会改作业？会不会思考与讨论？会不会合作与交流？会不会倾听与表达？会不会自主复习？会不会合理按排各科的学习时间？

五　家庭教育要纳入学习共同体

合班并校一年来，我们对学生的现状已有了较全面的了解。家长作用的发挥一直是我校与城区学校的差距点之一。由于学生家庭环境的不同，家长对待孩子学习的态度不同，在学生学习过程中的帮扶监督作用的发挥上有很大差距。当然，虽说家长是学生的第一任老师，但是，学校毕竟是一种社会机构，所承担的职责就是代替家长承担起教育孩子的责任，我们不能期望家长能发挥多大的作用。但是，家庭经济条件，家庭中有没有学习的氛围无疑对学生的学习习惯有着显著的影响。在提高家长素质，提高家长对孩子学习的督促帮扶作用方面，我们有必须要进一步探讨。

六　教学管理与教学评价

教学指导是否准确？教学管理是否到位？管理即服务，是否让每一位教师感觉到鞭策与鼓励？教学评价是否科学？是否让每一位学生受到关注与鼓舞？年级中班与班有没有形成竞争格局？同学科的教师间有没有形成比较竞争？没有竞争就没有促进进步的动力。单元检测成绩分析是否到位，真正能为教学提供参考？是否有补考措施？期中期末考试是否有考核奖惩机制等。

以上是我所想到的提高教学质量的六个着眼点，希望能进一步理清思路，为提高学校的教育教学质量带来一些益处。

但是，总的来说，学校应当将"管理"放在第一位上，"教师"是第二位，"学生"是第三位，"家庭"是第四位。

关注就是教育

对于从事教学工作的教师来说，没有比学生取得了好成绩更令人高兴的事情了。然而，学生要想取得好的成绩，除了其先天的智力因素外，后天的培养和教育至关重要。而教育要想取得好的成效，唯有付出爱心。什么是爱？就教师而言，给予学生足够的关注，就是爱。

关注孩子的点滴进步。张珈瑜这次作业画三视图，画得特别棒。我在其作业本上写下一句鼓励的话，并且给他为同学们分发作业的机会作为奖励，他十分高兴！把对孩子的关注融入到日常工作的细节当中，让孩子在被关注中感受到温暖，让他体验自己的进步带来的快乐。让张珈瑜分发作业本，就是延长他的幸福体验时间，让他更长一点时间体验这种成功的幸福。

关注孩子的情绪。林奕宸期中考试前的一段时间，上课精力不集中，乱讲话，学习表现不好。我那天中午亲切地搂住他问他："林奕宸，你上课不专心是什么原因？"他哭了，说："我也不知道！"是的，孩子有些行为发生了偏差，有时候连他自己也不知道是什么原因。如果老师一味地批评，不关注孩子的情绪，就极易给孩子造成心灵上的伤害，严重的话可能会造成遗憾终生的不良影响。因此，教师要关注孩子的情绪，教师的一言一行无不关乎孩子的一生的命运。

关注孩子的作业改错。蔡洁近一段时间作业上交不及时，甚至有抄袭别人作业的嫌疑。如果老师只负责批改作业，而对批阅完之后学生的纠错不予过问，就会导致孩子形成不认真纠正作业中的错误的不良学习习惯。我连续几次找到蔡洁，帮助他改正作业中的错误，既有利于提高他的学习成绩，又能更深入地了解他，从而有针对性地给予他更多的帮助。因为我们是为孩子的一生负责。这就是教育！

我们已无可回避地变成了一所薄弱校
——对当前学校现状的思考

一　曾经的辉煌

金山中学的前身是中石化第十建设公司子弟学校，成立于1972

年，截止 2005 年，一直是淄博市的市属学校。作为企业子弟学校，学校的主办方是企业，业务管理委托给淄博市教育主管部门。生源全部是企业子弟，家长是企业职工，绝大多数家长都是专科以上学历，对子女的教育十分重视。学校的师资也是从全国各高校选聘的优秀大学生，80%以上教师具有本科学历，师资专业水平较高。校长是企业主导任命的懂教育的人，对企业负责。所以，学校的生源、师资、管理都处于相对较高的水平。经过 30 年的发展，学校逐步形成了"全面加特色，合格加特长"的办学宗旨，先后获得"省级规范化学校"、"山东省体育传统项目学校"、"花园式学校""素质教育示范校"、"淄博市艺术教育示范学校"等荣誉称号。

那一时期，学校的教育是真正接近于素质教育的。无论学生是怎样的，大家都是企业职工的子弟，"不放弃任何一个孩子"是学校里每一位教职工的共同坚守的信念，因为，学生都是自己企业同事的孩子，相当于就是自己邻居、亲戚家的孩子，就跟自己家的孩子一样，绝不能不管，尤其是从一年级就是这样对待每一个孩子的。这种强烈的"子弟"认同感，造就了"血缘式或准血缘式"的师生关系，所以，全体教职工都是竭尽所能地为每一个孩子的成长负责，可谓全心全意，尽职尽责。比如，一年级学 a，o，e，我们觉得太简单了，但是，作为那个年龄段的儿童，真的会有一个或两个孩子，比如尤拉和吉米，他们就感觉太难了！既读不准确，也写不好。这时，老师就需要有象对待自己的孩子一样的耐心，来不厌其烦地教他，手把手地教，口对口的示范，一遍不行两遍，直至掌握为止，放学后适当占用一点时间，让家长在校门口等一等，老师晚一点回家吃饭，也要多教导孩子一些。老师基本上能做到与家长随时随地无障碍地沟通。在教育孩子问题上，家就是校，校就是家。这种家校一体的育人氛围，特别是从小学一年级起，十分有效地保护了学生的学习兴趣，在很大程度上避免或者减缓了厌学情绪的产生，即使有厌学现象产生，也一般出现较晚，通常会出现在初二、三青春期的男孩子身上。即使这样的孩子，企业也有自己的技校，在学习上实在跟不上的，大不了就从初中毕业转到技校学一门诸如电焊、司机、管工、钳工等技术，也可以在企业实现就业。那是怎样的一幅教育图画呀！

那时候，如果一个学生文化课学的好，就让他依文化课成绩考大学，当年最好成绩是淄博市高考文科第四名（郭芳1996）。文化课学得不好的学生，学校就想方设法发展学生的特长，只要孩子在某个方面有特长，学校就发展他那个方面特长，如音乐、美术、体育、书法、播音等，在企业雄厚的资金支持下，学校在硬件投入方面也舍得花钱，乐队、体育馆、画室一应俱全。在管理上没有形式主义应付各类检查，静静地一心一意地办好教育。学校的乐队、鼓号队、舞蹈队、各类体育代表队全面发展。特别是排球方面，经过十几年发展已达到全市领先水平，许多孩子不仅文化课学习好而且排球打得也好，这样依托优秀的文化课成绩加排球特长，不少学生考入了北京大学、清华大学、西南财大、中国人民大学等许多名牌大学。这样，每年的高考成绩都不错。于是，公司领导就会从企业利润中拿出一部分来，作为学校的奖金，或者某些项目部的孩子高考考得好，项目经理会安排老师们出去旅游。这样，企业学校的老师待遇就显著高于地方公办学校。老师干劲也更足，也更能吸引优秀的师范毕业生来学校工作，而且，学校有用人自主权，可以在全国各大师范大学任意挑选合意的大学毕业生充实到师资队伍中来。所以，那时尽管学校地处偏僻的城乡结合部，但也不影响优秀师资的补充，这样形成良性循环，学校提供的可以说是优质教育。那时，我们可以说是优质学校。优质学校的构成要素：生源好、家庭环境好、社区环境好、师资好、硬件建设好、学校管理的自主性好，诸方面都具有一定的优势，这造就了学校曾经的辉煌。

二 现在的薄弱

学校走下坡路，是从2001年前后开始的。前后分两个阶段，第一阶段是2000年前后三年，企业效益下滑，国有企业改革的方向是为企业减负，企业办社会职能开始社会化脱离。在这种大背景下，企业拨付学校的办学经费一减再减，教师待遇每况愈下。而在同期，地方教育教师待遇却在大幅提高。一升一降，企业学校的待遇优势丧失了。学校地理位置偏僻的劣势就凸显了出来。原先这种劣势被高于地方的待遇所掩盖，现在凸显出来了。于是，优秀教师大量外流：周先军、杭义寿、任英明、孙化香、陈泰梅、张广华、丁正和、支斌、李涛、黄斌、孙肖男、邹宗玺等一批优秀教师都是这一时段离校的。同时，新分配来的大学生也待不住，1996年分配来的16位大学生：李建坤、王仍秀、谢瑞芹、邵海荣、徐红雁、吴振军……1994年分配来的于康民、崔相远、何相芳以及2000年到2003年来的大学生，张进杰、邓国、张志伟、邵先娟、牛克京、于长胜等先后都离开了学校。2003年，学校由企业办学试运行地方办学，2005年正式挂牌更名为"临淄区金山中学"。这时，优秀的师资大师流失，学校的师资水平发生很大滑坡。是为第一阶段。

2010年，南王学校合并到金山中学，大量的农村生源进入学校，同时，企业往黄岛搬迁也开始启动了，企业职工子弟外迁，这使学校的生源结构发生了结构性改变，生源质量大幅度滑坡。伴随生源质量的滑坡，教师队伍中部分骨干教师，如孟庆双、江运忠、杨惠艳、英玉洁、严海雷、孙叶丽、于玲、李宗怀、周刚、物理研究生李洪源等先后又离开了学校或调往城区，（这还没有算进原高中部教师：迟克晓、张斌、李学美、李志锋、王敬先、吴春燕、李京军、王秀芬、杨长城、郭爱芹、陈红云、任秀丽……等33人！）进一步加剧了学校师资力量水平下滑。

师资水平的大滑坡、生源质量的大滑坡，加之地方教育行政管理的"形式主义"，管理体制上的僵化模式在客观上对学校的教育教学冲击很大，学校管理方面丧失了人、财、物的自主权，比如学校不可能再象从前那样到大学里挑选优秀毕业生来校任教，而是政府部门安排师资。原有的家校之间密切配合的教育共同体关系也彻底解体了，师生关系的"子弟"情怀消退了，竭尽全力发展各种适合学生的各类特长教育的动力消失了，各类特长队伍解体了……在各种因素共同作用下，金山中学变成了今天这样一所薄弱校。是为第二阶段。

冰冻三尺，非一日之寒，学校变成这样，想来令人好不痛心！

归纳造成薄弱的原因主要有六个方面：1. 优秀师资流失。具有深厚学科素养的优秀教师人数锐减，用人机制上的行政化导致师资不能及时得到有效补充；2. 生源质量滑坡。农村生源剧增，其家庭教育文化氛围较差，相当多的农村孩子从小就没有形成良好的学习习惯，甚至有些孩子已经产生了厌学情绪；3. 学校办学自主权丧失。教育教学管理要适应地方行政管理的特点，必须要做一些形式主义的、应付差事性质的事情，这很浪费教育精力；4. 师生关系、家校关系中的亲和纽带消失。以往那种师生中"子弟"式的亲和的师生关系消退了；5. 地理位置偏远。与城区学校相比，地理环境、人文环境完全没有优势。学校所处的地理位置偏远，教师工作生活环境条件，与城区学校相比，明显处于劣势；6. 学校人文精神受较大冲击，教职工的归属感消退。过去隶属企业时教职工队伍与企业一体的归属感、文化认同感没有了，新的教师群体间的联系纽带松散化了，来自不同的利益诉求方的人组合在一起，队伍的凝聚力、战斗力弱化了。

三 我们能不能重新站起

目前，学校进入困难期！针对造成薄弱的六大因素，作为金山人，每一个人都要面对新的挑战，拿出自己的态度。

我们应该怎么办？毫无疑问，我们的回答是：二次创业，绝地崛起！绝不能随波逐流，轻言放弃！

（一）当务之急，首先要进行领导班子调整

在新班子成立之时，要求新班子拿出足够的勇气，以科学的态度，重新描绘学校的发展愿景，重筑学校的"崛起梦"。新班子要对全校上下要进行形势任务教育。理清造成薄弱的原因，重新定位学校的未来，重新谋划学校的发展蓝图。将学校的"崛起梦"与实现"中国梦"及"教师个人的梦"结合起来，找到学校发展的现实路径。这将成为摆在新一届学校领导班子面前的一项迫在眉睫的课题！班子要深思熟虑，科学谋划，谋定而后动！

（二）面对现实，冷静分析，制订规划

1. 一些不可扭转的不可改变的客观条件有：（1）师资待遇失去比较优势，地理环境显著处于劣势；（2）生源质量变差了；（3）办学的自主权在行政体制下不可能恢复到以前的状态了，尤其是在用人上、在确定办学方针上失去了自主发展的空间；（4）家校关系、师生关系不可能恢复到原来的"子弟"情怀状态了。

2. 有利的条件还是有的：（1）教师的敬业精神犹存。"靠上去抓学生，不放弃每一个孩子的传统"还残存一些！"敬业奉献的教风"犹存。（2）硬件设施尚好。功能室比较齐全，体育馆、游泳池、足球场、乒乓球馆、舞蹈教室、音乐教室、美术教室、书法教室、国画教室、棋艺教室齐全，有的甚至是其他学校所没有的。（3）九年一贯制的体制有优势。便于从小学阶段起抓好学生的学习品质养成。要整合小学、初中一体化的优势。（4）学校文化底蕴犹存。"全面加特色，合格加特长"的办学宗旨并不过时，艺体特长发展还残存一点基础；"为孩子一生负责，为教师成长负责"的办学理念还在，不过需要进一步细化落实；"成绩考核导向"的管理方式犹存，公开、公正、公平的管理作风犹存。

（三）坚持内涵发展

今后要坚持做下去的十项措施：在文化继承与重建的基础上，重新定位学校的育人目标、育人途径、育人方法，进一步转变管理方式，提升办学效益。（1）师资队伍建设。内部培训进一步加强，全面更新工作理念，明确培养什么样的人。"培养有中国灵魂和世界眼光的人，培养在未来社会竞争中有实力获得成功的人！""培养有礼貌、爱劳动、会生活、懂感恩的文明人！""培养社会公民"。怎么培养人？"生活有秩序，建设秩序校园"。依靠办量："教师第一""六结合育人"。"给孩子希望""保持孩子的学习好奇心"……全面提升师德、师能；将工作过程变成研究过程，强调"在研究状态下工作"，坚持"目标清晰化，过程精细化，成果最大化"。（2）管理强度进一步加大。细化落实"考核导向化"，落实依法治校精神，充分发扬民主，建立起现代学校制度。（3）社团建设进一步深化。在一定程度上力求恢复到各类特长队伍蓬勃发展的态势，当然，这有赖于师资队伍潜能的进一步挖掘。（4）深化课堂教学改革。探索"小组合作"学习机制的健全完善。关键不只在模式、手段、技术，更在人的教育思想，教师的学科专业水平高度。（5）信息化建设力度要进一步加大。提高利用信息技术进行管理、教学、教师培训的水平。(6)重整家校关系。利用信息技术手段,结合更加频繁的家长培训会、家长委员会、家长学校等加大家校联系力度,部分程度上恢复家校教育共同体的形态。(7)细化教学常规管理。实施常规管理精细化、教学反思、金励讲坛开放化。(8)硬环境建设进一步加强。墙文化、梁文化、柱文化、大屏幕、多话筒、多搞活动、多放映视频、多树牌子标语,营造更浓厚的育人氛围。(9)软环境建设进一步加强。图书馆建设、校内音乐、校内仪式、校史档案建设、读书节、科技节、写日记、大阅读、学科竞赛、校园电视台、名师工程、教师论文集……(10)完善考核机制,内部挖潜。强化成绩考核导向,强化迎评迎检,强化宣传,提升美誉度。

学校的发展,只能建立在现实的基础上,在继承中创新,在改革中渐进。稳住阵脚,静心发展,做好内涵发展的大文章。由内而外,提高社会影响力,提高社会美誉度。办学者要有耐心、恒心、静心!扎扎实实走自己的路!不追名逐利,不慕虚名,不邀功,安静做教育。下十年苦功,探索形成一套完善的制度体系,在此基础上形成稳定厚重的可持续发展能力,即文化软实力。只有从文化层面上实现了高质量发展,才可以说是真正实现了金山中学的重新崛起!

(2014年4月4日星期五随笔)

【回味与感悟】2014年,我虽然不是校长,但我对学校发展现状有一种深深的忧虑感。任何一个组织都需要对组织无限忠诚的人,都需要真正关心组织的发展,积极思考、努力实干,用自己的全部智慧和力量去推动组织发展的人。

明确职责　脚踏实地，为学校的发展多做工作

一　明确岗位职责

本人担任教务处主任职务。通过认真学习，我对岗位职责有以下认识：

教务主任的工作职责是：在分管校长领导下，协助分管校长全面贯彻党的教育方针，组织全校教学工作。包括制定、组织和实施学校教育教学工作计划。制定和完善各项教学常规，建立正常的教学秩序，以保证教学计划的顺利实施。同时，按照教育教学计划，课程标准和教材的要求，妥善安排学校的教育教学工作，做好教育教学管理工作，努力提高教育教学质量。

根据工作需要和师资队伍情况，提出新学期教师安排初步意见，经分管校长同意，报校长办公会批准后执行。负有选配教研组长、班主任，安排教师任课的责任。学期初，还要负责审查教研组（年级组）教育教学计划和教师的学科教学计划，并对执行情况进行检查和指导。有计划、有目的地参与教研组（年级组）和备课组开展的教研工作。定期召开学校教育教学工作会和教研组长会，年级组长会，共同研讨各科教学情况。

分析全校教育教学质量状况是教务主任的重要职责。每学期至少集中分析全校教育教学现状和趋势两次，针对共同存在的问题与年级组长、教研组长一起研究改进的措施和方法。作为教务主任，还必须经常深入教学一线，掌握教师备课和课堂教学实际情况。并做到有目的、有计划地听课，平均每学期听课不少于20节，研究课

堂教学中薄弱环节，总结教学经验。组织教师学习现代教育教学理论，学习并熟悉国家教育部制订的各科《课程标准》，根据上级有关教学要求，在教学质量管理过程中，检查各年级，各学科的教学目标完成情况，进行及时的指导和调整。

教务主任还要定期召开年级组长、教研组长会议，研究教育教学工作。通过师生座谈会，个别谈话，检查备课笔记，检查学生作业等方式，了解各学科的教学情况。监控学生课业负担，听取师生对改进教学工作的意见和建议。定期组织教师举办公开课、观摩课和示范课。积极组织参加上级教研部门开展的各项活动，开展改进课堂教学的研究，总结交流教学经验，培养教学骨干和学科带头人，充分发挥教学新秀、骨干教师的示范作用，对青年教师要及时给予具体指导，使他们早日脱颖而出，成为教育教学的中坚力量。

另外，教务处还要负责管理学生学籍，负责组织招生，新生入学的编班，教材的征订，学生的转学、插班，以及毕业班的建档报名等工作。做好学生的考勤，考绩，奖惩和学籍管理工作。做好教学质量检测组织工作。组织开展教学检查，安排好各项考试，及时统计分析成绩，抓好学生的学风和考风建设。同时，还要负责做好教务行政工作。安排好因公、因病、因事教师的代课，统计教师出勤情况，管理教师业务档案，合理科学地安排作息时间表，课程表，确保学科课程与活动课程的落实。组织安排考评全校的学科活动，指导体育、艺术、卫生等工作，促进学生身心健康发展。

对学校的实验室、图书馆等也负有管理职责。要定期检查分管各功能室教师的工作情况，抓好图书、仪器、电化教具等教学设备的添置、管理和使用。抓好新课改的实施和校本教研制度的建立，拟定实施方案，抓好各项工作的落实。此外，还要负责主持教务处工作会议，总结交流教务部门工作，解决存在问题，安排教务处人员值班等。

二　脚踏实地开展工作

在明确上述岗位职责的前提下，我认真履行岗位职责。努力把工作做实、做细。在工作中，坚持一丝不苟、脚踏实地、精益求精的要求，主动自我加压，努力开拓创新，有创造性地开展工作。

特别是岗位职责中有关深入教学一线的要求，近五个学期以来，我听课节数平均每学期60节以上。

我定期召开"教学工作月点评"会，经常组织召开教研组长、年级组长会议，共同研究如何使教学质量一步步提高。在工作中，充分依靠各教研组长和年级组长，团结同志，集思广益，提高教务处对各教研组教学工作指导的针对性，几年来，取得了较好的工作实效。

我还定期组织开展公开课、观摩课等教研活动。连续五个学期以来，结合区"三课型"练课达标验收的要求，我每学期开学的前六个周，都组织开展了以"同课异构"为主要内容的各学科公开课教研活动，取得了良好的教研效果。

在日常工作中，教务行政方面的管理也很重要。如教师工作量的定期核算，教职工的学期、学年度考核等工作。这些工作涉及教职工的切身利益，我在做这些工作时，始终坚持"公正、公开、公平"的原则，力争用数字说话，把各项常规要求，通过月查等形式，以量化成绩的形式呈现，努力为教师营造一个公平、和谐的工作环境，几年来，这方面的工作得到了广大教职工的认可。

近两个学期以来，针对我校的课堂实际情况，我积极组织实施了"秩序课堂"建设，对师生的课堂教学秩序提出一些切实可行的要求，在实施过程中，得到了广大师生的赞同，取得了良好的效果。

本学期，为进一步贯彻全面实施素质教育的要求，落实我校"全面加特色，合格加特长"的办学宗旨，我带领教务处协同政教处一道组织开展了一系列"社团活动",部分项目在逐步发展的基础上,争取向课程的方向发展,促进我校的校本课程体系的建立。

当然,工作中也存在着许多不足之处。如课堂教学改革研究不力,没有找到一条特别适合我校实际的课改模式;面对生源质量较差的现实状况,没有找到更好的方法提高学生的学习兴趣;面对家长素质参差不齐的现状,没有充分发挥家长在协助教学中的作用等。

三 为学校的进步和发展多做工作

几年来,我在平凡的岗位上,认真履行好我的岗位职责。面对学校日新月异的发展形势,面对社会对学校发展的高要求,面对党的十八大提出的"办人民满意的教育"的高标准,我深深地感到,自己的努力还很不够,这就要求我必须加强学习,不断提高自身的业务能力,增强责任心和使命感,团结同事,锐意进取,坚持脚踏实地,充分发扬开拓创新的精神,为学校的进步和发展多做工作,为把教务处的工作做得更好,促进学校更好的发展而不懈努力!

(2014年5月20日)

第三章

方 略

举重若轻　领航发展

2016年9月1日，新学年开学初，张有蔚校长对我说："刘斌，我们这一届班子成员都年龄偏大了，已经没有工作的闯劲了。你大胆去做，我相信你，学校相信你，竹报校长也一定会给支持你的。从新学期开学你就开始大胆去干！开学典礼讲话，你代表我来讲！"老校长的殷切和真诚，上届班子集体的真心支持和大力扶助，给我莫大的鼓舞和鞭策。我没有理由推辞，必须义无反顾的承担起这份责任！于是，有了下面的讲话。这次讲话，事实上踩出了我的学校管理的第一个脚印。

自强不息　和衷共济　持之以恒把学校办好
——在2016—2017学年开学典礼上的讲话

尊敬的各位领导、老师们，亲爱的同学们：

大家上午好！（我受校长的委托，作今天开学典礼上的发言。）

金风送爽，丹桂飘香，又是一年秋风劲，又是一年秋意浓，秋天是收获的季节。告别了充实而快乐的暑假，我们追随着秋天的脚步，又迎来了新学期的开学，开始新的学习征程！

今天，有254名新同学融入了金山中学这个温馨的大家庭（其中小学一年级83人，初中一年级171人），你们的到来为金山中学的发展提供了新的血液和新的动力，在此，我谨代表学校，代表全体师生，向新同学的到来表示热烈的祝贺和诚挚的欢迎！

金山中学是一所建校四十多年、具有优良传统的省级规范化学校，先后获得"全国群众体育先进集体"、"全国德育实验先进学校"、"山东省体育传统项目学校"、"淄博市现代教育技术示范学校"以及"市艺术教育示范学校"和"市学校文化建设先进单位"等荣誉称号。

在刚刚过去的一学年，全校师生齐心协力，辛勤工作，奋发进取，在教育教学和学校建设等各个方面均取得了可喜的成绩。今年我校初四、初三的学业水平考试成绩突出，得到广大家长们的好评。成绩的取得，与同学们的刻苦努力以及老师们的辛勤付出密不可分。正是同学们的积极进取和老师们的无私奉献，才创造了金山中学的各方面成绩。让我们再次以热烈的掌声，表达对学校的美好祝愿！

借此新学期开学之际，我想对全体同学，特别是广大新生提几点要求和希望：

一 树立爱校如家、校荣我荣的主人翁意识

学校是我们幸福成长的摇篮，我们在这里共同学习，共同成长。我们每一位同学都是金山中学这个大家庭的成员，心中要时刻提醒自己是学校的主人，要树立以校为荣、爱校如家的思想。要做到时刻以班级的利益为重，以集体的利益为重，只要我们一起努力，爱护我们共同的家园，学校一定能成为我们成长的乐园。

二 自觉养成良好习惯，主动提高自身素质

良好的习惯是我们成才的基础，希望同学们时刻牢记习惯的养成。从小事做起，从现在做起，自觉遵守学校规章制度，自觉服从老师们的教诲。金山中学坚持以养成教育为重点，突出秩序校园建设。我们欣喜地看到同学们的行为习惯养成越来越好，我们每一位同学都在努力提高自身文明素质，我相信，广大新生也将很快融入到我们金山中学，成为金山中学的一名优秀学子。在大家的共同努力下我们的学校必将会更加美好！

三　确立学习目标，立志报效祖国

同学们，知识的海洋广阔无垠，只有明确目标，树立起报效祖国的远大志向，才会有学习的动力。金山中学的老师会引领同学们学会观察，学会思考，勇于探索，主动地去学习；同学们要在老师们的引领下，辛勤付出，完善自我，超越自我，收获人生成长的快乐和提升自己服务社会报效祖国的本领！让你们的生命打上金山中学这个光荣的印记，让明天的金山中学因为有你而骄傲！

老师们，立德树人，重任在肩！我们肩上的责任关系着学生、家庭和社会的未来！

我们要以高尚的人格感染学生，以文明的仪表影响学生，以广博的知识引导学生，以博大的胸怀爱护学生。我们要紧跟教育发展的步伐，学习新的教育理念，人人争做学生欢迎、家长满意、同行敬佩的优秀教师。为金山中学美好的明天，更加奋发有为地工作，推进学校创新发展，把学校办成真正让广大人民群众放心满意的高质量学校。

我相信，具有光荣传统的金山中学，在我们这支思想素质好、业务能力强，富有责任意识和进取精神的教师队伍的共同努力下，在推进学校现代化建设的新征程中，必将创造更大的成绩，为教育事业做出更大的贡献。我坚信，只要我们自强不息、和衷共济、持之以恒地努力，希望就与我们同在，我们就一定能把金山中学建设得更加美好。

祝老师们身体健康、工作愉快、家庭幸福！

祝同学们健康成长，快乐生活，学习进步！

谢谢大家！

【方略一：学校章程】

我一直认为，学校要走上发展的快车道，必须建立现代学校制度。学校治理只有变"人治"为"法治"，秉承"以法治校"的管理思维，才会成功。尤其我们学校的历史渊源是脱胎于国有企业的子弟学校，学校的文化基因里，天然带有国企那种经营式管理的基因。今天，学校赖以生存发展的社会形势已经发生了根本改变，学校划归地方教育序列也已经10年之久，虽然文化改变是极其不易的，但做为主导学校发展，引领学校走向未来的校长，必须要有清晰的认识，坚定走"文化立校、以法治校"之路！而学校章程相当于学校的宪法，是学校治理的总依据。

我花了近2个月的时间，结合以往的思考，制定了金山中学建校40余年来的首个真正意义上的学校章程。虽然不是太成熟，但作为"首个学校章程"，而且有许多治校理念是属于我自己的，我认为是很有纪念意义的，鉴于此，我将原文收录于下：

淄博市临淄区金山中学学校章程

序　言

临淄区金山中学系原中国石化集团第十建设公司子弟学校（始建于1972年5月），于2005年3月划归地方，2010年9月与原临淄区南王中学合并而成现在的临淄区金山中学。

第一章　总则

第一条　为适应教育现代化发展需要，贯彻国家教育方针，深化教育改革，推进依法治校，保障学校依法自主管理，保障学生与教职工合法权益，全面提高教育质量，依据《中华人民共和国教育法》、《中华人民共和国教师法》、《中华人民共和国义务教育法》等有关法律和上级教育主管部门的各项政策，制定本章程。

第二条　学校中文全称为临淄区金山中学，英文全称为 LINZI JINSHAN MIDDLE SCHOOL；住所地址为临淄区十化建生活区建设南路11号，邮政编码为255438；官方网址为：http://www.lzjszx.com/，注册域名为 lzjszx.com。

第三条　学校行政级别为正县级，隶属淄博市委组织部企事业单位干部管理处管理。教学业务隶属于属地淄博市临淄区教育局主管，金山中学是一所九年一贯制义务教育公办全日制学校。学校实行校长负责、党组织保证监督和教职工民主管理三位一体的管理体制。

第四条　学校积极推广普通话和规范汉字，以国家通用语言文字为基本用语用字。

第二章　理念文化

第五条　学校的办学核心理念为"主体性教育：唤醒主体意识，激扬生命自觉"。面向全体学生，面向全体教工，尊重学生基础，尊重现实环境，尊重教育规律，创设适合生命成长的教育，让每一位师生都得到和谐可持续发展。

第六条　学校以"全面加特色，合格加特长"为办学宗旨，以"惜时如金，尚行以山"为校训，以"博采成趣，和乐竞进"为校风，以"爱润无声，责铸师魂"为教风，以"乐学进智，明礼扬长"为学风，学校精神为"精诚团结，搏竞一流"。

第七条　学校中长期目标：立足于"办人民满意的学校"，让临淄区南部地区老百姓的孩子"在家门口上好学"的"实际获得"，全面贯彻党的教育方针，努力建成"办学硬件优良、教育环境优美、学校管理优化、师资队伍优秀、育人质量优异，在社会有良好美誉度，百姓满意，在全区有一定影响力，政府满意"的优质学校。（简称"五优两满意"优质学校）

第八条 学校校徽为：，学校校歌为《惜时尚行，快乐成长》。校徽整体设计以"金""山"的拼音首字母"J""S"为主体造型元素，两字母巧妙变化，精妙组合，整体犹如金凤凰，寓意金山中学虽地处偏远，但却是临淄南部山区的"金凤凰"。"J"在前部，前部的上部巧妙点缀一颗星星，象征金山学子终成明日之星；"S"在后部，"S"幻化为层层书卷，彰显学校的书香底蕴。整个校徽设计和谐优雅之中又有蓬勃向上的朝气，象征金山师生在知识的天空里遨游，尽情展现"天高任鸟飞"的风采。整个校徽设计双圆造型，和谐庄重，象征学校上下亲密团结；蓝色为主色调，澄净透明，象征学子蓝天般的情怀，青色象征学子青春的激情，色系和谐，格调明快。

第三章 行政管理

第九条 学校实行校长负责制。校长是学校行政负责人，全面负责学校行政工作。

副校长对校长负责，协助校长分管学校教育教学、德育、后勤等具体工作。

中国共产党学校基层组织发挥政治核心作用，教职工通过教职工（代表）大会或其他形式参与学校的民主管理。

第十条 校长依法履行下列主要职责：

（一）决策权：在广泛听取各方面意见的基础上，对学校教育教学和行政管理等方面的重大问题有最后决定权。

（二）人事权：从学校工作的需要和实际出发，聘用干部、教职工，安排、调整干部和教职工工作。

（三）奖惩权：对在教育教学和其他工作中成绩优秀的干部、教职工进行奖励，对在工作中犯有严重错误或在工作中出现重大事故的干部、教职工按分管权限进行处罚或提出处罚意见。

（四）财政权：在服从上级教育行政部门的统一规划和管理的前提下，决定学校内部布局、基建。在法律法规允许范围内，筹集、管理和使用学校行政经费。学校财务在校长领导下实行"一支笔"审批制。

第十一条 校长履行下列义务：

（一）坚持正确的办学方向，遵循《宪法》、《教育法》、《教师法》、《义务教育法》确定的基本原则，认真组织开展学校的教育教学工作，依法保护师生的合法权益；

（二）接受上级主管部门的领导、指导和监督；

（三）按照教育规律办学，摒弃应试教育的做法，实施素质教育，开齐、上足、上好各门学科；

（四）坚持民主集中制，充分发挥领导班子的集体智慧和力量，并接受党组织、教代会的监督；

（五）加强师资队伍建设和管理，保证教育教学质量稳步提高；

（六）逐步改善办学条件，创设良好的工作环境；

（七）采取有效措施，防止事故发生，保证师生的人身安全和学校的财产安全；

（八）廉洁从政，顾全大局。

第十二条 学校成立以教师为主体的教职工（代表）大会，保障教职工参与学校的民主管理和监督。

学校建立工会组织，工会作为教职工代表大会的工作机构，负责教职工代表大会日常工作，保障民主管理、民主监督的落实，维护教职工的合法权益。工会主席按《工会法》选举产生。

第十三条 教职工代表大会行使的职责如下：

（一）听取校长的工作报告，讨论审议学校的办学思想、发展规划、改革方案等重大问题，提出建议；

（二）评议监督学校的领导干部，有权建议校长或上级主管部门对教职工予以记功、晋升或处分、免职，根据上级统一部署，参与民主推荐学校行政领导人选；

（三）审议学校岗位责任制方案、考核方案、奖罚条例及各项制度；

（四）审议学校上一届（次）教职工（代表）大会提案的办理情况报告；

（五）按照有关工作规定和安排评议学校领导干部；

（六）通过多种方式对学校工作提出意见和建议，监督学校章程、规章制度和决策的落实，提出整改意见和建议；

（七）讨论法律法规规章规定的以及学校与学校工会商定的其他事项。

教职工（代表）大会的意见和建议，以会议决议的方式列出。

第十四条 学校设办公室、教务处、政教处、总务处、教科室、团委等职能部门。分别承担相应的管理职能，各职能部门各司其职、团结合作、提升管理效能，确保各项工作任务圆满完成。

各职能部门设主任1名、副主任的设立酌情而定。职能部门负责人由学校考察，由校长聘任，报区教育局审批备案。各职能部门在履行工作职责的基础上，主要担负以下工作：

（一）办公室：办公室负责信息、宣传、文秘、日常事务等工作。

协助校长搞好调查研究工作。按照学校领导意见，协调各部门之间的关系，组织完成需各部门共同办理的综合性工作。协同有关部门安排好全校性庆祝活动或接待活动的宣传布置工作，负责接待来访人员。协助校长搞好学校人事调动、职称评定、年度考核、评先评优和离退休人员管理等工作。管理好学校的党政公章，认真做好党政会议记录。认真细致地办理教职工的调动、转正定级、工资变更及离退休等手续，管理好学校的公用车辆。

（二）教务处：教务处负责教学工作，组织全体教师认真贯彻执行国家制定的中小学各科课程标准和课程计划，按照教学计划，对教和学两方面进行管理，切实保证教学质量稳步提高。

（三）政教处：负责学校的德育工作、卫生工作，纪律、保卫工作。对学生进行思想品德教育，开展相应的心理健康教育和辅导，制定并落实学校相应工作制度，真正实现校纪严、校风正、教风实、学风活、校容净的目标。

（四）总务处：负责校舍、经费、财产、设备的供应、保管和维修等工作，为教育教学提供后勤保障服务。

（五）教科室：具体负责学校教育、教学方面的科学研究和课题研究管理工作，以教研组、课题组研究成员为管理脉络。

（六）督导室：具体负责编制学校发展规划，监督落实学校各时段、各处室计划的落实，并对接上级督导部门，保障学校有序运转。

第十五条　学校建立健全重大事项决策制度。学校重大事项应在党政主要负责人酝酿提议、充分调研与征求意见的基础上，由校长召集并主持校务会议审议，经集体讨论，由校长做出决定并组织实施。中国共产党学校基层组织发挥监督保障作用。

凡属教职工（代表）大会职权范围的事项，应提交教职工（代表）大会审议。

第十六条 学校建立健全信息公开制度。学校实行校务公开，设立校务公开栏、举报信箱，保障教职工的知情权、参与权和监督权；同时向社会公开学校相关信息，以适当方式为学生及家长了解学生学业成绩、在校表现等提供便利，接受社会、家长的监督。

第十七条 学校建立健全档案管理制度。学校建立档案室，加强档案资料的建设和管理。各职能部门做好各类资料的收集、整理和归档工作。学校建立校史室，重视学校历史物证遗存保护，发掘和弘扬校本优秀文化。

第十八条 学校建立健全信息网络管理制度。学校加强信息网络管理，严格执行有关校园网、国际互联网的使用和管理规定。

第十九条 学校建立健全平安校园制度。学校严格执行学校安全管理各项规定，建立一岗双责制，健全安全监督检查制度，落实各项安全防范措施，加强安全教育，组织安全演练，加强交通、消防、饮食卫生、健康、周边环境治安以及教育教学安全管理，防范安全事故发生，确保师生安全。

学校建立针对社会治安、公共卫生、自然灾害、事故灾难等突发事件的应急处置预案，细化预案操作细节。

学校按照国家有关规定投保学生意外伤害校方责任险。鼓励学生自愿参加人身意外伤害保险。发生校园意外伤害事故，立即启动相关应急预案，及时救助受伤害学生，并依法进行善后处理。

第四章 教育教学管理

第二十条 学校的主要任务是教育教学工作，其他各项工作均以有利于教育教学工作的开展为原则。

第二十一条 学校坚持德育为首和全员德育原则，实行教书育人、管理育人、服务育人，构建德育目标体系，健全德育管理机制，建立学校、家庭、社会三结合的育人网络，优化德育活动过程。

学校加强社会主义核心价值观教育，加强公民意识教育，积极引导学生正确行使、依法维护自身合法权益，并自觉履行相应义务，增强社会责任感。

学校加强法制教育，强化学生知法、明法、守法、护法意识和行为。

第二十二条 学校建立以党总支、校长室、政教处、工会、团队负责人及级部主任（年级组长）、班主任组成的德育工作队伍。

（一）贯彻执行《中小学生日常行为规范》、《中学生守则》和《临淄区金山中学班级目标管理考核办法》等校规校纪，培养学生良好的日常行为规范，做到对人讲礼貌，学习讲勤奋，校内讲纪律，社会讲公德。

（二）各学科教学有机渗透德育教育，思想品德课是德育工作的主要渠道之一。

（三）加强班集体建设，做好团队工作。

（四）密切联系社会与家庭，办好家长学校，开展家校共建活动，建立学校、家庭、社会三结合教育网络。以家长学校为载体，发挥社区教育作用，增强教育合力。

第二十三条 政教处是学校德育工作职能部门。政教处通过学校、级部（年级组）、班级的活动、主题教育活动和社会实践等形式向学生进行社会主义、核心价值观教学、集体主义教育；进行理想、道德、纪律、心理健康及民主法制教育；进行中华民族优良传统教育，提高学生政治思想觉悟。

第二十四条 班主任是班级教育教学工作的组织者、教育者和指挥者，担负着协调本班各学科教育教学工作和沟通学校与家庭、社会教育之间联系的责任。学校要加强班主任队伍建设和培训，提高班主任业务水平和工作责任感。

第二十五条 教务处是学校教学管理工作职能部门。依据原国家教委《中学管理规程》，从事学校教学管理。严格执行课程标准，开足、开齐、上好规定课程。以教学为中心，实施素质教育。组织教师认真学习教育理论及先进的教改经验，更新教育观念，改进教学方法，提高课堂教学效益。学校推广普通话，使用规范文字。

按学科建立教研组，设教研组长1名，领导、组织教师进行教学研究。教研组定期开展教研活动，贯彻落实教学计划和教研计划，完成学校各项教学和教研任务。

各年级各学科成立备课组，设备课组长1名，负责本组教师集体备课和教学研究活动。

第二十六条 教科室是学校教科研工作职能部门。增强"科研兴教"意识，积极开展教育教学科研工作。鼓励教师积极参与教育教学研究，并对成绩突出的教师予以奖励。

第二十七条 学校认真贯彻实施《国旗法》，严格执行中小学升降国旗制度和国旗下讲话制度，进行爱国主义教育。

学校利用德育、科普、法制等各类教育基地，定期组织开展社会实践教育活动。

学校以第二课堂为平台，以学生社团为依托，开展丰富多彩的课外活动，促进学生全面发展，提高学生综合素养。

第二十八条 学校建立健全年级组、教研组、备课组等教育教学基层管理机制。年级组长负责本年级的德育、教学工作，统筹教师分工与管理、年级教育活动、学生管理工作等。

教研组长负责领导、组织教师进行集体教学研究。教研组定期开展教学研究活动，按学校安排参加各种培训和学术活动、贯彻落实教学计划，完成各项教学任务。

备课组长负责组织本组教师进行集体备课和教学研究活动，完成教育教学任务。

第二十九条 校内社团建设宗旨为学生社团应当在法律和学校管理制度范围内活动，接受学校的领导和管理。学校为社团活动提供设施与场地，支持社团的建设和发展。学校定期对学生社团进行检查与考核，对表现突出的社团和个人给予奖励，对不合格的社团给予批评直至撤消。

学生参加校内相关社团，以自愿为原则，自觉遵守管理规定。

各学生社团要依据本章程制定本社团的章程、组织机构、活动计划等。

第三十条 学校贯彻国家课程、地方课程、校本课程三级管理体制。认真执行国家和地方课程计划，积极开发校本课程，形成学校特色课程体系。

学校按照课程设置标准实施教育教学，确保开齐课程，开足课时。

学校充分发挥学科课程和综合实践活动课的整体功能，尊重人的成长规律和教育规律，对学生进行德育、智育、体育、美育和劳动技术教育，促进学生全面发展、学有所长。

第三十一条 依据国家教委《中学管理规程》，从事学校教育教学管理。学校在教育教学工作中，充分发挥学科课程和活动课的整体功能，对学生进行德育、智育、体育、美育和劳动教育。实施素质教育，为学生全面发展，提高整体素质奠定基础。

按照有关规定加强常规教学管理，认真组织教学质量评估活动，认真抓好备课、课堂教学、批改作业、课外辅导、考试各个环节的管理。

（一）依据国家教育部《课程标准》实施教学活动，严格按照教育行政部门颁布校历安排学校工作，严格执行课程标准和教学计划，维护课程表操作的严肃性，不得随意停课、换课，严格按课表上课。学校如遇特殊情况必须停课，须按有关规定向教育局报批。

（二）学校采用班级授课制。坚持领导干部蹲点教研组、年级组制度及听课制度，干部要深入教学第一线，指导教师提高课堂教学质量。

（三）学校积极开展综合素质评定，不以考试成绩和升学率高低作为评价和奖励师生的唯一标准。学校实行以学业成绩等级衡量学生学业完成情况。

（四）学校按规定选用教材教辅。教师用书、教材、学习资料的征订实行统一管理，任何人不得擅自向学生推销学习资料，切实减轻学生过重的课业负担。

（五）依照《中小学体育、卫生工作条例》，正常开展学校的体育和卫生工作，认真抓好体育课、课间操、眼保健操、体育活动，组织学生开展劳动教育、社会实践和课外活动，促进学生身心健康发展。

（六）学校任课老师不得利用寒暑假、节假日进行整班补课，不得歧视后进生。

（七）加强学籍管理，健全学籍档案，对转学、休学、借读、复学等严格手续程序，严格招生、毕业证书颁发、学生档案管理等项纪律制度。

（八）要认真管理和积极使用教育设施、仪器设备、文体器材、图书音像资料，尤其要注重发挥现代化教学设施的使用效益，同时做好各类教育教学资料的收集和归档。

第三十二条　学校积极推进课堂教学改革，通过有效提问、问题探究、师生互动等打造高效课堂，积极探索慕课教育新模式。

学校教育教学必须面向全体学生，因材施教，使学生全面发展，学有所长；积极推进课堂教育教学改革，更新教育教学观念，改进教育教学方式方法，建立合理评价体系。提高教育教学质量，体现民主、平等、和谐、自主、合作、探究、信息化等课程改革理念。

第三十三条 学校严格执行《学校体育工作条例》，实施《国家学生体质健康标准》，按规定开设体育与健康课程，组织开展大课间和课外体育活动，合理开展课余体育训练和竞赛活动，保证学生每天一小时校园体育活动，使学生掌握科学锻炼的基础知识、基本技能和有效方法，养成良好的体育锻炼习惯和健康的生活方式。

学校根据《学生体质健康监测评价办法》和《中小学体育工作评估办法》的规定，每年开展学生体质健康测试和数据上报工作以及组织学校体育工作自评，及时改进学校体育工作，提高学生体质健康水平。

第三十四条 学校严格执行《学校卫生工作条例》，建立和健全学校卫生保健制度，改善学校卫生环境，开展学生卫生健康教育，培养良好生活和卫生习惯，控制近视率，预防传染病、常见病及食物中毒。在校园内实施禁烟。学校定期对教职工和学生进行健康检查，建立师生健康档案。

学校建立医务室，负责师生的卫生保健工作。

第三十五条 加强档案资料建设和管理，学校指派专人负责。各部门要认真做好各类教育教学资料的收集、整理与归档工作。

第五章 学生管理

第三十六条 凡按有关规定被本校录取或转入本校学习的学生，即取得金山中学学籍。学校建立健全学生学籍管理制度。按国家教育部颁布的规定管理学生学籍，建立学生档案。

第三十七条 学生享有法律法规规定的受教育的权利，主要有：

（一）参与学校组织的各种教育教学活动，使用学校提供的教育教学资源；

（二）参与学校、班级管理，评议学校工作和教师的教育教学工作；

（三）按照国家有关规定获得奖学金、助学金；

（四）在品行和学业成绩上获得公正评价，完成规定的学业后获得相应的学业证书；

（五）对学校给予的处分或处理有异议，对学校、教职工侵犯其受教育权、人身权、财产权等合法权益的行为，依法提出申诉或提起诉讼；

（六）法律法规规定的其他权利。

第三十八条 学生履行法律法规规定的受教育的义务，主要有：

（一）遵守法律法规，遵守《中小学生守则》，遵守学校章程及规章制度，遵守公共秩序和学生行为规范要求，养成良好品行；

（二）努力学习，完成规定的学习任务；

（三）承担在学生自治活动中当选职务的相应职责；

（四）爱护学校提供的教育教学资源；

（五）法律法规规定的其他义务。

第三十九条 学校建立健全学生学籍管理制度，严格按有关规定执行转学、休学、复学等手续程序。

第四十条 学校建立学生成长档案，对学生实施综合素质评定，每学期评价结果记入学生档案。

第四十一条 学校对表现优异和对学校做出重大贡献的学生，予以表彰、奖励。学校对违反校纪校规的学生视情节给予批评教育或相应处分。

学校对学生做出处分决定前，应当告知学生有权进行陈述申辩，学生对所受处分不服的，可以根据有关规定提出申诉。

第四十二条 学校按照国家和地方政府有关政策，对家庭经济困难学生进行资助，帮助其完成学业。

第四十三条 学校建立学生会组织，保障学生自主管理和学生合法权益。学生会由学生代表大会选举产生，每届任期一年。学校支持学生自治，鼓励学生参与校园民主管理、学习民主生活方式，培养现代公民素养。

第四十四条 学校建立健全学生评教、评校制度，支持学生参与班级和学校的民主管理与监督。

第六章 教职工管理

第四十五条 学校按照国家、省市有关规定，建立与办学层次、规模和专业设置相适应的教师队伍。

学校执行国家教师资格制度和教师专业技术职务聘任制度。

学校根据编制部门核定的编制数额、岗位数和岗位任职条件及教育行政部门、学校相关规定聘用教职工，对聘用人员实行岗位管理和绩效工资制度。

第四十六条 教师享有下列主要权利：

（一）开展教育教学活动，从事教育教学改革和实验；

（二）参加教育教学科研、学术交流，加入专业学术团体，在学术活动中充分发表意见；

（三）指导学生学习和发展，评定学生品行和学业成绩；

（四）按时获取工资报酬，享受国家规定的福利待遇以及寒暑假的带薪休假；

（五）通过教职工代表大会和其他不同形式参与学校管理，对学校工作提出意见和建议；对学校重大事项有知情权；对不公正待遇或处分有申诉权；

（六）使用学校设施设备、图书音像资料及其他教育教学用品；

（七）参加进修或者其他方式的培训；

（八）法律法规规定的其他权利。

第四十七条 教师应当履行下列主要义务：

（一）遵守法律法规、职业道德规范、学校章程及规章制度，为人师表，忠诚于人民教育事业；

（二）贯彻国家教育方针，执行学校工作计划，履行教师聘约和岗位职责，完成教育教学工作任务；

（三）对学生进行思想品德教育以及文化知识教育，组织、带领学生开展有益的社会活动；

（四）弘扬爱心与责任感，关心、爱护全体学生，尊重学生人格，促进学生在德、智、体、美、劳等方面的全面发展；

（五）制止有害于学生的行为或者其他侵犯学生合法权利的行为，批评和抵制有害于学生健康成长的现象；

（六）践行以生为本理念，终身学习，与时俱进，不断提升育人水平。

（七）法律法规规定的其他义务。

第四十八条 学校其他职工按照合同履行岗位职责，学校依法保障其合法权益。

第四十九条 学校建立健全班主任选配、聘任、培训、考核、评优等制度，加强班主任队伍建设，提升其敬业精神、育人理念和业务能力。

班主任遵照《中小学班主任工作规定》，履行相应职责、任务，享受相应待遇、权利。

第五十条　学校按学年制定教师专业发展、培训计划，支持、鼓励教师及管理人员参加专业学术团体，开展教育教学研究、学术交流和进修培训。学校按规定落实教师培训经费。

第五十一条　学校对聘用的教职工加强思想品德教育。学校建立教师师德档案，将师德表现作为教师考核、职务评聘、进修深造和评优评先的首要依据。

第五十二条　学校建立科学、公正、系统的教职工评价体系，建立教职工业务档案，每年对教职工的职业道德、能力态度、工作绩效进行考核，考核结果作为续聘、解聘、晋升、奖惩等的依据。

学校对在教育教学、科研、管理服务等方面表现优异、业绩突出者予以表彰和奖励。学校对违反校纪校规和合同，或在工作中造成失误和不良影响的教职工，视情节轻重，按照有关规定予以批评教育和惩处。

学校对教职工做出处分决定前，应当告知教职工有权进行陈述申辩，教职工对所受处分不服的，可以根据有关规定提出申诉。

第七章　后勤管理

第五十三条　总务处是学校后勤管理工作职能部门。总务后勤工作本着为教育教学服务、为教育科研服务、为师生服务的原则，强化服务意识，主动、热情、优质、高效、超前做好服务工作。

第五十四条　学校按有关规定，提供符合标准的教育教学设施、设备，并做好日常维护、定期检查、及时修缮工作。

学校加强对体育馆、科学馆、图书馆、实验室、机房等专业设施的管理，充分发挥其使用效益，防止闲置和浪费。

第五十五条　学校严格执行收费政策，规范收费行为，按照规定项目和标准收费，各项收入实行收支两条线管理，向社会公布收费项目和经费收支情况，接受社会监督。

第五十六条 学校建立健全财产管理制度，经费开支实行民主管理，严守财经纪律，并接受主管部门审查和校教代会监督。设置固定资产账簿和实物清册，落实专人管理，定期清点，及时做好固定资产调入和调出及资产处置手续，做到账实相符。任何单位、个人不得侵占、私分、挪用、损坏，依法依规严格追究侵权者责任。

第五十七条 学校依法向上级部门提供年度预算计划，经批准后严格按预算批复执行，并接受上级教育行政部门和财政、税务、审计、监察等相关职能部门的监督。

第五十八条 学校严格按《政府采购法》对基建、重大维修工程、货物和服务实行政府采购，加强财产保管和使用制度建设。

第五十九条 学校坚持艰苦奋斗、勤俭办学方针，厉行节约，压缩各种非教学费用和非科研费用开支，提高教育经费使用效益。

第八章 学校与家庭、社会

第六十条 学校主动与社会、家庭联系沟通，建设学校、家庭、社会三位一体的育人体系，形成教育合力。

第六十一条 学校遵循民主、公开、自愿的原则，组织家长选举成立家长委员会。

家长委员会的任务、委员的产生、任期和职责要求等，由各家长委员会自主决定。

家长委员会在学校的指导下履行参与学校管理、参与教育工作、沟通学校与家庭等职责，做好德育、保障学生安全健康、推动减轻学生课业负担、化解家校矛盾等工作。学校建立与家长委员的联席会议制度，通报学校发展规划及其进展、教育教学工作情况，听取家长委员会的意见和建议，取得支持和帮助。

第六十二条 建立教师与家长的日常联系机制，与学生的家长或监护人加强联系，做好家访工作，采取家校合一、协调一致的教育，促进学生健康成长。

第六十三条 与社区建立良好关系，依托社区开展社会实践活动，为学生创造服务社区和实践体验机会。学校本着为社区服务的精神，在不影响教学情况下，有效利用学校自身资源和优势，为社区开展文体活动提供便利。

第六十四条 校开展校际互动合作，不断扩大对外交流，拓宽教育视野，提升办学水平。

第九章 附则

第六十五条 本章程经学校教职工代表大会讨论通过后，报区教育局批准实施。章程的修订需由教职工代表大会三分之二以上的人数同意，并经区教育局批准。

第六十六条 学校依据本章程，建立健全各项规章制度。学校原制定的各类规章制度凡与本章程抵触的，一律以本章程为准。

第六十七条 本章程如有与国家法律、法规和上级有关政策相抵触，一律以法律、法规和政策为准。

第六十八条 本章程由校长办公会负责解释。

第六十九条 本章程自批准之日起施行。

2016 年 12 月 19 日

【方略二：学校文化建设方案】

长期以来，我认为办学校就是一种"以文化人（用柏拉图的术语说是：从生成到存在）"的实践活动。从孔子"杏坛讲学"、毕达哥拉斯创办"学园"到柏拉图建立"阿卡德美"（欧洲第一所教育机构），不约而同地把学校教育的宗旨确立为：借助合适的教程，训练人的心灵根据理智去进行独立思考，把人们的思想从现实世界的纷纭变化之中转向其内在的永恒不变的实质。人类教育史上最具里程碑意义的思想家夸美纽斯说，"教育的终极目的是为永生做准备，假如要形成一个人，就必须由教育去形成"；"人生要成为（三桩事情）：博学，德行，虔信"。

以文化人，以文育人，是学校的恒定使命。学校文化之于一所学校，犹如灵魂之于生命、思想之于人类，是一所学校凝聚力和活力的源泉。富有魅力的学校文化会衍生出一股强大的文化力，它无时无处不在，使学校品质卓然，绽放个性神采。回顾金山中学四十五年办学历程，提炼概括，我们把学校文化确定为"主体性教育"，"主体性教育"是金山中学办学的核心理念，也是金山中学学校文化的基本特征。

命名是一种方便，因为方便，有时便显得无力、甚至勉强，"主体性教育"实难用一个词语或几句话穷尽金山中学学校文化全部的真实和预期，只能是一种大致的界定。

首先要明确的是，主体性教育所说的"主体"是什么。

教育（无论中外）时而强调"教育大计教师为本"，时而宣言"教育以学生为主体"，其实，作为一种有目的、有计划、有组织的塑造美好人性的社会实践活动，学校教育是一种特殊的生活过程，它是学生生活的一个极为重要的组成部分，更几乎是教师生命的全部，教师、学生实在难以划分谁是第一主体谁是第二主体，因此，主体性教育认为，学校教育的主体是"教师学生和谐发展共同体"，这种"共同主体"实际上是"交互主体"，"交互主体性"是师和生、生与生之间的对话（对称）关系决定的，对话角色的无限可互换性，要求这些角色在操演（教育教学实践）时任何一方都不可能拥有特权，只有在问与答、求证和解析、演说和辩论、开启与遮蔽的分布中形成一种真正的对话时，交互主体性才会存在（实现）。

概言之，主体性教育是一种交互促动的，发挥和发展教育者的主体性、培育和发展受教育者的主体性的社会实践活动，和谐是它的第一表征，共同发展是它的目的追求。

其次要明确实施主体性教育的主要特点。

主体性教育，是金山中学办学四十五年经验的凝练和提升，也是基于实现中国教育梦理想的前瞻和预期。金山中学发展过程中，举全校之力，集众人之智，既尊重历史传承，又重视创新进取，打造学校核心理念，促进学校内涵发展。坚持立足学校实际，走育人为先、科研兴校、内涵发展、不断创新之路。始终坚持学生发展主体地位，坚持课堂教学中心地位，以实施素质教育为追求，践行人文管理，强调教师学生共同发展，以发掘培养学生特长为助力、促进学生全面发展，促进学校不断进步。

在实现中华民族伟大复兴的社会主义实践中，作为中国梦重要组成部分的教育，也作出了壮丽的愿景规划，即中国教育梦：坚持立德树人，有社会担当，有家国情怀，具人文气息；培养有中国灵魂、世界眼光，具生命自觉的现代人，使之成为社会主义事业的"四有"建设者和接班人。

立德树人，即是对教育者的要求，也是对受教育者的要求，就是以人为本，养育德行，涵养人文，培养社会公民，培育国家人才。这也是主体性教育的根本追求。

"主体性教育"是对中外优秀教育传统的继承和发扬。

回望传统，不是守旧，不是倒退，是追溯和复活历史上有价值的起点，也是一种对未来的态度。中国教育历来强调"教学相长"，重视受教育者对施教者的启发、促进作用，到明代，李贽（王阳明思想的继承者）明确提出"师之即友"的师生关系："学同术，业同方，忧乐同事。"现代教育家蔡元培先生甚至说，"教育者非吾人教育儿童，而吾人受教于儿童之谓也。"关于作为个体的教师和学生，如何结合为教育共同主体，教育大师杜威是这样解释的，"社会个体的本质在于与其他社会个体的互动，成长发展是不断发展的有机体与环境（比如说学校）进行持续复杂互动的结果"，教育"是一种社会功能，为未成熟的个体在参加其所属群体生活的过程中提供导引，助其成长"，"学校是社群的代理，学校必须成为真正的社群生活，学习者是一鲜活的社会有机体，教师相当于在学习者中资格最老的同辈"。

主体性教育，不是理论建构，而是实践探索，不是一种权宜之计，而是一种特殊的生活方式，即教育生活，这种教育生活，早被思想家王阳明做过描绘，"每日清晨，诸生参揖毕，教读以次偏询诸生：在家所以爱亲敬长之心，得无懈忽未能真切否？温清定省之仪，得无亏缺未能实践否？往来街衢步趋礼节，得无放荡未能谨饬否？一应言行心术，得无欺妄非僻未能忠信笃敬否？诸童子务要各以实对，有则改之，无则加勉。教读复随时就事，曲加诲谕开发，然后各退就席肄业"；"量其资禀，常使精神力量有余，则无厌苦之患，而有自得之美。"（《传习录·教约》）

主体性教育所倡导的教育生活，有一个"核"，就是王阳明提出的"良知"：人与生俱来的道德与智慧的直觉力，或者说，是直觉（直观）的道德力和智慧力（在学校，则表现为教育力和学习力）。

（注：王阳明的《教约》《训蒙大意示教读刘伯颂等》，堪做"少年儿童教育教学大纲"）

教育生活（过程）的一个鲜明特点是教师、学生双方必须共同努力，主体性教育强调师生具有平等的主体地位。教育教学，不再是单向的灌注和输出、不再是机械的"施"与"受"的过程，而是一种互动生成，一种师生互为量度、相互促进、共同发展的状态。

主体性教育，是教育的回归。

教育改革可谓风起云涌、百花竞放，各种热浪渐次消退之后，人们形成共识，教育，尤其是基础教育，要"回归常识"。

阐发孔子教育思想的《大学》开宗明义，为中国教育确立章程（通常叫做"三纲"）：明明德，亲（新）民，止于至善。也就是说，教育的使命是修养德行，成为新人（每天都有新知识、新思想），追求最高的善。

思想家、教育家罗素在揭示希腊文明传统思想时说：教书并不是分发知识的过程，当然，有一些也是必要的，但是这对教师、对学校来说，既不是唯一的职责，更不是最重要的职责，教师的作用是辅导，是促使学生亲自去领会，教育就是在教师指导下学习自己去思考。罗素转述苏格拉底（西方第一个教师）的话说，教育就是对灵魂的疗法；教育是引向知识的过程，从而也是引向善的过程，德行是众善之首。

回归教育本真的"主体性教育"，所展示出的是：仁爱的教育理念、智慧的化育魅力、性灵的思维光芒、阐幽探赜的引导力量。

联合国教科文组织在《学会生存》中提出："教育是形成未来的一个主要因素""现代教育的实质在于追求良好的生活质量"；"学校的基本职能是准备一个人去生活——以一种特殊的方式形成他的性格""一所学校的根本目的，尤其是指导教学的根本目的，在于使每一个人有可能自由地发展他的才能和爱好"，"把一个人在体力、智力、情绪、伦理各方面的因素综合起来，使他成为一个完善的人，这就是对教育基本目的的一个广义的界说。"

为此，主体性教育做出如下解读：

学校存在的价值：充分激发教师的使命自觉、不断追求完善；促进学生生命的健康成长和综合素质的全面发展。

教育工作的内涵：教育工作是神圣的，它是面向生命（不独对受教育者，也是对教育者）的工作，教育工作的本质说到底是一种人文关怀。

教育的社会功能：教育就是努力将理想的愿景有形化；教育具有改造社会和造就新人的功能，现实生活中，时刻面对不计其数的复杂选择，人会不断面临目标和信念的丧失，教育将肩起挽扶和矫正之责，"化民成俗，其必由学乎"，"建国君民，教学为先"。当代教育的一个重要功能，就是实现社会的分层流动，使受教育者无论来自哪个阶层，都可以通过自己的优异学业和成就进入社会上升通道。

在金山中学，我们广大师生孜孜矻矻，辛勤努力，获得知识（人类文化的成果）并尝试现实知识的应用：学会生活、衡量现状、选定目标，以此引导自己的行为；同时审视、把握赋予生活意义的一切：信念、目标、价值观、未来——人类发展道路上的未来是一扇向那些积极雕塑、不断矫正、永不间断地提高个人认知能力的人打开的门。

基础教育是打基础的阶段，我们所做的一切都是为了促进学生生命成长，促使学生生命发生有益的变化，为学生日后的生活打下所需要的坚实基础，奠定人生发展的底色。（《基础教育的人本功能》）

什么是打好"人生基础、人生底色"的基础教育？

一个孩子的发展过程首先是他汲取知识的过程，在这其中他需要不断提升理解和处理越来越广博的抽象概念的能力——仅仅接受是微不足道的。假如我们把各学科的知识和技能看作是一棵大树的"枝叶",那么学生将来服务社会和获得个人幸福生活的高尚的道德、优良的品质、过硬的学习力（处理信息能力、实践操作能力、创新思维能力、交流合作能力等）就是大树的"树根"。

基础教育,就是要使学生在掌握"树叶"的过程中,逐步形成"树根"。不仅学到知识与技能,更要形成高尚的道德品质和独立获取知识与技能的过硬的学习力。因此,只有循序渐进地培育"树根"的教育,才是在为学生打好人生基础、奠定人生底色的基础教育。

正是基于以上思考,我主持起草形成了学校文化实施方略——

临淄区金山中学主体性教育学校文化实施方略

一　基本理念

【核心理念】

金山中学学校文化的核心理念是"主体性教育：唤醒主体意识,激扬生命自觉。"

教育对人的发展的价值（全校师生的共同价值观）应指向：培养学生和教师健康、主动地实现自我发展的主体意识、自觉态度和内生能力。促进人的主动、健康发展,用什么来促？用人类群体创造的文明成果与学生个体精神世界的相互沟通与转换！

坚守教育之魂　教育是一种致力于生命成长和发展的实践,教育的使命在于陶冶和塑造完美人格,陶铸美好的精神品质,巩固良好的行为习惯,成为新人,进而建设美好的社会,学校就是要提升全体师生的生命价值,激发生命成长的内生动力,培育生命自觉。

坚守教育之责　教育是国家、民族、人类文明绵延不息的保证，好的教育，一定尊重教育规律，尊重时代现实，与时代血脉相连！

"主体性"包括三个方面的内涵：积极性、自主性、创造性。

积极性意味着积极向上，自强不息，开拓进取，奋发有为；自主性意味着能够独立思考、有主见，不盲从；创造性意味着不墨守成规，充满创新意识，具有创新能力，并通过创新性的行为改造主客观世界。

英国思想家穆勒曾言："从长期来说，一个国家的价值就是组成这个国家的人的价值。一个国家如果为了要使它的人民成为它手中更为驯服的工具，哪怕是为了有益的目的，而使人民渺小，就会发现靠渺小的人民是不能完成伟大事业的。"什么是渺小人民？渺小的人民就是主体性缺失的人民，就是积极性、自主性、创造性缺失的人民。这样的人民徒有"人民"之称，实为乌合之众，难以担当大任。

学校，教育，就是培养逐步摆脱"渺小"、具有主体性意识的公民。

坚定道路自信，走向自主发展。任何个人或组织要生存发展，就必须成为自主发展的主体，主动适应环境的变化，自主进行理性的选择，寻求和创造适合自己发展的空间和途径。培养具有自主意识和自我发展能力的人是当代学校的重要使命，走向自主发展是当代学校变革的目标和理念。

唤醒学校发展的自主意识：第一方面，学校自主发展，关键并不在于外部提供的条件和权力，其实质是一种学校自身自主性的提高；是学校整体的自主意识的唤醒、自主能力的提高、自主精神的张扬；是学校主动自觉地利用外部条件，自主地确立自己的发展目标，合理使用自己的选择决定权，不断自我完善、协调、变革学校内部的理念、关系、结构、规则、环境，使学校成为一个为了人的主体性发展、促进学校中所有人的自主发展的、生机勃勃的地方。

第二方面，学校自主发展不是绝对任意无限制的自以为是，自主发展并不否认政府、社区、环境对学校的限制，学校自主发展的实现有赖于社会的支持，学校只有从社会环境中汲取养料、能量、信息、资源，才能滋养自身的自主性，提高主体性。

【学校精神】

精诚协作　搏竞一流

精诚协作　弘扬和谐风尚，以沟通为桥梁，以理解为契机，团结每一个人，集聚每一份力量，踏踏实实走好每一步。它描绘出学校和衷共济的精神底色，也揭示了踏实质朴的学校风尚。全体师生保持拼搏之志，凝聚和谐之力，努力使学校更富活力，更具竞争力，更加接近宏远的教育理想。

搏竞一流　现代社会竞争激烈，广大师生只有自信、自强，锐身自任，以积极向上的强烈进取精神，不断超越自我，才能成长为国家栋梁，也才能使学校立于教育潮头，成为一流名校。

学校精神具体化成"三风一训"

【校训】惜时如金　尚行以山

校训是学校在长期办学实践中形成的，对全校师生具有规范、警策和导向作用。它能概括学校的整体价值取向、独特气质、文化底蕴，蕴含师生的道德理想、人格特点和历史责任。

金山中学的校训：惜时尚行（为强化校训的个性识别度和易于理解记忆，把校名嵌入，表述为"惜时如金，尚行以山"）

惜时　一寸光阴一寸金。一分一秒都弥足珍贵，一时一刻都值得珍惜。金山中学教师要将有限之生命，付诸无限之求知，虚心静心，除去浮躁，踏踏实实做好教学工作；因材施教，提高效率，求新求变育得满园桃李。对学生而言，人生正始，时不我待，更应该学会珍惜时光，为学以恒，勤奋不辍，让青春的生活更多彩，让韶华时光不虚度。

尚行，含义有二："涵养德行"，《诗经·小雅》有言"高山仰止，景行行止"，即仰高山之德，尚明行之道，重道德教育，扬和谐风尚，激励学生传承美德，丰厚学养，言有规，行有范，促进道德与学识的双重提升；教师享受幸福，更讲奉献，树立科学的人生观，正确的职业观；学校严谨务实，而又善于创新，实现规模与质量的和谐发展。

"行胜于言"，重视实际行动，尊崇实践。王阳明说，"知行合一。知行就是一回事，我说'合'都欠妥了。"陶行知先生说，"行动是中国教育的开始。""我们所要追求的是行动的真理，真理的行动。行动的真理必须在真理的行动中才能追求得到"，"人类和个人最初都是由行动而获得真知，故以行动始，以思考终，再以有思考之行动始，以更高一级融会贯通之思考终，再由此而跃入真理之高峰。"

【校风】博采成趣　和乐竞进

校风是学校风气的总称，包括师生在工作、学习、生活中养成的风气，以及在学校发展历程中所积淀的优良文化氛围。

金山中学的校风：博采成趣　和乐竞进

博采成趣　博，是一种博大、兼容和开放的气质与胸怀，它要求师生广泛涉猎，拓展视野，实现人文的丰厚，道德的提升，生活的多彩。在博采的基础上，教师可以引导学生兴趣求学，张扬个性，特长发展，享受音、体、美带来的无限乐趣。唯"博采"，方能"有长"，学校以综合素养与特长发展为切入点，充分体现了"全面加特色、合格加特长"的办学宗旨。

和乐竞进　儒者尚和乐，泛爱众，盛德如风，更入世，志千里，竞进不息。金山中学师生提倡儒家和乐之风，以和聚人心，以和促发展，致力于营造洋溢人文美、道德美、艺术美的和谐校园。学校还激励师生树立高远的志向，站得更高，开拓放眼世界的视野；走得更远，锻造持续发展的能力，为成功人生奠基。

【教风】爱润无声　责铸师魂

教风就是教师在为人师表、治学态度、教书育人、科学研究等方面形成的良好风气。

金山中学的教风：爱润无声　责铸师魂

爱润无声　师爱无声，润泽心灵。教师要由内而外涵养美德与气度，爱学生、爱事业、爱学校，对学生待之以诚，施之以爱，真诚关注学生的成长和成才。师爱无声，照亮孩子的心灵；生爱有情，传递爱的力量。师生之间的真情互动，会让挚爱扎根学生心灵，让整个校园温暖人心。

责铸师魂　教师必须以博爱之心塑师品，以责任之心铸师魂，不仅对学生的现在负责，更要对学生的一生负责。教师要学高为师，以文化丰富自我，练就扎实的专业功底；身正为范，为学生树立良好道德标尺；爱岗敬业，为学生奠基成功幸福。

【学风】乐学进智　明礼扬长

学风是学生在学习过程中应该养成和遵循的风气，是取得良好学习效果和成人成才的保证。

金山中学的学风：乐学进智　明礼扬长

乐学进智　乐学是对学生学习态度的基本要求。子曰："知之者不如好之者，好之者不如乐之者。"教师要尊重学生的个性和特点，寻求知识与兴趣的契合点，引导学生在学习中发现快乐、感受快乐，养成乐于思考、乐于创造的好习惯。进智，即增长学识，丰盈才智。"智"源于学，所以学生勤学乐学定可启迪智慧，成功成才。

明礼扬长　学校重视养成教育，将其内润于心，外化于行，引导学生确立、保持并发展自身的美与善，一点一滴积累美德，一言一行文明有礼，最终学会做人，学会求知，学会做事，学会共处。学校大力发展艺术体育教育，激发学生的灵性，挖掘其成长的无限潜能；展示其个性，让每个生命都独一无二，与众不同。

实施主体性教育办学的基本策略就是：

道之以德，齐之以礼。文化引领，制度约束（管理）

只要文化在，路径就在，发展的希望就在（引领）

只要路径在，未来就在，发展的方向就在（目标）

持之以恒走下去，就会走向光明的未来（实现）

罗素有言：使事业成为喜悦，使喜悦成为事业。预示了学校实施主体性教育的发展方向，也是对广大教师的期待。

主体性教育将塑造出一个崭新的学校（文化）形象：各美其美，美人之美，美美与共，和乐大同。

二　办学理念

【定位与愿景】

学校愿景描绘的是学校的未来发展蓝图，是全校师生的共同愿望；学校定位精准，让选择走进这所学校的人清楚地知道"我在这所学校可以获得什么""这所学校将把我带向何方"；学校发展愿景清晰，让学校里的所有教育人，心中有目标、眼中有方向，脚下有路径……

学校定位：有社会担当、家国情怀、富人文气息的精品学校。贯彻党的教育方针，为国家输送"四有"人才，创设适合学生和老师的教育，促进每一个生命向有益的方向发展。使师生在共同的学习生活中发现自我、发展自我、勇于担当，促进生命的发展与超越，实现生命自觉自新。

学校愿景：人文宽和、师生康乐，安安静静办教育的理想之所，环境优雅、人文气息浓郁的师生幸福快乐地生活、让人留恋难忘的学校。

人文代表了一所学校的底蕴，是建设精品名校的保证。金山中学坚持文化立校，以先进的教育教学理念为指导，确立新的思维方式、工作方式、学习和生活方式，提升学校的教育品质。坚持以文化人，广读经典，修深厚涵养，加强传统德育教育，弘扬传统美德，让中华文明生生不息。（崇尚人文、敬畏生命、尊重规律、脚踏实地、人文宽和、生动成长……而不是热衷于上级名目繁多的检查评比以及各种以"挂牌"为标志的外在评价。学校关注学生认可、家长认可、社区认可等口碑评价，高度注重内涵发展和自我价值实现。）

【办学宗旨】

全面加特色，合格加特长。

学校发展要全面，硬件、环境、制度、教师、学生、文化等全面发展。在全面发展的基础上，要突出学校特色。我们学校的特色就是：践行主体性教育！安安静静办教育，教育要回归立德树人的育人本质之中；精雕细刻办教育，各项教育教学工作要提高工作标准，做到目标明确化、过程精细化、成果最大化；依托课程办教育，教育要寓于课程的精细化实施之中，落实三级课程，重视体育传统项目、突出传统文化教育。

学生发展要全面，德、智、体、美、劳诸方面都要发展而且达到合格的标准，在此基础上，要突出学生的主体性教育和个性特长培育，因材施教，以人为本。

【办学理念】

以人为本，整体推进，和谐发展

教育的目的只有一个，那就是"人"。以人为本，促进人的生命成长与发展。教育者必须目中有人，针对具体的人，采取适合的方法，尊重人的个性，因材施教。

办学要用系统思维，学校工作是一个整体，要系统思考，整体推进学校各方面工作，使师生在学校里的"每个时间、每个空间、每件事情"都在促进生命的成长，使学校各个方面和谐发展。

主体性教育强调以人为本，必须真正建立新的教育观：

（1）教师观　"人师"、"导师"、"恩师"，教育者（Erzieher），本意是"提升者""牵引者"，"一个引领者"——他引领我们走出那闷闷不乐的怀疑主义，走出灰心放弃以后的挑剔批评，他清除障碍，充满母性和怜爱，施与光线和温暖，一路向上，直达在我们的头顶、那无限的星空。"

教师必须是德行的标杆，是学业的模范，是行走的榜样（"新教育"提出的改革的首要目标就是要"改变教师的行走方式"）。

要做"四有"教师：有理想信念、有道德情操、有扎实知识、有仁爱之心，学生面对的真正教材是老师，教师的人格力量是最重要的教育力量；教师专业做到学科交叉，综合性、人文与科学互相渗透，教学不能模式化，教师考核不仅要横向比成绩，还要考评师德、学生对教学行为的满意度以及教师专业发展的可持续性。

（2）学生观　把学生当作学习和生活的主体，在教育教学实践中，是互动者、协作者、对话者，不是被动的接受者；学生犯错看成是成长中的正常现象，把错误当成帮助学生成长的重要资源；教育的一个特定目的就是要培养感情方面的品质，特别是在人和人的关系中的感情品质。

（3）学习观　属于"全人"学习，以培养和提高学生的综合素质（核心素养）为中心。使学生"学会做事、学会做人、学会学习、学会生活"，德、智、体、美、劳全面发展。

（4）学生生活观 生活上强调孩子自主意识的觉醒，让孩子爱上学习，过一种幸福的教育生活；让孩子懂得：求知和进取是人生最大的快乐！

（5）教育观（教育方式） 六方结合，鼓励、鼓励、再鼓励！赏识教育与惩戒教育相结合。

（6）评价观 多元评价学生。要看学生现有质量水平，还要关注其发展性、生活技能、兴趣和潜能。

（7）课程观 主张全面课程观，既注重学科知识传授，又看重人文素养、兴趣特长、综合素质的协调发展。

（8）课堂观 课堂主基调：互动、灵动、扎实、真实、主体性教育的课堂，既包括校内一、二课堂和校内小环境，又包括家庭、社会等广阔的社会生活。

在新观念建立过程中，要正确处理好几个关系：

（1）师生关系：师与生是"交互主体"、不是主次正辅关系，是民主平等、互相尊重的关系；教师是平等中的首席、促进者、指导者（教师要最短时间内记住所教学生的姓名），学生是合作者，是对话互动者。

（2）知情关系：情商比智商更重要。

（3）批量生产与个性化教育：让每个学生都有个性化的成功与收获，让学生成为他自己。

（4）家校关系：家长不仅是受教育者的生活保障，更是施教者，要培养学生独立性和自主学习能力、家长需以身示范、言传身教、潜移默化地教育帮助，成为学校教育的重要组成部分。

【育人方向】

"培养有中国灵魂、世界眼光，具生命自觉的现代人"，使之成为"四有"社会主义事业的建设者和接班人。

中国灵魂　天人合一的宇宙观，自强不息的主动性、道法自然的思维根底，继承中华文化优秀传统：仁、义、礼、智、信、诚、敬、谨、勤、恒……这里有道德的涵养、精神的培育、气节的磨砺、以及社会责任感、交往沟通能力、独处的能力、创新的精神、实践的能力……培育中国特色社会主义共同理想，践行社会主义核心价值观：富强、民主、文明、和谐（家国情怀），自由、平等、公正、法治（现代社会），爱国、敬业、诚信、友善（当代公民），将民族精神内化为学生的品格。

世界眼光　全球视野、开放包容、求同存异、借鉴创新、民主科学、信息沟通、文化交融、自我信仰、自我修复、民族认同感与自豪感、发现美创造美、美美与共，既不固步自封，也不崇洋媚外、提高国际理解力……

生命自觉　自强不息，人格自尊、行为自律、学习自主、生活自理，主动参与和改造环境，从不抱怨环境，总是主动寻求和发展自我的机遇，自觉体认自我的独特与局限，对他者生命敬畏，敢于主动承担对自己、对他者的责任……

【办学方向】

办成有社会担当、家国情怀，具人文气息的精品学校。

基本实现学校标准化、规范化、现代化。学校作为一级社会组织，要有担当、有情怀、有品味。群众交口称赞，愿意把孩子送来；政府评价满意，给予各种荣誉；师生幸福快乐，愿意在此工作生活；发展后劲实足，文化不断升华，学校面貌昂扬向上、生机勃勃。

加工能力强。将每一个孩子的潜能尽最大可能挖掘出来，激发出来，让他升到他应该到达的高度！经由我们的教育培养，让他拥有更好的发展，更美好的前程！学校教育是一种过程，在这一过程中，学生通过各种经验，学会如何表现自己，如何与他人相处，如何探索世界，而且学会如何可持续地、自始至终地、完善自己！进而甚至不仅限于学生，而是学校中的每一个相关人，其生存方式与精神状态的改变，学校由一个常规组织、一个教学系统转变为一个学习共同体。

【中长期目标】

金山中学改革发展的中长期目标是达到"五优两满意"："硬件优良、环境优美、管理优化、师资优秀、育人效果优异，在社会上有良好的美誉度，百姓满意；在全区有一定影响力，政府满意。"

这一目标，学校计划用两个"三年规划"6年时间来完成。也就是说，到2022年，在建校50周年的时候，金山中学做到"五优两满意"。

三 课程体系

学校教育始终以学科教学为基础，学校教育的"产品"即育人的有效载体就是课程。

【课程理念】

主体性教育的课程理念是：

课堂教学——教学相长、互动生成。

教学模式——三环六步、立体合作。

课程建设——融合拓展、动态多元。

教学评价——自评互评、多维视角。

【三级课程体系】

国家课程　开齐课程、开足课时，国家课程校本化、师本化。课程的深处是学生，课程是手段，宗旨是学生的发展！

语文：大阅读、大写作、读好书、作好文、写好字。

数学：整体架构、纵横统整、建立数感、锤炼思维。

英语：语法体系、词汇积累、口语表达、语言运用。

思品：开放渗透、参与体验、修齐治平、纵论天下。

历史：人物事件双主线，文史哲学三融合，以史鉴今。

地理：宇宙星系、地球文明、山川地貌、风土人情。

理化：格物致知、实验观察、实践技能、创新意识

生物：敬畏自然、敬畏生命、科学品质、人文情怀。

地方课程　课程要规范

传统文化：环境、写字、阅读中渗透。

安全教育：常抓不懈、反复抓、抓反复。

环境教育：综合实践活动：远足、社会调查。

人生规划：家长给学生讲自己的人生故事，打造"家长来了！"品牌人生课程。

信息技术：3D打印、电脑制作、几何画板。教师和学生都要提升信息技术素养。信息技术与课程的深度融合是未来的发展方向。

校本课程　以兴趣小组和社团活动为基础，整合加工规范为课程

德育家教类：习惯养成类、国旗下的讲话课程、纪念日节假日课程、家庭教育系列课程、心理健康教育课程、青春期课程。校本课程体系化。

学科拓展类：语文大阅读、新叶文学社、演讲与朗诵、英语课本剧、高中数学选讲、政治风云社、3D打印、生物标本制作、虚拟机器人、环球地理、气象观测、历史人物故事汇，例"亲近鲁迅"课程、"春日咏柳"课程。

艺体科技类：国画、书法、素描、泥塑、版画、声乐、器乐、舞蹈、街舞、合唱团、管乐团、电钢琴、校园广播站、影视欣赏、摄影DV等。排球、足球、乒乓球、游泳、田径、投掷、跳绳、斯诺克、棋艺、七巧板、航模。

综合实践类：远足毅行、木工金工、烘焙厨艺、种植养殖、走访

敬老院、参观企业、研究性社会调查、元旦联欢会。

成立校本课程开发委员会。鼓励教师参与校本课程的开发!

【教学理念】

先学后教，当堂训练，动态生成，互动拓展。

课堂教学：教学相长、互动生成。

教学模式：三环六步、立体合作。

教学评价：自评互评、多维视角。

课堂教学的感悟：课堂是教育活动的主阵地，课堂教学的本质功能是发展人的综合素质。使每一个孩子在课堂上获得健全的人格、充盈的心灵，在学习文化知识的同时激发其生命自觉的潜能。

【教学模式】

课堂是实施主题性教育的第一平台和首要载体，为体现"交互主体"，金山中学建立起"三环六步教学模式"，"三环节""六步骤"体现为：

第一环节：前置任务导学——充分发挥学生自主性、老师主导性，"双主"平衡。安排前置性作业，以任务导自学，为课堂教学的展开打好基础。

第二环节：自主互助课堂（六步骤展开课堂教学）——

步骤1：情境引入——快速入题，有吸引力。（1分钟，小视频，学生身边的事……）

步骤2：目标呈现——简明扼要，重点突出。（课时目标、课程目标、三维目标……）

步骤3：自学展示——交流讨论，动态生成。（组内讨论、全班展示、互动生成、讲练结合……）

步骤4：点拨升华——教师点拨，学生笔记。（重点内容教师点拨，学生深入理解，并要落到纸面上和笔头上……）

步骤5：当堂训练——设计题组，精准落实。（教师要设计丰富的、有梯度、有层次的训练题组，落实好当堂所学的内容……）

步骤6：当堂检测——设计试卷，当堂检测。（采用小试卷、PPT等形式，对当堂课时目标掌握情况进行检测，要求达标率80%以上……）

第三环节：课后拓展延伸——

布置课后作业，作业分为前置性作业、巩固性作业、拓展延伸性作业。其中前置性作业与下一次课的第一环节相衔接，形成封闭学习系统。

四 管理系统

【管理理念】

管理理念：依法办学、精诚团结、自主管理、民主监督，积极吸纳社会各界广泛参与学校管理；向管理要质量，教学质量是学校的生命！

学校育人要做到教师、学生、课程、环境、社区、家庭六方结合。

教师——优良的师资是学校创设优质教育的关键，唯有通过教师才能使课程活化。教师要为人师表、业务精湛、自立立人、率先垂范，在研究状态下工作，以纯净的心做专业的事，以"真我"育"真人"。学校致力于教师发展的根本信念永远不变。

重建教师的信仰，增强教育信心与意志力，形成批判意识与创新能力，使教师能坚守教育操守，享受教学乐趣，实现教育理想。教师的价值，就是教师在教育实践中发挥自身的生命主体性从事教育活动，使学生的生命得以绽放，智慧得以生成，精神得以充盈，从而通过学生生命主体性的发展而实现教师价值。

广大教师必须正确处理好个人与学校的关系，摆正个人位置。

学校，是一个组织。

好比是一片森林。

每一棵树就是组织中的每一个人。

只有每一棵树枝繁叶茂，土地才会肥沃。

反之，土地肥沃也会使每一棵树茁壮成长。

如果养育树的土地贫瘠，树就会生长不良，甚至枯萎。

我们每一个人将不愿意面对这种打击。

对组织来说，情形会好一点，一棵树或个别几棵树生长不良或枯萎，不致于对土地造成致命的伤害。

但是，如果整片土地上的树枯萎的话，

那么，土地也会因风化、水土流失而变成荒漠！

人类的所有进步都来自合作，人类的合作范围越广、越宽，人类进步就越快，一所学校当然也如此。

金山中学的每一分子都有承担起学校发展的一份责任！

请广大教职工每日三思：

我为学校做了啥？

我能做得更好些吗？

我还能为学校做点啥？

广大教职工还要明确：作为金山中学人的"责任与使命"。

在这个世界上，每个人都扮演着不同的角色，每一种角色都承担着不同的责任，对角色饰演得最成功者就是具有高度责任心的人。

"责任让人坚强，责任让人勇敢，责任也让人知道关怀和理解。因为当我们对别人负有责任时，别人也在为我们承担责任"（《超越自我：个人与组织共赢的策略》）。

学生——学生本身是成长的主体。一切有效的教育都源于自我教育。激发学生自主发展的内在需求，点燃学生自主发展的内在热情。把教育过程"慢"下来，把成长过程还给学生，让学生在体验中成长，在读书中学会读书，在思考中学会思考，在学习中学会学习。

课程——构建适合学生发展需求的有层次的、可选择的、多元化的课程体系。国家课程校本化，地方课程本校化，校本课程个性化，让学生有所选择。形成个性化课程体系是课程建设的不懈追求！

环境——设计体验性、互动性创意环境项目。一砖一瓦都说话，一草一木都有情。一言一行都有范，一举一动都育人。依托高端信息化校园网平台，打造基于大数据的社区化、数字化育人环境。

社区——生活即教育，社会即学校。动员和挖掘一切社会资源为学生的生命成长服务。教学做合一。教科书不是学生的全部世界，世界是学生的教科书。

家庭——家庭是第一教育场域。家族遗传基因、家庭文化氛围决定性地影响着学生成长和未来。家庭教育中最重要的教师是父母，最重要的课程是家人的言行，最重要的教育目标是生活习惯和道德品行。

努力构建基于现代信息技术的人人、时时、处处泛在的学习环境和全民终身学习体系——建设学习型社区、学习型社会。

学校应该成为社区的文化中心。

【管理制度】

学校发展规划制3：每三年，校长办公室主持制订学校三年发展规划。

规章制度更新制1：每学年，办公室主持修订各项规章制度。特别是考勤制度、奖惩制度。

职工代表大会制1：每学年，办公室主持召集职工代表大会，校长向全校职工工作工作报告。

如有学校有重大事项需决议，则办公室需主持召集临时职代会。

行政工作例会制1：每两周，校长主持行政例会。听取各部门工作的汇报，部署全校工作。

部门工作例会制1：每周，部门主管主持召开部门工作例会，分管校长列席。部门主管下发周计划

教研活动周例制：每周，教研组长主持进行一次教研活动，作好活动记录。分管中层参加。

中层校干包干制：各中层包级年级、教研组，深入基层，协助组长抓好各项工作落实。

政治业务学习制：每周五下午为"教师发展学校"固定学习时间。政治学习、业务学习交替进行。

工作总结述职制：各年级组长、教研组长、中层校干每学期面向工作职责主体进行工作述职。

分管校长面向全校职工进行工作述职，接受满意度考评。

工作档案留存制：各科室有专人负责工作档案的及时收集、完善、宣传和归档。

【管理实施】

管理实施：常规做细，细节做实；管理是关键，落实是根本，目标明确化，过程精细化，成果最大化！

常规实施细则讲求精雕细刻。月查月点评落实到位。

备课要求详案。作业全批全改，作业批改记录做实。

课堂教学惜时如金。单元过关突出过关率。

务必发挥兵教兵的作用。

教学常规管理十项要求——

集体备课：各教研组（备课组）每周集体备课一次，作好记录。

备课要求：每节课都要备好导学案、教案、课件。体现"三环

六步"模式要求，课时目标制定准确，课堂流程设计合理，当堂达标分层设计充分有效。

上课要求：贯彻"三环六步立体合作"模式要求，体现"自主、合作、探究"理念，师生关系融洽，课堂氛围好，信息技术应用恰当，当堂达标落实到位。

作业要求：每堂课当堂布置作业，写在后黑板上。作业本格式、批改格式要规范，全批全改，作业必须在二十四小时内批完发还学生。每天作业不超过1.5小时。

检测要求：每学完一个单元，都必须要进行单元检测，详细批改，等级呈现，认真作好单元过关分析，原则上要根据过关情况实施二次过关检测，并作好记录。

辅导要求：各年级备课组对年级尖子生要实行学科竞赛为抓手的培优工作。对后进生要进行面对面个别辅导。

地方、校本课要求：担任地方课、校本课的教师，要备好课，上好课，对学生情况有及时评价。

教研活动要求："四定"：定时间、定地点、定内容、定主讲人。每周一次，每次2小时。

听评课要求：每学期不少于16节。校级领导每周不少于2节。中层每周不少于4节。

月查月点评要求：每月进行常规月查，及时召开点评会，常规检查每月兑现。

加强过程管理。干部是关键！向管理要质量。

校长寄语：立天地之间，以纯净的心做专业的事。自强不息、追求卓越！教育即生活，生活即教育。厚德载物、完善自我！人人做最好的自己，过一种完整幸福的教育生活，让所有人都成功。"教天地人事，育生命自觉"，以清净心看世界，以欢喜心过生活，以平常心生情味，以柔软心除挂碍。

五　行为识别系统

学校行为识别系统是学校文化建设的保障工程，是学校理念的实践和运行，是对学校办学行为方式进行统一规范的动态识别系统。行为识别系统的核心在于学校文化理念的推行，将学校内部组织机构与师生的行为视为一种理念传播的符号和表象标志之一。包括校歌、校徽、校旗等等。

【回味与感悟】 学校主体性教育文化实施方略，明确了学校的核心教育理念是"主体性教育：唤醒主体意识，激扬生命自觉"，主体性教育，既是一种理念，更是一种行动。行动的关键在于"坚持"，一以贯之，持之以恒，千淘万漉，对学校来说，积淀形成精神，对个体（教职员工学生）来说，雕琢陶铸人格。

【方略三：学校发展三年规划】

以下收录的是我主持制定的学校 2016—2018 "三年发展规划"。美好的蓝图必须变成具体的"施工图"，高远的理想必须变成近在的"路线图"。其实，早在 2015 年我花费了大量时间制定了学校的三年发展规划。这份规划汇总了教务处、政教处、总务处、办公室等各个部门的共同的智慧，虽然是稚嫩的，但总算有一个大致具体的发展依据了。

临淄区金山中学学校发展三年规划
（2016—2018）

从科学发展、和谐发展的需要出发，审时度势，创新思维，综合分析学校发展的历史传承及办学特色和所处社区特点等基本情况，结合当前经济社会发展及基础教育改革发展的新形势，金山中学以文化立校的姿态，确立学校的发展方向，明确学校的发展定位，规划学校的发展目标，设计学校的发展路径，从而制定金山中学学校发展三年规划（2016—2018）。

第一　学校的基本条件

一　办学优势

1. 个性鲜明、底蕴丰厚完备的学校文化体系。金山中学的长期的办学实践中，积累和发展了自己个性鲜明、意蕴丰厚、注重创新、富前瞻性的学校文化，特别是2016年新的学校领导班子调整之后，明确提出"主体性教育"核心理念：主体性教育——唤醒主体意识，激扬生命自觉。并从时间、空间维度上分别设计了"31111"工作循环运行体制和"12241"全面质量管理体系。在日常管理上形成了一系列成熟的例会制度，构建起完整的学校文化体系。

2. 硬件设施基本完备。小学楼、初中楼分别可容纳20个、24个教学班。可以达到小学每个年级4个班，初中每个年级6个班的规模。教室足够支持正常的教学活动。办公楼三层可容纳下财会、总务、文印、团委、工会、接待、行政、会议等办公功能。实验楼可装备理、化、生实验室各两个，保证正常教学所需。图书馆藏书符合标准，基本能做到按要求添置更新。体育馆一座，可承办排球省级赛事。博采楼装备一间阶梯教室（容纳200人）、三间音乐教室、两间电钢琴教室、广播室、琴房、库房、展室等。塑胶操场一块，有足球场可以整修利用。有游泳池，可以开设基本的游泳课和举办比赛。多功能报告厅容纳1000人；食堂可满足1000名左右的学生同时就餐。

3. 学行政支持及经费支持有保障。我校是区属学校，教育经费由区财政全额拨款，能保证正常教育教学，学校没有外债。

4. 生源基本有保证。金山中学生源主要来自王寨10个自然村（王寨小学）、南仇、福山两个社区、胶厂生活区（福山小学）、边河乡东张、西张两个自然村，胶厂一区、化建两个生活区的居民子弟（金山中学小学部），再加部分外来务工子弟。一年级基本保证，本校小学部有90人左右（另外，王寨小学有60人左右，福山小学有60人左右），每级初一新生能保证150人左右（王寨小学、福山小学、本校小学部）。近三年，我们要努力提升办学水平，争取生源在目前每个年级150名左右的基础上，逐年上升，到2017年新初一达到160人，2018年新初一力争达到180人的规模。

5. 师资力量比较充足。教学一线：小学39人，初中74人，教辅人员：小学1人，初中1人，行政后勤人员：21人。教学一线老师充足，可以说师资力量雄厚，人力资源丰富。教师的教育热情和教育智慧，有待于进一步激发。

6. 管理制度完备。《临淄区金山中学章程》《金山中学教职工考核办法》《金山中学绩效工资分配及工作量核算办法》《廉政风险防控管理工作实施方案》《"秩序校园"建设实施方案》和《班级管理目标考核办法》《金山中学教学常规管理实施细则》等各项管理制度完备。在学校内部运行机制方面，形成了时间维度上的"31111"工作机制和空间维度上的"12241"工作体制以及各级工作例会制度。

办学四十五年来，临淄区金山中学先后被评为"山东省规范化学校""山东省体育传统项目（排球）学校""淄博市艺术教育示范学校"，被授予"全国群众体育先进单位"等荣誉称号。近年来，多次荣获"教学管理工作先进单位"，淄博市"依法治校师范学校""学校文化建设先进单位""数字化校园""文明校园""全区素质教育示范学校"等荣誉称号。

二　办学困难

当前，我国中小学教育普遍存在的问题主要是：（1）办学同质化现象普遍，按上级行政命令办教育，学校没有独立的、富有个性化的追求，学校愿景模糊，缺乏发展的个性特色；（2）教师管理体制僵化。"大锅饭""铁饭碗"仍然是当前公办学校中教职工管理的常态，这种僵化的管理机制造成了教职工队伍的职业道德意识淡薄，职业倦怠普遍；（3）家庭教育缺位，全社会没有形成统一协调的育人环境，育人成了学校的自个儿的事，教师成了孩子的保姆；（4）教学研究氛围不浓：唯分数论甚嚣尘上，"满堂灌"现象严重，学生缺少学习兴趣和动力，教师业务不精，轻教、疏管，倦怠慵懒等。这些问题和现象或严重或轻微，在我校、在干部和教职工身上都有体现。

金山中学存在着的问题与不足：（1）学校整体工作标准不高、亮点工作不多、办学特色不明显；（2）教学楼陈旧，教育教学设施设备老化比较严重；（3）教职工队伍结构不合理，全校教职工平均年龄47.3岁，50岁以上35人，非教学一线33人，超过教职工总人数的1/5；（4）一线师资整体水平下滑，缺少学科带头人和骨干；（5）生源质量下滑，农村学生的家庭文化环境相对较差，学生学习习惯基础薄弱、综合素养发展不均衡；（6）家庭教育单薄乏力，难以与学校教育形成合力。

第二　三年发展思路和目标

党中央提出了"创新、协调、绿色、开放、共享"五大发展理念，创新摆在首位。国家"十三五"规划，对新时期教育发展提出了新的要求，"唯改革才有出路，改创新才有发展。"区教育局党委明确提出了"十三五"时期全区教育发展的指导思想"定位要准，动作要稳，作风要实"以及"创办更加均衡、更加优质、更具特色、更有活力的现代化临淄教育"的总目标，这为学校的发展进一步指明了方向。金山中学确立的中长期目标（两个三年规划时间）是：立足于"办人民满意的学校"，让临淄区南部老百姓的孩子在家门口上好学的"实际获得"，全面贯彻党和国家的教育方针，努力建成"办学硬件优良、教育环境优美、学校管理优化、师资队伍优秀、育人质量优异，在社会有良好美誉度，百姓满意；在全区有一定影响力，政府满意。"的优质学校。（简称"五优两满意"优质学校建设。）

一　德育工作

以学校的核心办学理念"主体性教育"为统领，实施《"主体性教育"德育体系构建与实施》课题研究。坚持"以人为本、注重实效"的德育总原则，围绕"培养有中国灵魂世界眼光、具生命自觉的现代人"这一培养方向，以学生行为习惯养成教育为重点，以社会主义核心价值观塑造和中小学生核心素养提升为目标，以"立德树人"为根本任务，充分发挥学生发展的"主体性"，在研究状态下开展德育工作。

2016—2018年德育工作总体目标：整体构建"主体性教育"德育体系框架，充分发挥我校九年一贯制体制优势，形成"德育队伍一体化、德育思想一致化、德育渠道立体化、德育活动系列化、德育成效最大化"的金山中学德育工作新机制，打造金山中这主体性德育品牌。

（一）健全德育工作机制

组织网络化，进一步拓展德育空间，通过网络宣传德育、展示德育；重视学生家庭教育，加强家校沟通，形成家校德育合力；推动全员德育，强化教师德育参与意识，形成学校"人人做德育、事事有德育"的局面；完善德育评价机制，保证德育工作的有效运行；创建德育品牌，达到"德育队伍精良，德育资源优化，德育管理顺畅，德育氛围和谐"的目的。

1. 具体目标：德育组织机构完善，德育工作制度完善，实现德育干部、团队干部和班主任队伍竞聘上岗，强化班主任培训，完善班主任考核方案，真正发挥规范和激励作用，完善全员育人和"一岗双责"制度，建成"人人做德育、事事有德育"的德育工作机制。

2. 推进措施

2016年，完善学校德育组织机构，制定相关德育工作制度；依据三年规划，制定学期及年度德育工作计划；学期初聘任德育干部、团队干部以及班主任，发放聘书；制定德育干部、团队干部及班主任培训计划，通过"请进来，走出去"的方式加强班主任培训，定期组织班主任学习、交流及培训；完善班级考核奖励机制，考核落实"三公"原则，落实班主任工作量、奖励等待遇；建立四级管理机制：学生自主管理（学生会/大队委）、班级教育委员会、年级组、政教处。

2017年，在完善德育机制基础之上，细化德育考核内容，以"爱、靠、严、细、实"五字方针为核心，逐步使学校德育管理系统化：进一步完善和修订德育工作制度，完善和充实构建德育体系实施方案；依据三年规划方案，修订完善新的德育工作年度计划；尝试对班主任实行分级聘任,考虑班主任工作年限及上年度考评;进一步加强班主任培训工作,做好校内优秀班主任的榜样作用,评选学校首席班主任和骨干班主任;尝试对班主任工作量、奖励等待遇实行分级发放,鼓励教师干好班主任、争当班主任;针对管理机制实施一年中出现的问题打磨修正,以期更适合校情学情。

2018年,创设"公平、公正、公开"的"三公"平台,努力达到"让主动成为一种习惯,让创新成为一种目标"的管理目标:实现德育制度的汇编,完善德育体系构建实施方案;德育干部、团队干部、班主任聘任工作正常有序,聘任时明确各自职责,明确各自目标;班主任校内培训常态化,每学期实现两次校外培训,每学年组织一次德育论坛,班主任案例集、班主任反思等结集印刷;完善四级管理机制,总结管理经验,争取结集。

(二)加强德育队伍建设

1. 具体目标:全体教师真正树立"人人都是德育工作者"的理念,遵循以人为本育人理念,建成一支对学生能够做到"思想上引导,学业上辅导,生活上指导,心理上疏导"的德育队伍。

2. 推进措施

2016年,学校采用校内外培训、德育论坛等形式加强德育队伍的培训,利用每年的岗位竞争时机,选拔任用思想素质好、责任心强、有奉献精神和一定管理能力的教师担任班主任;制定骨干班主任和首席班主任评聘制度,开展骨干班主任和首席班主任评选活动。

2017年,借助小课题研究等多种形式,倡导德育队伍在研究状态下工作,在工作状态下研究,不断提高德育工作管理水平;开展骨干班主任和首席班主任评选活动。

2018年,在完善德育机制基础上,细化德育考核内容,落实"有布置、有检查、有反馈"的"三有原则",突出抓好考核工作;

开展骨干班主任和首席班主任评选活动。

（三）强化全员育人，落实"一岗双责"

1. 具体目标：正确理解"一岗双责"的涵义，落实"教书是手段，育人是目的"的要求，建立"一岗双责"考核和奖惩制度。

2. 推进措施

2016年，制定金山中学一岗双责全员育人导师制度，通过双向选择，确定学校全员育人结对名单，建立导师全员育人手册，并按手册要求开展育人活动，做到每个导师每学期对所教学生每人不少与4次育人辅导，综合家访率达到60%，教师完成全员育人工作总结。

2017年，开展全员育人工作，根据教师岗位变动情况及时调整全员育人结对名单，做到每个导师每学期对所教学生每人不少与5次育人辅导，综合家访率达到70%，教师完成全员育人工作总结。

2018年，持续深入实施全员育人，根据教师岗位变动情况及时调整全员育人结对名单，做到每个导师每学期对所教学生每人不少与6次育人辅导，综合家访率达到80%，教师完成全员育人工作总结。

（四）构建家庭教育体系

1. 具体目标：切实加强"家长学校"建设，密切班主任、德育干部与学生家长的交流沟通，积极构建学校、家庭、社区"三结合"的德育实施体系，形成德育合力。

2. 推进措施

2016年，成立班级、年级、学校三级家长委员会，成立家校联系平台，制定各级家长委员会活动方案，并尝试开展家庭教育主题活动，利用家长会做好家庭教育培训，提高认识，力争家长满意度达90%。

2017年，在三级家庭教育委员会初步发挥实效的基础之上，加强家庭教育工作，成立专项基金，聘请专家开展全校性的家长培训。各级家长委员会每学期至少开展一次家庭教育主题活动，学校做好家长满意度的问卷调查，并征求意见，力争家长满意率达到95%。

2018年，在利用家长会、专题培训、各级家委会的活动等主题教育活动基础之上，继续深化家校联系，使家长参与学校活动常态化，做好家庭教育主题活动经验交流，努力使家长满意率达到98%。

（五）强化学科渗透

1. 具体目标：实现学科教师德育渗透常态化。

2. 推进措施

2016年，制定金山中学学科德育渗透实施方案，全体教师明确学科德育渗透要求，学科德育渗透率达85%。

2017年，学科教师德育渗透常态化，进行一次学科德育渗透经验交流，开展一次学科实施德育的教案评比。学科德育渗透率达95%。

2018年，深化学科德育渗透，全体教师重视德育渗透，形成课堂教学，德育为先的理念，学科德育渗透率达100%。

（六）拓宽德育方法途径

1. 具体目标：实现德育在学校的每一项工作、每一个角落、每一个细节全覆盖。结合金山中学文化系统的办学特色，德育方面可以在拓宽德育方法途径方面，融入传统国学教育内容。具体目标是开展中华传统美德教育，教育学生成为品德优良、行为文明、素质全面的青少年，使中华民族精神代代相传、发扬光大。

2. 推进措施

2016年，充分利用传统节日开展德育活动，组织一次学生外出德育活动。建立学校德育宣传栏，利用宣传栏开展主题活动宣传。以春节、元宵节、清明节、端午节、中秋节、重阳节等中华传统节日为切入点，开展丰富多彩的节日民俗活动，引导广大师生认知传统、尊重传统、继承传统、弘扬传统。

2017年，继续以传统节日开展德育活动，积极开展争做"美德少年"，开展"生活小能手""环保小卫士""知恩 感恩 报恩教育"等教育实践活动。让学生学会在劳动中尊重他人，理解他人，培养良好的劳动习惯；在家，每天为父母做一件家务，报答父母的养育之恩，在学校养成爱惜劳动成果、热爱劳动的好习惯、报答学校、老师的教育之恩等活动。从家庭、学校入手，从小事做起，养成孝亲敬长的良好行为习惯。做好"美德少年"评选表彰活动。

2018年，继续以传统节日开展德育活动，积极开展教育实践活动；深化校园文化建设，开展系列主题教育活动。建设楼道文化和教室文化，并注重文化品味的提升。在楼道、走廊墙壁设宣传栏，张贴有关中华传统美德的图画、警句、诗词歌赋等，营造浓厚的文化氛围。组织开展主题校（班）会、团（队）会，定期举行征文、演讲、讲座、经典诵读和文艺演出等活动，培育学生的民族精神，推动传统美德教育纵深发展。做好"美德少年"评选表彰活动。

（七）深化德育品牌建设

1. 具体目标：创建"尚行、励志、体验、成长"德育品牌。

2. 推进措施

2016年，召开德育队伍骨干专题会议，确定分层次、分阶段的工作目标，创建"尚行、励志、体验、成长"德育品牌。

2017年，结合学习区、运动区、生活区的三区划分，进一步细化秩序校园建设常规要求，从"小、近、亲、实"四字入手，抓实日常行为规范，开展丰富多彩的德育月主题活动，使"尚行、励志、体验、成长"德育品牌初见成效。结合学习区、运动区、生活区的三区划分，进一步细化秩序校园建设常规要求，结合"美德少年"

评选，从"小、近、亲、实"四字入手，抓实日常行为规范，开展丰富多彩的德育主题和传统教育活动，让学生在具体实践活动中，崇尚良好的行为习惯，自我励志，体验健康进取的成长之乐，使"尚行、励志、体验、成长"德育品牌初见成效。

2018年，开展"月主题，周重点"系列主题教育活动，重言传身教，以爱换爱，通过主题教育活动，激发学生的责任意识、自主意识，进而把崇尚良好行为习惯、感恩一切善待帮助自己的人转化为自我励志行为，营造良好的教育教学环境，不断提高学生的审美意识和综合素质，打造学校德育工作品牌。2018年，重言传身教，以爱换爱，通过主题教育活动，激发学生的责任意识、自主意识，进而把崇尚良好行为习惯、感恩一切善待帮助自己的人转化为自我励志行为，营造良好的教育教学环境，不断提高学生的审美意识和综合素质，打造学校德育工作品牌。

（八）提升德育工作实效。

1. 具体目标：学生行为规范达标率分别为80%、90%、98%，兴趣爱好诱发率100%，学生具有广泛的兴趣，创造的才能，健壮的体魄，养成优秀的思想品德，真正体现金山中学的办学特色。

2. 推进措施

2016年，根据上级要求，制定规划和评价细则，结合学校"秩序校园"建设，在实践中落实各项工作，努力提高工作实效并逐步完善规则和细节。

2017年，深化"秩序校园"建设，加强德育校本科研的实效，营造"在研究状态下工作，在工作状态下研究"德育工作氛围，坚持"三有"原则，创设"三公"平台，落实"让主动成为一种习惯，让创新成为一种目标"管理，形成工作合力，不断提升班主任管理水平，从而增强工作实效。

2018年，通过同年级班级比较、全校年级组的比较以及考核等多种形式，调动德育工作者工作的积极性、主动性，在各项常规落实中，树立年级组、班级先进典型，引导年级组、班主任"比、学、赶、超"，富有实效地推进了各项工作，"秩序校园建设"成效显著。

二　教学工作

（一）构建多元课程体系

1. 基本目标：基于教育核心价值观，基于学生发展和学校发展愿景，合理统整三级课程，开齐开足开好国家基础课程，加强课程校本化建设，构建多元课程体系，突显学校办学特色。

2. 推进措施

（1）成立"学术委员会"负责审核和制订校本课程。

"学术委员会"由校长领衔、教务处牵头、各学科教研组组长及学校聘请的校本课程开发专家组成，其首要职能就是设计和开发学校校本课程，充分整合现有课程，全面梳理并形成"金山中学校本课程体系"，争取3年建成适合学校校情的课程体系。

确立学校校本课程目标。各校本课程均涉及开发的科目、内容、时间、方法、形式及在学校总课程体系中的地位和作用等。全面了解分析学生需求和学校内外部资源条件、支持环境等，作为课程建设开发的参考。继承学校课程实施的经验，挖掘学校办学历史上的特色积淀，形成课程开发和建设的资源，构思我校校本课程的总体框架。

（2）开齐开足所有基础课程。树立"素质教育就是上好每门课"的观念，严格执行《教学工作规程》，加强各学科的集体备课研究活动，教师应认真备好每一堂课，上好每一堂课，学校做好不定时地督查工作，做好各科的检测评估工作。

（3）加强校本课程建设，彰显"因材施教，以人为本"的教育理念。继续完善已开设的校本课程，"经典阅读"、快乐大课间，文学社团、书法学社等比较成熟的活动完善巩固扩展；开发丰富多彩的社团活动，依据"多元智能""做中学"等教学理论，拓展社团活动新领域。把发展学生兴趣作为社团活动的价值追求，开发培养学生的兴趣，由兴趣发展为学生的爱好、特长。挖掘校内外指导教师的特长与兴趣，并将指导兴趣小组活动作为促进教师专业发展的一条途径。

重视传统文化课，回归教育的本真，注重挖掘传统文化中的精华内容，渗透于教学过程。把国学教育作为校本课程，把经典国学内容引入课堂；设置国学教育在教学工作中的应用小课题研究，积极开展国学教育的研究；教研组开展国学教育的学科渗透研究；学校研究确立构建国学教育的课程体系，对学生进行爱国主义教育，树立民族自豪感和社会责任感，继承和发扬中华民族优秀传统文化。

校本课程，以年级为单位组织实施，探索"学生选课日"模式，指导学生选课，科学合理安排落实时间。

（4）基本保障。成立校本课程开发小组，保证开发实施的经费、师资、考评，做好校本课程的行政支持保障；除国家课程按正常的学期期中、期末笔试形式评价外，探索学分制管理方案的制订，对学生参与各类拓展课程形成激励和评价。

（二）实施"12年读书工程"

1. 基本目标：倡导"多读书、好读书、读好书"，培养学生良好的阅读习惯，提高学生思维品质和文化品位。开展"每日一读，每周一背，每月一会，每学期一评，每学年一赛"五个一活动，营造良好诵读氛围。

2. 推进措施

（1）精选推荐选读书目，开展丰富多彩的活动，全方位推进读书实践活动，形成以读书促发展的良好态势；

（2）师生全员覆盖、结合实际、注重创新，广泛开展师生共读，落实阅读课时，开展好书推介或阅读交流活动，加强对学生的阅读指导，积极鼓励家长参与阅读，组织开展家长读书交流或亲子共读展示活动，养成良好的家庭阅读习惯；

（3）依托临淄文化教育频道等媒体，以师生喜闻乐见的阅读交流和展示方式，落实和推动阅读工作的开展；

（4）完善读书实践成果展示平台，举办读书节、举行读书实践工程阶段性成果展示交流活动，及时宣传推广典型经验，力争推出一批教育教学创新经验和课题研究成果。

2016年，围绕"多读书、好读书、读好书"的具体目标，培养学生良好的阅读习惯，精选推荐选读书目，开展丰富多彩的经典诵读活动，推进读书实践活动，形成以读书促发展的良好态势。

2017年，开展好书推介或阅读交流活动，加强对学生的阅读指导，积极鼓励家长参与阅读，组织开展家长读书交流或亲子共读展示活动，养成良好的家庭阅读习惯。

2018年，开展"五个一"活动，每日一读，指导学生每天进行集体诵读一次；每周一背，在每日诵读基础上，每周每位学生能背诵指定的经典内容，教科室要定期对各班落实情况进行监督检查，实行量化评分；每月一会，各班级每月召开一次主题会，可通过开展专题讲座、成果展示、演讲等多种形式交流学习体会，畅谈学习感受；每学期一评，在全校范围内评选出活动先进集体和先进个人，并进行公开表彰；每学年一赛，各学校每学期开展一次国学教育活动成果展演或竞赛活动，节目力求做到知识性、表演性、观赏性、艺术性为一体，可采取吟、诵、唱、弹、舞、书、画、演等多种表现形式进行。

（三）转变教学方式促进课堂教学改革

1. 基本目标：以转变教学方式为突破，深化课堂教学改革，建设基于"主体教育"理念下的"三环六步教学模式",形成"动态生成、主体拓展"的主体性教育课堂新范式。

2. 推进措施

(1) 以"新基础教育"理念为统领,加强学习,不断提高文化、教育教学、师德师能等教师素养,创新探索促进多元发展、特色发展的教学方法。以学段特点、学科教学和课型特点为切入,研究形成不同学段、不同学科、不同课型的有效教学方法,教学形式更好地为教学内容服务,真正做到把课堂还给学生、把班级还给学生、把创造还给教师、把精神发展的主动权还给师生,构建符合学生身心发展规律、学科规律和教育规律的教学体系。

(2) 抓实常规,教学常规常抓常新。常规是底线,备课、上课、作业、辅导、检测等各项教学常规要细化落实。坚持月查月点评机制,常规抓细,细节抓实。

由教务处专门一位副主任负责教学常规的检查落实。

(3) 抓好三案的整合。落实"先学后教、以学定教、让学习发生在学生身上"课堂行为准则,站在"学什么"和"怎么学"的背景规划设计"教什么"和"怎么教",规划课堂流程。思考开放且有价值的问题在前置性作业设计中,预习作业要和课堂流程相合,有利放手展示,实践"三环六步教学模式"。

(4) 持续课改,制订年度课改方案,完善教学方式。课堂教学改革方针是"稳妥、渐进、继承、创新",改革是驰而不息、久久为功的过程。每学年,都要针对课堂教学改革的推进情况制订更新的年度课改方案。确保课堂教学改革有序稳妥进行,在继承基础上创新发展。

(5) 科研先导,启动课堂教学小课题研究。以"组织、帮助、指导学生有效地学习"为2016年研究课题,探索"自主、合作、探究"学习方式，组建学习小组，细化小组运行，充分发挥学生学习的主体地位，帮助、指导学生有效地进行学习。

（6）聚焦课堂，教研组研课形成机制。每学期的前六周是固定的教研组的"研课"时间。结合"一师一优课，一课一名师"活动各教研组开展"研课、晒课、录课"活动，以"同课异构"、"异课同构"等形式开展研究。每学期适时组织开展"中青年教师优质课评选"、"骨干教师示范课展示"、"课堂开放周"等活动。

（四）以教科研助力教学

1. 基本目标：健全教科研制度及教科研成绩评价办法。

2. 推进措施

2016年：（1）制定《校本教研工作制度》，加强教研组建设，重视备课组活动，要求"定时、定点、定人、定内容、定进度"，形成良好的教研氛围；（2）"一师一优课"磨课制度；（3）建立教师教科研成果成绩评价、奖励制度，以提高金山中学教科研水平。

2017年：（1）修订《校本教研工作制度》，建立层层管理、逐级落实、全员参与的教学研究管理与活动机制；（2）通过"一师一优课"，着眼教师专业成长，培养教研骨干。

2018年：（1）完善《校本教研工作制度》，依托远程教育资源，提高教研成效；（2）抓实课题实施过程，丰富教研成果。

（五）切实提高教学效果

1. 基本目标：保持在同类学校中中等水平，年年有提高。

2. 推进措施

全面建成设备一流的智慧校园。高质量建设信息化管理平台、教学平台，积极探索"一对一"数字化教学模式，构建基于"云+端"教、学、管、测、评一体化的家校共育新体制新机制。利用"大数据"为学校决策、教学管理服务。

2016年，(1) 培养学生对学习的兴趣，引导学生逐步尝试自学、独立思考问题；(2) 教师教学行为规范，贯彻"三环六步"教学模式要求；(3) 体现"因材施教，以人为本"教育理念；(4) 形成科学有效的质量监控体系，小学保持合格率达到88%，初中升入普通高中人数占45%以上；(5) 小学不得有无故辍学者，初中辍学率在5%以下。

2017年，(1) 学生对学习有较大兴趣，具有一定的自学能力，开始养成独立思考的习惯；(2) 教师有规范的教学行为，贯彻"三环六步"教学模式要求。信息技术手段恰当运用于教学。体现出教育教学的"主体性"；(3) 体现"因材施教，以人为本"的教育理念；(4) 小学保持合格率达到90%，初中升入普通高中人数占46%以上；(5) 小学不得有无故辍学者，初中辍学率在5%以下。

2018年，(1) 学生学习兴趣进一步提高，有积极进取的动力，形成较强的自学能力和独立思考能力；(2) 教师有规范的教学行为，贯彻"三环六步"教学模式要求，信息技术手段恰当运用于教学。教师教育体现"主体性"，进一步体现出个性化和艺术性；(3) "因材施教，以人为本"的教育理念进一步贯彻；(4) 小学保持合格率达到90%以上，初中升入普通高中人数47%以上；(5) 初中辍学率在4.5%以下。

（六）评价体系

1. 基本目标：构建绿色评价体系，健全教师教育教学效果考核评价体系和学生综合发展评价办法，激发师生持续发展。

2. 推进措施

（1）健全评价体系。2016年6月份，充分吸收广大教职工的意见，充分酝酿，制订出更科学的教学效果评价办法。

2016年4月，制订《金山中学学生综合素质评价方案》。着眼于学生的核心素养的形成，以社会主义核心价值观为根，坚持德、智、体、美全面发展，重视创新能力和综合实践能力的培养。构建以教育部《中小学教育质量综合评价指标框架》为准绳的绿色评价体系，树立指向培养学生解决问题能力和创新能力的多元化、情景化的评价观，了解每一位孩子、关注每一位孩子、激励每一位孩子、成就每一位孩子，激发孩子向上的生命成长动力，让孩子自信、自尊、负责、感恩、成功，从而达到德、智、体、美、劳等全面发展。

（2）建立健全教学质量监控制度，各层面职责明确，责任落实，逐步建立教学质量和学生素质检测与评价体系，深入推进学生综合素质评价改革，探索发展性评价。

（3）注重过程评价，注重发展性评价，善于挖掘学生的闪光点。通过各类培训活动，提高教师的沟通技巧、奖惩艺术。完善各项评比制度，开展评比活动，拓展评价项目，让每一位生都有亮点，促进学生可持续发展。

三 教师发展

（一）加强校本研修促进教师发展

1. 基本目标：重视教师发展，建立"金砺讲坛"为依托的教师发展平台，借助校内外优秀资源，形成有效的校本研修体制机制，采取各种渠道和办法，切实提高教师的专业能力，促进教师专业成长。

2. 推进措施

2016年，扎实开展"一师一优课、一课一名师"活动，开展多种形式课堂展示活动；继续实行"同课异构"，加强全体教师对教学内容处理、教学方法选择、教学流程设计、教学媒体使用等方面的关注程度，为深入探讨课堂教学的有效性储备思想认知和研究案例，促进广大教师课堂教学水平的提高；扎实开展好学校理想课堂系列课展示、优质课评选、论坛交流、论文评选等各项系列活动，将课堂教学改革活动变成全体教师的自觉行动。

2017年，加强和改善校本研修，校本教研分为四个层面：个体岗位学习实践反思，备课组集体备课研课，教研组学科活动开展，全校"教科研论坛"活动；通过校本研修，形成良好的教研氛围，催生一批能适应新课程改革要求的教师；加强教研组教研活动，做到教研"四定"（定时间、定地点、定内容、定主讲人），教研组教研活动每周一次，一次两课时，教研活动内容贴近教学实际，保证研讨时效。

2018年，建立校本研修梯队，明确校本研修的组织系统，实行小学、初中分段负责，按教坛新秀、教学能手、区级骨干教师、市级骨干教师、区级以上教学能手或学科带头人等形成校本研修梯队，充分发挥各类人员在校本研修中的作用；服务教学，形成积累循环，分工合作集体备课，编写"导学案"，建立循环更新的年级学科资源库，利用信息技术手段，开发教学资源。开展主题教学"研课"活动，加强互助合作交流，以"教学随笔"、"教学案例"、"教育叙事""教育论文"等形式，展示呈现校本教研成果，积累汇编成册。

（二）强化评价的保障功能

1. 基本目标：以促进教师专业发展为目的建立科学的评价机制，激发广大教师追求专业进步的能动性，保障教师专业成长中的责任、义务及应得权利和激励。

2. 推进措施

（1）教师的专业化发展首先表现为课堂教学能力，所以评价机制的第一权重是实施课堂教学专项考核，加大课堂教学评价力度。进一步修订学校教师教学工作考核方案和人事制度改革方案，提高课堂教学评价占教学工作考核成绩的权重（至少30%）。

（2）积极承担上级举办的公开课、研究课，受到一致好评的，按优质课计入考核；在督导评估课堂教学随机听课中，受到好评的，按优质课计入考核。不服从安排，拒不承担各级研究课、公开课、评优课的，在日常师德考核中酌情扣分；在督导评估课堂教学随机听课中，效果较差的，在课堂教学专项考核中酌情扣分。

（3）教学相长，以学生成长进步作为衡量教师专业发展的重要尺度，以教师所任教班级学生的综合测评变化（优秀率、转化率）作为指标，进入教师评价机制，与教师自评、学生评教/家长评教、教科研成绩、学校评价共同构成教师专业评价体系。

（三）加强教师职业道德建设

1. 基本目标：严格落实《山东省中小学教师职业道德规范》和市、区有关规定，结合学校实际，制定《加强教职工职业道德建设实施方案》和《教职工职业道德考核办法》。

2. 推进措施

2016年，完善教职工职业道德建设制度，固定每周四为政治学习时间；完善师德考核办法，以"学生评教""教师互评""考核小组评价""领导评价""日常考核"五部分构成考核成绩；杜绝体罚和变相体罚以及各种违范教师职业道德行为规范的现象发生。

2017年，在上年度的基础上，形成师德建设长效机制；"爱与责任"主题教育、"寻找最美教师"活动常态化，注重实效。

2018年，加强教职工职业道德培训、规范职业道德教育程序，充实师德教育内容，把教职工职业道德考核常态化。

（四）教师发展成果

1. 基本目标：教师的教科研成果能积极地指导和促进课堂教学，力争在三年内，承担三个市级以上课题，学校课题研究和教师成果在区内、市内产生一定影响，直至被推广。

2. 推进措施

（1）建立并逐步完善教师业务档案，科学管理使用好教师业务档案；（2）根据市、区有关规定，制定《教师发展成果考核与评价办法》，把教师发展成果纳入年度考核、职称推评、评优树先工作；（3）开展教学评优活动，保证每年不少于三个学科在区级、市级教科研活动中获得表彰奖励；（4）教师人手一项小课题研究，学校保持每学年有三项区级以上课题研究；（5）教师积极主动撰写教育教学随感录，通过网络平台开展交流；（6）每学年举办一次"教科研论坛"；（7）鼓励教师对教学反思进行理性提炼，提高教学随笔质量，鼓励教师发表论文、推广教科研成果，条件成熟后，出版《金山中学教师论文集》。

四 学生发展

（一）身体素质

1. 基本目标：认真贯彻《学校体育工作条例》，树立"健康第一"的思想，关注学生身心发展，培养学生热爱生命、关注健康的意识；落实好《中学生体质健康标准》测试工作，不断提高学生的体能和身体心理素质，实现学生体质健康标准"班班达标"，学生健康达标率达到80%以上，并逐年提高。

2. 推进措施

（1）按照国家标准，开齐体育课，开展"阳光体育"大课间活动并不断充实，使学生不仅仅是课上能练，还要懂得怎么练；（2）关注体育潜能学生，给以正确的指导，使其健康高质地发展；（3）以"排球"为抓手，在四年级以上普及"排球"活动，成立专项训练队，针对特长学生进行专项辅导；（4）组建各种体育兴趣小组，指导学生正确理解"体育"，学生可根据自己的喜好选择运动方式；（5）完善学校足球队、增加体育校本课程项目，提高专项学生运动的参与面；（6）保持每学年举办一次秋季田径运动会和春季达标运动会，日常以年级为单位，举办跳绳、拔河、篮球赛等活动。

（二）学科素质

1. 基本目标：尊重学生，激发兴趣，发展个性，培养能力，重视习惯养成，让学生充分享受读书学习的快乐，促进学生健康成长；指导广大学生养成正确的学习方法和良好学习习惯，在教师指导下主动学习，做到"自主、合作、探究"，发现、分析和解决问题，具有良好的创新意识；加强社团建设，倡导学生人人有特长，经过三年努力，社团活动力争学科全覆盖、学生参与率达到90%。

2. 推进措施

（1）贯彻落实金山中学《学生基本规范》，每学期开学第一周作为"常规管理周"，全体师生积极主动地训练常规；（2）深入开展创建"写字教学特色校"活动，围绕写字教学开展丰富多彩的课外活动，积极开展"四个一"活动："每日一习、每月一展、每学期一赛、每学年一评"；（3）保证班级学生各科作业上交率达到90%以上并逐年提高；（4）以2014—2015学年同期成绩为基准，学生各科平均分不低于2分，逐年下降，学生各科高分率不低于1%，逐年下降，学生各科及格率不低于1%。

（三）审美素质

1. 基本目标：重视学生审美素质的培养，构建具有金山中学特色的美育课程体系，关注每一名学生成长，尽力满足广大学生的需求；加强音乐、美术、书法学科的教学研究，优化艺术类校本课程，以生动有趣的课堂吸引学生，提升学生艺术素质和审美素养。

2. 推进措施

（1）正常实施艺术类课程教学，保证全体学生审美素质得到发展；（2）成立艺术类社团，保证活动正常，活动质量不断提高；

（3）加强艺术学科教学和艺术社团活动与兄弟学校的交流，相互提高；（4）每年度举行校园"文化艺术节"，展示学生艺术素养；（5）积极参加区市省组织的"百灵"艺术节等活动，促进学校艺术教育的实施。

（四）科技素质

1. 基本目标：加强科技教师队伍建设，为提高学生科技素养提供足够的物质条件；通过科技活动的开展，提升学生的创新素质和动手能力，全面提升学生的科技素养。

2. 推进措施

（1）按照国家规定开设科技课，学校图书馆和班级图书角配备足够的科技类图书，激发学生爱科学、学科学、用科学的兴趣，使广大中小学生从小培养"科学精神"；（2）举行学生"科技幻想画"、"橡皮泥科技作品"、"树叶贴画"作品展等活动，提高广大学生的动手实践能力；（3）举行学生"废物巧利用""科技趣题知识竞赛"等评比活动，激发学生学科学、用科学的热情，提高广大学生爱护环境的意识和动手实践能力；（4）建立三到五个科技类社团，定时、定点、定人开展社团活动，提升学生的创新素质和动手能力；（5）积极开展学校科技节活动，组织学生参加"少儿智力七巧板"、"奇迹创意"、科技布谷节、青少年科技创新大赛等，锻炼队伍，促进学校的科技教育；（6）在科技社团的实践与探索基础上，开发科技校本教材。

（五）实验操作

1. 基本目标：开齐所有实验课，培养学生的实验操作能力，学业水平考试中，理、化、生实验满分率不低于70%。

2. 推进措施

（1）开齐所有实验课，设计实验活动记录单，记录学生实验活动,用好记录单;(2)重视实验示范教学和规范教育,把每个环节做好、做细,以加强对学生"规则""规程"意识的培养,让学生建立"只有正规的操作才能形成良好的操作习惯,从而才能达到实验的目的"的思想;(3)增加学生实验,增加学生分组实验的次数,让课本演示实验变为学生实际实验,指导和鼓励学生通过自己亲身操作,规范操作、用心操作,培养实验操作能力;(4)实验走进生活,增加有趣或有实用意义的课外实验,开展课外制作比赛,举办课外制作展览活动,把课本知识变成生活能力。

(六)信息技术能力

1. 基本目标:充分发挥"淄博市数字化校园"的辐射和推动作用,在信息化与课堂教学整合上取得突破,切实提高学生的信息技术能力,推进信息化、数字化校园建设。

2. 推进措施

(1)开齐信息技术课程,加强信息技术教学研究,提高信息技术教学水平,提高学生信息技术能力,使学生在课堂上逐步学会至熟练应用白板、PPT等功能;(2)设立学校信息中心,统筹全校信息化建设和信息技术教学,综合设计并实施信息技术与课堂教学整合;(3)做到物质保障充足,电教教材费做到专款专用,维护费用较充足,每年的教育费附加按比例进一步增加,使每一间教室,包括音乐教室、实验室、图书馆、阅览室、会议室等都成为多媒体网络教室;(4)信息化设施使用、管理、维护的各项规章制度健全,设备完好率达到99%,就地维修、及时维修,保证师生的正常使用;(5)加强对学生的系统安全、网络安全、信息安全教育,确保网络的安全畅通。

五 学校文化建设

金山中学举全校之力,集众人之智,既尊重历史传承,又重视创新进取，打造学校核心理念，建立了《临淄区金山中学学校章程》，建立了教育、教学、科研、管理、服务等各方面的工作规范和系列奖惩条例，积淀而成以"精诚团结、搏竞一流"为学校精神的金山中学文化。

（一）精神文化

核心理念：主体性教育——唤醒主体意识，激扬生命自觉

培养目标：培养有中国灵魂、世界眼光，具生命自觉的现代人

办学目标：建成有社会担当、家国情怀，富人文气息的规范校

办学宗旨：全面加特色，合格加特色

学　　风：乐学进智，明理扬长

教　　风：爱润无声，责铸师魂

校　　风：博采成趣，和乐竞进

校　　训：惜时如金，尚行以山

学校精神：精诚团结，搏竞一流

办学方略：民主科学，六方结合

办学特色：回归教育本原，传统国学教育，排球特色项目

教育理念：因材施教，以人为本

管理理念：目标明确化、过程精细化、成果最大化

用人理念：因需设岗，人尽其才；以岗定薪，优劳优酬

服务理念：至诚至爱，尽心尽责

学校口号：做最好的自己！

教师誓词：在研究状态下工作，做一名最优秀的人民教师。

学生誓词：让优秀成为习惯，做一个最优秀的现代学生。

校长寄语：立天地之间，以纯净的心做有益的事。自强不息、追求卓越！人人做最好的自己。教育即生活，生活即教育。厚德载物、完善自我！过一种完整幸福的教育生活！

（二）组织行为文化方面

加强组织行为文化建设，促进学校规范管理：

1. 时间维度上构建"31111"工作循环运行体系：

3——每三年一个发展规划（学校层面）；1——每学年有工作计划（学校层面、学部层面）；1——每学期有工作重点（学校层面、学部层面、科室层面、年级层面）；1——每月有工作总结点评兑现（科室层面、班组层面）；1——每周有日程安排（科室层面、年级层面）。

2. 空间维度上构建"12241"全面质量管理体系：

1——坚持一个中心：以教学工作为中心。全校上下，各级领导、教师、职工、学生都必须高度重视这一点，学校的一切工作都要为教学服务！做到八个必须：

——坚持以教学为中心，必须抓好教育教学指导思想的不断学习；

——坚持以教学为中心，必须抓好教学常规的精细化落实；

——坚持以教学为中心，必须抓好课堂教学改革的持续推进；

——坚持以教学为中心，必须抓好教研组工作有效开展；

——坚持以教学为中心，必须抓好教师基本技能的持续提升；

——坚持以教学为中心，必须抓好四级质量分析；

——坚持以教学为中心，必须抓好起始年级、起始学科；

——坚持以教学为中心，必须抓好成绩考核；

2——前勤后勤两条主线：

前勤：小学教务处、小学政教处、初中教务处、初中政教处、学校教科室、为学校前勤科室。推进学校教育教学的各项措施的落实。

后勤：学校行政办公室、总务处、督导室、工会为后勤科室，为前勤做好保障与服务工作。

2——抓好两项工作：学生的思想政治工作、教师的职业道德培养。

学生的思想政治工作主要通过政教处采取切实可行的全员育人导师制，关注到每一个学生，全程对学生进行综合素质的养成、管理与评价。

教师的职业道德培养主要通过校本培训、考核、评优树先带动。在具体工作中，突出"12345：一种精神、两项措施、三股劲头、四个特别、五个观念"：一种精神——专业精神："人生天地间，各有所禀赋，为一大事来，做一大事去"。既然选择了干教育，必须拿出专业的精神！专业的精神就是专注、精进、权威；两项措施——交流展示、主体内省；以自己的教育教学工作岗位为平台，以纯净的心，做专业的事，记录我的教育故事，提炼我的教育感悟，并与团队成员分享；三股劲——自强不息的拼搏劲、和衷共济的融通劲、持以以恒的坚韧劲；四个特别——特别能吃苦、特别能忍耐、特别能战斗、特别能奉献；五个观念——终身学习的观念（学无止境）、忠诚担当的观念（使命责任，学校兴衰，我的责任，国家兴亡，我的责任！）、团结合作的观念（仁爱共赢）、求真务实的观念（心安业精）、精雕细刻（求精成果）的观念。

4——抓好四个管理。民主管理，发挥广大教职工、职工代表的作用，每年召开一次职代会，讨论决定重大事项。平时多与教职工交流，广泛开通各种沟通渠道：校长信箱、QQ空间、微信朋友圈、博客、美篇等等。目标管理，将三年规划目标，分解为年度阶段目标，结合自主督导评估，抓好工作落实。关键是明确目标分配，责任到人，层层落实。制度管理：贯彻法治思维，学校的一切决策者、执行者、监督者都要在法治的框架内各司其职，各项规章制度完善起来，坚决用制度管人，制度面前人人平等。决策者是教代会，执行者是学校班子、中层校干、各组长，监督者是教职工、工会。量化管理：这是考核的重中之重。每周考核出勤、劳动纪律等日常工作，月考核教学常规、工作量等，期中期末考核教学质量，学期考核全面工作，学年总评。一切用数据说话。

1——当前，要咬定一个中期目标：建成"五优两满意"学校。

学校好，大家才会好。制度是刚性无情的，但人是有感情的。制度好比是砖，感情好比是泥，只有砖而没有泥是不可能砌成坚固的城墙的；而只有泥而没有砖，更难以立起组织的规矩。只有将两者紧密结合起来，用柔性的感情之泥粘合刚性的制度之砖，才能砌成既美观又坚固的组织围墙，确保组织利益最大化。只有学校发展好了，我们每个人才可能发展好。

3. 形成工作布署例会制度

职工代表大会——每年召开一次，主要修订重要制度、文件，决定重大问题；

全体教职工大会——每学期召开三次，学期初传达学期工作计划；

期中召开阶段工作总结会，期末召开考评兑现大会；

行政办公例会——每月召开一次，中层正职以上参会；

学部工作例会——每周召开一次，学部中层、组长参会；

政治学习例会——每周四进行。根据实际需要召集全体会议或分学部组织进行，间周进行政治、业务学习活动。

党务会议按照规定或根据需要安排。

其他临时性会议根据需要安排。

4. 推进措施

2016年：（1）广泛宣传，使广大教职工认同理解学校文化体系。制做醒目标示牌，利用各种会议、场合，宣传学校文化，使之深入师生心中；（2）学校精神渗透进学校教育教学科研管理的每一个环节，渗透进学生成长、教师发展的每一步，使学校精神内化于心，外化于形；（3）学校"三风一训"（校风"博采成趣、和乐竞进"，教风"爱润无声、责铸师魂"，学风"乐学进智、明礼扬长"，校训"惜时如金、尚行以山"），在向广大教职工解读中加深印象。

2017年：（1）围绕"精诚团结、搏竞一流"，开展"爱与责任"主体师德教育、寻找"最美教师"等活动；（2）开展"主体性教育"主题征文、研讨活动，使之真正成为教师的自觉行动，鼓励广大师生凝心聚力、为追求一流而努力；（3）打造秩序校园，营造书香校园，培养师生读书习惯，让师生通过读书与历史、文化、伟人思想进行心灵对话，陶冶自己，提升自己；（4）开展多种形式的文体活动，让师生在活动中感受到"团结"的快乐、竞争的快乐，感受到团结的温暖、成功的幸福。

2018年：（1）实施"主体性"教育，以学校教育教学工作为根本，把精神文化落实为行为文化，落实在广大师生的日常学习工作生活中，落实在广大师生的言谈举止行为习惯中；（2）以"搏竞一流"为追求，形成良好的思维习惯和行为习惯；（3）坚持教书第一、育人第一，坚持以人为本，以生为本，做到关注人、服务人、发展人，促进教学相长，促进师生和谐发展；（4）开展多种形式的文化活动，激励师生员工养成"搏竞一流"的精神，使学校形成"精诚团结"的局面、养成"搏竞一流"的文化。

（三）制度文化

1. 基本目标：依法治校，自主管理，法德并重，方圆有度

坚持依法治校，法德并重，民主决策，民主管理，学校的全部工作都纳入"制度的笼子"，在贯彻执行国家教育法规基础上，建立

起以《金山中学章程》为首的学校基本制度体系；从"自主管理"原则出发，建立包括《金山中学青蓝工程》《教职工考核方案》《学生作业监控》等的金山中学个性制度体系，真正做到以人为本的"柔性"管理和严格制度的"刚性"管理相结合，方圆有度，科学决策，努力实现文化治校，精细规范。

2. 推进措施

今后三年，根据形势发展的需要，从《教职工全员考核》开始，对学校法规逐步修改完善，以期达到最优效果、形成体系。

2016年，建立完善教职工代表大会制度，使之成为全体教职员工行使权力、维护权益的平台，保证学校重大决策必须通过教代会；重视教师专业发展和职业道德建设，改进教师考核办法，强化教师评价机制建设，修订完善金山中学《教职工考核方案》《评先评优办法》《教职工奖励性绩效工资分配实施方案》（包括《教职工考勤制度》《教师工作量核定办法》）《教职工职业道德考核办法》等。

2017年，坚持课堂教学中心，加大教师队伍建设管理。修订完善金山中学《"名师工程"实施方案》《"青蓝工程"实施办法》《教师专业技术职务任职资格推荐申报办法》和《专业技术职务聘任方案》。

2018年，通过教代会和校务公开，保持对学校制度的测评和实施反馈，保证制度实施的正对性、有效性。修订完善金山中学《岗位管理规范》《班主任目标管理考核办法》《金山中学学校章程》。《深化开展"爱与责任"师德主题教育活动》《开展发现"最美教师"活动》《"温馨办公室"评比表彰办法》《教职工全员竞争上岗实施方案》《校园文化艺术节活动方案》《举办"教科研论坛"/"德育论坛"实施方案》《举办读书节实施方案》等制度，不断完善，成为常态工作。

（四）课程文化

1. 基本目标：建立起基本完备的学校课程文化，并建立相应的学校课程实施、评价机制；课程文化渗透在日常教育教学中，最大可能地发挥文化育人功能；完善学生自主管理和社团活动体系。

2. 推进措施

2016年要初步形成金山中学课程体系框架，结合现有师资和教学资源建设学校课程，力争社团活动实现师生全员覆盖。

小学拟开设以下内容的社团——琴棋与书画领域：电子琴、竖笛、鼓乐、棋艺、手抄报、绘画、摄影、摄像等。运动与表演领域：乒乓球、田径、足球、小主持人、儿童剧、课本剧、舞蹈、合唱、英语表演等。学科与探究领域：航模、奇迹创意、七巧板、模型制作、创意动画设计、魔方、编织、泥塑、创意手工等。

初中开发拓展类课程：语文"大阅读"实验，数学"大单元、超前学"的框架思维模式构建学科课程体系，英语学科突出"口语训练"，形成以"英语原版电影欣赏""英语课本剧表演""英语演讲比赛"等为主要实践形式的学科框架；文综、理综等学科结合各自特点，开展有创意的学科类活动，以丰富课程内涵。

2017年力争形成金山中学较完备的课程体系，进入常态实施阶段。每位教师至少有一项特长、具备组织和指导一项社团活动的能力；学生在个性化发展方面有明显变化，每位学生在体育、艺术、创意手工的2+1+1项目达标。

2018年，金山中学课程体系实施形成理论总结，进一步完善。各社团能在学校文化节、艺术节、创意节进行活动展示，在区、市的奇迹创意、布谷科技节等比赛中展演。

（五）物质文化

1. 基本目标：按《山东省中小学条件装备一类标准》配备教学

设施，不断改善办学条件，基本达到信息化、现代化学校的标准。

2. 推进措施

2016年，增加校园树种，移栽两颗银杏树（育德楼后）；乐知楼屋面防水，走廊局部刮瓷；跳远区域原钢板网去掉，整修地面，增加石凳；育德楼暖气改造；体育馆内增加排球文化。育德楼、教室局部粉刷刮瓷。教室、办公室等纱窗全部更新；配备两个年级标准课桌凳，加装桌布等。

2017年，景行楼整体设计整修；楼内线路、内墙改造更新，地面及墙面贴瓷砖；初中教师办公桌椅更新；体育馆木地板更新；增加藤类植物，绿化挡土墙（如凌霄、红叶石楠）。

2018年，塑胶场地维修改造；乐知楼内墙及线路改造、地面及墙面贴瓷砖；小学教师办公桌椅更新；乐知楼、景行楼、育德楼、格物楼、博采楼外墙粉刷；景行楼、乐知楼、博采楼走廊安装名言警句。

六 排球特色项目发展

（一）基本目标：排球项目是金山中学传统项目，从小学抓起，形成梯队，抓出特色，抓出成绩，2017年进入全区前三行列；2018达到全区初中排球第一名的位置。

（二）推进措施

2016年，建立排球发展和排球队管理制度，普及中小学排球运动，确保学校排球队和训练管理队伍成型，参加区、市、省三级比赛，进入临淄区中学生排球（乙组）种子队行列（六强）。

2017年，在完成上年度目标的基础，实施排球普及战略。发挥我校九年一贯的优势，从小学四年级起，力争做到学生人人懂排球比赛规则，人人会垫球，乙组、丙组男女排球队建制齐备；学校排球队获得市级比赛前6名或获区级比赛前4名。

2018年，在完成上年度目标、普及排球运动的基础上，组织校内班与班之间的排球联赛；排球运动作为一种载体，适度向其他学科领域开展拓展类活动，能发挥精神带动作用。

【方略四：学校课程体系】

任何一所学校的"产品"其实就是"课程"。学校的教育目标要靠完备的课程体系来支撑。我所秉承的课程理念是"以学生的成长需求为中心设计课程"，鉴于学校现有的师资、资源，要"以教师精诚协作为依托实施课程"。在这样的理念指导下，主持构建起适合学校特点的三级课程体系以及课堂教学模式、课堂教学原则、课程建设原则、教学评价原则：三级课程是国家课程、地方课程、校本课程。课堂教学模式是"三环六步、立体合作"教学模式。课堂教学原则是"教学相长、互动生成"。课程建设原则是"融合拓展、动态多元"。教学评价原则是"自评互评、多维视角"。

临淄区金山中学课程体系

一　国家课程

基本要求是：开齐课程、开足课时。国家课程要校本化、师本化。课程的深处是学生，课程是手段，宗旨是指向学生德、智、体、美、劳全面发展。就学科而言——

（一）语文：大阅读、大写作、读好书、作好文、写好字。

（二）数学：整体架构、纵横统整、建立数感、锤炼思维。

（三）英语：语法体系、词汇积累、口语表达、语言运用。

（四）思品：开放渗透、参与体验、修齐治平、纵论天下。

（五）历史：人物事件双主线，文史哲学三融合。以史鉴今。

（六）地理：宇宙星系、地球文明、山川地貌、风土人情。

（七）理化：格物致知、实验观察、实践技能、创新意识。

（八）生物：敬畏自然、敬畏生命、科学品质、人文情怀。

二 地方课程

基本要求是：课程要规范开设，分不同年级设置五种课程。

（一）传统文化：环境、写字、阅读中渗透。

（二）安全教育：常抓不懈、反复抓、抓反复。

（三）环境教育：综合实践活动、远足、社会调查。

（四）人生规划：家长给学生讲自己的人生故事，打造"家长来了！"品牌人生课程。

（五）信息技术：3D打印、电脑制作、几何画板。教师和学生都要提升信息技术素养。信息技术与课程的深度融合是未来的发展方向。

三 校本课程

基本要求是：把社团活动课程化。鼓励教师开发校本课程，积极构建动态多元的四大类课程体系。

（一）学科拓展类：语文大阅读、新叶文学社、演讲与朗诵、英语课本剧、高中数学选讲、政治风云社、3D打印、生物标本制作、虚拟机器人、环球地理、气象观测、历史人物故事汇，例"亲近鲁迅"课程、"春日咏柳"课程。

（二）艺体科技类：国画、书法、素描、泥塑、版画、声乐、器乐、舞蹈、街舞、合唱团、管乐团、电钢琴、校园广播站、影视欣赏、摄影 DV 等。排球、足球、乒乓球、游泳、田径、投掷、跳绳、斯诺克、棋艺、七巧板、航模。

（三）德育类：习惯养成类、国旗下的讲话课程、纪念日节假日课程、家庭教育系列课程、心理健康教育课程、青春期课程。

（四）综合实践类：远足毅行、木工金工、烘焙厨艺、种植养殖、走访敬老院、参观企业、研究性社会调查、元旦联欢会。

以三级课程支撑"培养有中国灵魂、世界眼光、具生命自觉的现代人"的培养目标。实现学生的德、智、体、美、劳全面发展，逐步培养学生的主体性人格。

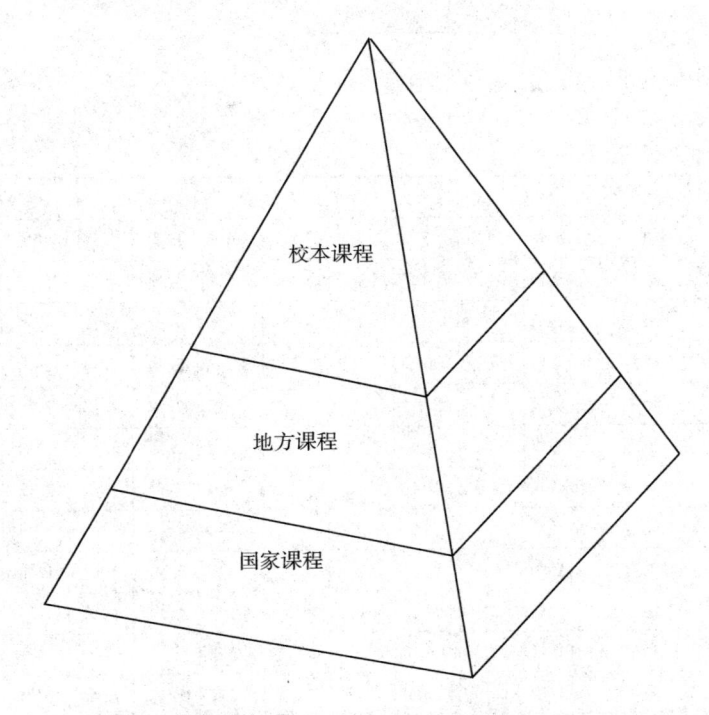

融合拓展、动态多元、丰富可选的三级课程体系图谱

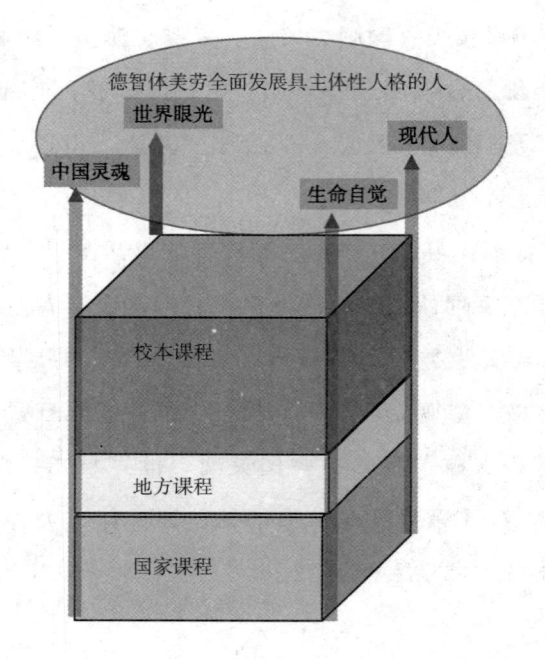

三级课程体系

		一年级	二年级	三年级	四年级	五年级	六年级	七年级	八年级	九年级
国家课程	语文	必修	周8节	周8节	周7节	周7节	周6节	5/周	5/周	5/周	6/周
	数学	必修	周4节	周4节	周4节	周4节	周5节	5/周	5/周	5/周	5/周
	英语	必修	/	/	周2节	周2节	周3节	4/周	4/周	4/周	5/周
	思品	必修	周3节	周3节	周2节	周2节	周2节	2/周	2/周	2/周	2/周
	历史	必修						2/周	2/周	2/周	
	地理	必修						2/周	2/周	1/周	
	物理	必修								2/周	3/周
	化学	必修								2/周	2/周
	生物	必修						3/周	3/周	1/周	
	信息	必修			周1节	周1节	周1节	1/周	1/周	1/周	1/周
	科学	必修	周1节	周1节	周2节	周2节	周3节				
	音乐	必修	周2节	周2节	周2节	周2节	周2节	1/周	1/周	1/周	1/周
	美术	必修	周2节	周2节	周2节	周2节	周2节	1/周	1/周	1/周	1/周
	体育	必修	周4节	周4节	周3节	周3节	周3节	3/周	3/周	3/周	3/周
	综合	必修	周1节	周1节	周1节	周1节	周1节	1/周	1/周	1/周	1/周

第三章 方略　171

续表

			一年级	二年级	三年级	四年级	五年级	六年级	七年级	八年级	九年级
地方课程	传统文化	必修	周1节	周1节	周1节	周1节	周1节	1/周	1/周	1/周	
	环境教育	必修	周1节	周1节	周1节	周1节	周1节				
	安全教育	必修	周1节	周1节	周1节	周1节	周1节	1/周	1/周	1/周	1/周
	人生规划	必修									1/周
校本课程	学科拓展类	写字	必修	包含在语文中								
		思维	必修									
		英语阅读	必修					1/周	1/周		1/周	
		经典诵读	选修					1/周	1/周			
		风云社	选修							1/周	1/周	
		演讲朗诵	选修							1/周	1/周	
		新叶文学社	选修							1/周	1/周	
		校园广播站	选修							1/周	1/周	
	艺体科技类	国学经典	选修									
		排球	选修							5/周	5/周	5/周	5/周
		足球	选修							4/周	4/周		
		乒乓球	选修							4/周	4/周		
		跳绳	选修							4/周	4/周		
		轮滑	选修							4/周	4/周		
		游泳	选修									
		田径	选修									
		围棋	选修									
		舞蹈	选修							4/周	4/周		
		合唱	选修							3/周	3/周		
		版画	选修							3/周	3/周		
		素描	选修							1/周	1/周		
		国画	选修							1/周	1/周		
		书法	选修							1/周	1/周		
		棋艺	选修							1/周	1/周		
		七巧板	选修							1/周	1/周		
		3D打印	选修							1/周	1/周		
		扎染	选修									
		陶艺	选修									
		电子百拼	选修									

续表

				一年级	二年级	三年级	四年级	五年级	六年级	七年级	八年级	九年级
校本课程	德育养成类	仪式课程	开学典礼	选修	年2节	年2节	年2节	年2节	年2节	年2节	年2节	年2节	年2节
			毕业典礼	选修						年2节			年2节
			升旗仪式	选修	周1节	周1节	周1节	周1节	周1节	周1节	周1节	周1节	周1节
			入队仪式	选修	年4节								
			入团仪式	选修								年4节	年4节
		节日纪念日课程	元旦	选修	年3节	年3节	年3节	年3节	年3节	年3节	年3节	年3节	年3节
			春节	选修	年4节	年4节	年4节	年4节	年4节	年4节	年4节	年4节	年4节
			元宵	选修	年4节	年4节	年4节	年4节	年4节	年4节	年4节	年4节	年4节
			清明	选修	年2节	年2节	年2节	年2节	年2节	年2节	年2节	年2节	年2节
			端午	选修	年2节	年2节	年2节	年2节	年2节	年2节	年2节	年2节	年2节
			六一	选修	年3节	年3节	年3节	年3节	年3节	年3节			
			七一	选修	年1节	年1节	年1节	年1节	年1节	年1节	年1节	年1节	年1节
			烈士纪念日	选修	年1节	年1节	年1节	年1节	年1节	年1节	年1节	年1节	年1节
			九一八	选修	年1节	年1节	年1节	年1节	年1节	年1节	年1节	年1节	年1节
			国庆	选修	年1节	年1节	年1节	年1节	年1节	年1节	年1节	年1节	年1节
			重阳	选修	年1节	年1节	年1节	年1节	年1节	年1节	年1节	年1节	年1节
		班会课程	国防教育	选修	年1节	年1节	年1节	年1节	年1节	年1节	年1节	年1节	年1节
			纪律法制教育	选修	月1节	月1节	月1节	月1节	月1节	月1节	月1节	月1节	月1节
			心理健康教育	选修	月1节	月1节	月1节	月1节	月1节	月1节	月1节	月1节	月1节
			砺志教育	选修	月1节	月1节	月1节	月1节	月1节	月1节	月1节	月1节	月1节
			感恩教育	选修	月1节	月1节	月1节	月1节	月1节	月1节	月1节	月1节	月1节
			劳动教育	选修	月1节	月1节	月1节	月1节	月1节	月1节	月1节	月1节	月1节
			学法教育	选修	年2节	年2节	年2节	年2节	年2节	年2节	年2节	年2节	年2节
			社区	选修	年4节	年4节	年4节	年4节	年4节	年4节	年4节	年4节	年4节
	研学课程		公泉路	选修							年4节		
			天堂寨	选修							年4节		
			马鞍山	选修								年4节	
			太公湖	选修		年4节				年4节			
			科技馆	选修		年4节	年4节						
			齐文化博物院	选修				年4节					
			理工大学	选修								年2节	
			陶磁馆	选修					年4节				

续表

			一年级	二年级	三年级	四年级	五年级	六年级	七年级	八年级	九年级
德育养成类	研学课程	市博物馆	选修				年4节		年4节		
		重机公司	选修							年4节		
		烈士陵园	选修				年4节					
		车马馆	选修					年4节		年1节		
		足球博物馆	选修			年4节				年1节		
		孝妇河湿地公园	选修							年2节		
		课本博物馆	选修							年2节		
校本课程	综合实践类	烘焙	选修					周1节		周1节		
		养殖	选修									
		小主人	选修	周1节	周1节	周1节	周1节	周1节	周1节	周1节	周1节	周1节
		就餐	选修	周1节	周1节	周1节	周1节	周1节	周1节	周1节	周1节	周1节
		洒扫	选修									
		职业体验	选修									
		社会调查	选修	年8节	年8节	年8节	年8节	年8节	年8节	年8节	年8节	年8节
		校园体育节	选修									
		校园科技节	选修	年5节	年10节	年10节	年10节	年10节				
		校园艺术节	选修									
		校园读书节	选修									
		金砺讲坛	选修									
		值周校长	选修									

第四章

担 当

校长最大的权力是话语权

张晓风在《那人在看画》中写道："能有自己的土地，能有故乡，能有可以入画的老乡亲，能有值得记录的汗水——对一个画家而言，还有什么更幸运的事？"办学校，做教育，就是校长在自己的土地上洒下汗水，那些平凡的教育担当就是值得记录的汗水。

本章重点收集整理了若干篇讲话，大致按时间顺序排列。这些讲话展现了学校发展历程，具有一定的历史价值，为此，尽量保留了讲话的原貌。另外，这些讲话所体现出的学校办学思想是有一定的借鉴意义的，所体现出的校长的教育情怀也是值得纪念的。

奠定学校未来发展基调的一次会议

(2016年9月22日)

今天下午16：30，我主持召开了金山中学全体教职工大会。这次会议，无疑在学校的发展史上具有里程碑意义。这次会议上我全面阐述了今后一个时期学校发展的指导思想、管理体系、目标任务、发展蓝图等方方面面学校的总体发展框架。全体教职工认真聆听，会场安静得几乎连一根针掉到地上都能听见。大家都在期盼着新一届学校领导班子、新任校长会把学校的发展带向何方，这决定着学校的未来。兹将发言稿整理如下（保留了当时的原文，部分内容与前几天中层干部会内容有出入，是因为根据工作需要进行了调整）：

尊敬的各位领导，老师们：

大家下午好！

今天利用这个时间，我们召开一次全体教职工大会。自8月22日开学以来，整整一个月过去了。在这段时间，大家认真干好本职工作，各项工作都很顺利。首先对大家的敬业奉献表示衷心的感谢！这一个月，学校领导班子完成了新老交替。按照市委组织部和区委区政府的安排，由我担任学校的副校长兼党总支副书记，主持学校全面工作。区教育局刘学军局长挂任学校的党总支副书记。这样，学校的领导班子由我、刘学军副书记、王竹报副校长三人组成。前天，学校党总支召开了换届选举大会，选出了新一届学校党总支委员，除我们三人之外，曹玉伟同志作为校长助理也成为总支委员，参加学校领导班子会，同王校长一起协助校长工作。昨天学校召开了中层干部会，详细安排了各中层干部的工作职责。现在，我受学校领导班子的委托主持召开这次全体教职工大会。大会的主题是：统一思想，明确安排，确立新学年学校发展的目标任务，以及下阶段学校发展的规划要求，鼓足干劲，团结一致向前看，努力把学校建设好、发展好！

我主要讲三个方面的问题：一是传达学校中层干部会的精神；二是传达学年工作计划要点；三是提几点希望和要求。

一 传达学校中层干部会会议精神

1. 校级领导班子：学校领导班子由我、刘学军副书记、王竹报副校长和曹玉伟校长助理四人组成。曹玉伟，职位是校长助理、党总支支委会委员，协助校长工作。班子四人不作具体分工，全面工作由我负责，刘局长、王校长、曹助理协助。工会方面的工作暂由曹玉伟助理负责。

2. 中层干部调整及分工：经研究决定，调整如下中层校干：

1）任命关丙卿同志为督导室主任；

2）免去关丙卿同志办公室主任职务；

3）免去曹玉伟同志督导室主任职务；

其余所有中层职位暂时不变。曹主任与关主任做好工作交接。关主任将办公室工作能交接出去的，暂时交接给纪志刚副主任，一时无法交接出去的，先继续承担。

3. 关于日常具体工作安排

1）全校的教科研工作由任树村主任负责；

2）全校的总务处工作由张忠诚主任负责；

3）全校的行政办公室工作由纪志刚副主任负责；

4）全校的督导室工作由关丙卿主任负责；

5）小学教务处工作由宋玉平主任负责；

6）初中教务处工作由王柏林副主任负责；

7）小学政教处工作由程国伟主任负责；

8）初中政教处工作由焦学军主任负责；

9）小学党支部书记由宋玉平主任担任；

10）初中党支部书记调整为赵蕾副主任代理；

11）行政党支部书记待换届选举后产生，暂由纪志刚副主任担任。

另外关主任还负责学校文化、校史校志、学校展室建设等方面的工作。纪志刚副主任还负责协助两个教务处做好全校的艺术方面的工作。焦学军主任还要负责协调统管全校的德育工作。

其余副主任工作由以上负责同志根据工作需要进行分工。大家既分工，又合作，共同把工作干好。

其他临时性工作，以组建"项目领导小组"形式开展工作。

凡没涉及的工作，仍按原规则运行。

4. 行政办公会

1）学校领导班子会：由我召集并主持。王竹报副校长、曹玉伟助理参会，刘学军副书记机动参会，行政办公室负责人列席并记录；

2）学校中层正职会：由办公室召集，由我或我指定人员主持，关丙卿、张忠诚、任树村、宋玉平、程国伟、焦学军、王柏林参会，纪志刚列席并负责记录。一般安排在单周周一下午第一节课举行；

3）教育教学专题工作会：由办公室召集，由我或我指定人员主持，任树村、宋玉平、程国伟、焦学军、王柏林参会，纪志刚列席并记录。根据需要随时举行；

所有会议我不在的时候,由王校长召集并主持或指定人员主持,或由曹玉伟助理负责召集并主持或指定人员主持;

4)各学部的周例会:由各学部教务处负责人召集并主持,学部中层及组长参会,每周一上午第一节课举行;

5)各年级组会议:由教务处负责人协调安排;

6)政治学习:固定每周四下午第八节课为政治学习时间,可根据情况间周进行业务学习活动。学习内容由教科室负责请示党总支支委会后统筹安排并作好检查记录;

7)行政、后勤会以及其他临时性会议根据需要随机安排;

8)对外需要主管副校长参加的会,一律由主管相应工作的中层正职代表学校参加。

二 传达学校工作计划要点

临淄区金山中学 2016—2017 学年工作计划要点

2016—2017 学年是金山中学新的"学校发展三年规划(2016—2018)"的开局之年,全年教育教学工作的指导思想是:全面贯彻党的十八大和十八届三中、四中、五中全会精神,深入学习贯彻区委书记宋振波同志在全区庆祝第 32 个教师节大会上的讲话精神,深入学习贯彻区教育局刘学军局长在暑期读书会上的讲话精神,落实党的教育方针,以全面提高办学质量为根本出发点,突出教学中心地位,优化学校内部管理,加强学校文化建设,以全区教育系统综合改革为动力,努力朝着实现教育现代化、建成"五优两满意"学校的办学目标迈进。

一 中长期工作目标

立足于"办人民满意的学校",让临淄区南部老百姓的孩子在家门口上好学的"实际获得",全面贯彻党和国家的教育方针,努力建成"办学硬件优良、教育环境优美、学校管理优化、师资队伍优秀、育人质量优异,在社会有良好美誉度,百姓满意;在全区有一定影响力,政府满意。"的优质学校。(简称"五优两满意"优质学校)

二 学年主要工作目标

1. 进一步理顺学校管理体系。修订、完善并落实好系列规章制度。调整管理结构,优化学校管理。

2. 突出教学中心,细化教学常规,抓好教研教改。

3. 强化课程建设,大力推进社团建设。

4. 加强师资队伍建设。落实分级聘任制度。加强聘后考核,细化聘后管理。

5. 完善三年发展规划和督导自主评估方案。

6. 加强学生管理。深化"秩序校园"建设。

7. 加强学校文化建设。加强硬件建设、抓好档案管理、校史管理。

8. 安全工作常抓不懈。

9. 开展好党建、工会工作及其他工作。

三 学年重点工作

(一) 树立正确的教育理念,促进学生全面发展

1. 树立正确的教育理念。义务教育段基础教育的成功,应当体现为"以人为本、因材施教,促进全体学生全面健康发展。成长为有主体性的人"、"为孩子一生的发展奠基"。学校的这一教育理念是对人们习以为常的"掐尖基础上的高升学率为办学成功"的超越,校准了基础教育的价值取向。全校教职工要反躬自问自己的教育供给:是否真正以"为每一名学生的全面发展"为本?是否让不同家庭背景、不同天赋秉性、不同潜能类型的学生都得到充分的发展?

是否为满足社会、家长对孩子个性化成长发展的需求提供了足够的、丰富的优质教育？追求学生全面发展，追求核心素养提升是教育新时代的发展要求。义务教育要回归基础性，尊重教育实践规律，学校办学要回归科学性，尊重学生成长规律。定位要准，动作要稳，作风要实，安安静静办教育。

2. 构建德育课程体系。九年一贯制是我校的体制优势。以"立德树人"为根本任务，落实"一岗双责"全员育人，以"秩序校园"建设为抓手，渗透社会主义核心价值观教育，整体构建我校的德育课程体系。围绕"培养有中国灵魂、世界眼光、具生命自觉的现代人"的培养目标，把12年读书计划、家庭教育、社会实践活动纳入其中，全面提升学生核心素养，落脚点在培养学生发展的主体性人格上。

当然，要培养出高素质的学生，必须首先要有高素质的老师。培养学生有道德，教师必须有师德。请老师们扪心自问，我们是不是能做到为人师表、正己化人、以身作则、诲人不倦？"捧着一颗心来，不带半根草去"的教育情怀我们有多少？面对追求学生全面发展，追求核心素养提升的新时代的发展要求，老师们，我们要有责任感和使命感。教师的责任意识决定着教育的成败和学生的个人发展。教师的肩上，一头挑着学生的前途，一头挑着祖国的未来。"学高为师、身正为范"，作为一名教师，有无责任意识是职业道德素质高低的体现。只有责任意识强的教师，履行职责的意识才能强。作为教师，须做学生的表率，在育人思想上不落后、在教育教学管理上坚持学生利益、学校利益高于一切，学校将采取有力措施，坚决杜绝只打个小算盘不顾学校集体利益，违背"一岗双责"要求的现象出现。

3. 加强体卫艺、科技和劳动教育。全面落实《国家学生体质健康标准》，开展阳光体育大课间活动，组织田径运动会、定向越野远足等活动。巩固发展我校的排球特色项目，加快推进足球项目建设。加强师资队伍建设，发挥九年一贯制优势，从小学抓起，普及排球、足球课程，完善校内外竞赛机制，形成梯队。健全美育课程体系，构建全员、全程、全面的"大美育"工作格局，全面提升音、美社团建设质量，认真组织参加"百灵"艺术节等活动。贯彻落实好《学校卫生工作条例》，重点做好学生体质健康监测、常见病和传染病防控等工作。加强科普教育，探索开展科技教育项目，组织参加青少年科技创新大赛、中小学生"布谷"科技节、智力七巧板、电子制作、奇迹创意等竞赛活动。开设劳动教育课，加强劳动观念和劳动技能教育。

（二）突出教学中心地位，深化课堂教学改革

1. 突出教学中心地位。学校的中心工作就是教学工作，其他一切工作都要围绕这个中心，服务这个中心，全体教职工必须牢固树立这一共识。迎接检查、外出开会、安全保卫等外围工作，尽量不要冲击教学一线，让一线老师心无旁骛地安心工作。

2. 细化教学常规管理。完善《金山中学教学常规管理细则》，加强教学常规落实的过程性管理，实行"月兑现、月点评"制度。加强教学质量监测，提高教学质量在考核中的比重，营造良好的竞争氛围，提高教学质量。加强实验教学，提高学生动手能力。

3. 以"新基础教育"理念为统领，深化课堂教学改革。落实"把课堂还给学生、把班级还给学生、把创造还给教师、把精神发展的主动权还给师生"的理念，完善"三环六步"教学模式，根据学段、学科特点，构建符合教育规律和学生身心发展规律的教学体系。

4. 加强教育科研工作。建立健全教研活动、课题研究活动管理机制，规范教学科研，推动教科研一体化发展，以教研科研促教育

教学。充分利用好"金砺读书社"、"金砺讲坛"等平台，积极引导教师开展教科研论坛活动。进一步加大力度培植典型教师，推广成功经验，开展"一师一优课、一课一名师"活动。鼓励教师主动自我觉醒，自我加压，自我学习，形成自己的教学风格，凭自己的实力走出去，参加各级教育系统的业务比赛，成长为学科品牌教师。重视教育信息化建设，整合现有信息化资源，打造数字化校园。

5. 积极推进课程建设。认真落实好国家课程、地方课程、校本课程三级课程体系。开全课程、开足课时。科学构建校本化课程体系。强化学校特色课程建设，大力开发校本课程。形成较完善的学校课程体系。

（三）加强校干、教师队伍建设，提升教师综合素质

1. 加强师德建设。开展"爱与责任"主题教育活动和"最美教师"评选活动。加强教师职业道德日常考察，建立师德建设长效机制，完善师德考评机制，实行师德"一票否决"制。固定每周四下午第八节课为政治、业务学习时间，加强继续教育培训及各类培训和学分管理，完善校本培训机制，利用"金砺讲坛"，开展"我讲我的教育故事"教育叙事论坛活动。

2. 加强校干队伍建设。开展集体学习、外出培训等活动，加强校干队伍建设，提升校干队伍的理论水平和管理能力。把全体校干的思想统一在学校文化的核心理念上来。用文化统领思想，用事业激发干劲。

3. 推进教师专业化发展。开展教学基本功评比活动。落实"读书富脑"工程。组织好研讨课、展示课、汇报课、优质课评比活动。结合分级聘任政策和专业技术职务评聘政策的落实，加强聘后管理，促进教师专业发展。贯彻落实全区的《关于教师队伍管理的规定》。

（四）加强"组织行为文化"建设，促进学校规范管理

1. 时间维度上构建"31111"循环运行体系机制：

3——每三年一个发展规划（学校层面）；1——每学年有工作计划（学校层面、学部层面）；1——每学期有工作重点（学校层面、学部层面、科室层面、年级层面）；1——每月有工作总结点评兑现（科室层面、班组层面）；1——每周有日程安排（科室层面、年级层面）。

2. 空间维度上构建"12241"管理体系：

1——坚持一个中心：以教学工作为中心。全校上下，各级领导、教师、职工、学生都必须高度重视这一点，学校的一切工作都要为教学服务！做到八个必须：

——坚持以教学为中心，必须抓好教育教学指导思想的不断学习；

——坚持以教学为中心，必须抓好教学常规的精细化落实；

——坚持以教学为中心，必须抓好课堂教学改革的持续推进；

——坚持以教学为中心，必须抓好教研组工作有效开展；

——坚持以教学为中心，必须抓好教师基本技能的持续提升；

——坚持以教学为中心，必须抓好四级质量分析；

——坚持以教学为中心，必须抓好起始年级、起始学科；

——坚持以教学为中心，必须抓好教学质量考核评价；

2——前勤后勤两条主线：

前勤：小学教务处、小学政教处、初中教务处、初中政教处、学校教科室、行政办公室、党务办公室为学校七大前勤科室。推进学校教育教学的各项措施的落实。

后勤：学校总务处、督导室、工会是三大后勤科室，为前勤做好保障与服务工作。

2——抓好两项工作：学生的思想政治工作、教师的职业道德培养。

学生的思想政治工作主要通过政教处采取切实可行的全员育人导师制，关注到每一个学生，因材施教，开展丰富多彩的教育活动，促进学生主体性发展，全程对学生进行综合素质培养、管理与评价。

教师的职业道德培养主要通过教师的专业发展的自觉、校本培训、考核、评优树来带动。在具体工作中，突出"12345"：一种精神、两项措施、三股劲头、四个特别、五个观念。一种精神（专业精神）——"人生天地间，各有所禀赋，为一大事来，做一大事去"。既然选择了干教育，必须拿出专业的精神！专业的精神就是专注、精进、权威；两项措施——交流展示、主体内省；以自己的教育教学工作岗位为平台，以纯净的心，做专业的事，记录我的教育故事，提炼我的教育感悟，并与团队成员分享；三股劲——自强不息的拼搏劲、和衷共济的融通劲、持之以恒的坚韧劲；四个特别——特别能吃苦、特别能忍耐、特别能战斗、特别能奉献；五个观念——终身学习的观念（学无止境）、忠诚担当的观念（使命责任，学校兴衰，我的责任，国家兴亡）、团结合作的观念（仁爱共赢）、求真务实的观念（心安业精）、精雕细刻（求精成果）的观念。

4——抓好四个管理。民主管理，发挥广大教职工、职工代表的作用，每年召开一次职代会，讨论决定重大事项。平时多与教职工交流，广泛开通各种沟通渠道：校长信箱、QQ空间、微信朋友圈、博客、美篇等等。目标管理，将三年规划目标，分解为年度阶段目标，结合自主督导评估，抓好工作落实。关键是明确目标分配，责任到人，层层落实。制度管理，贯彻法治思维，学校的一切决策者、执行者、监督者都要在法治的框架内各司其职，各项规章制度完善起来，坚决用制度管人，制度面前人人平等。决策者是教代会，执行者是学校班子、中层校干、各组长。监督者是教职工、工会。量化管理,这是考核的重中之重。每周考核出勤、劳动纪律等日常工作,月考核教学常规、工作量等,期中期末考核教学质量,学期考核全面工作,学年总评。一切用数据说话。

1——咬定一个目标:建成"五优两满意"优质学校。努力把我们学校办成一所规范、和谐、美丽的学校!

学校好,大家才会好。制度是刚性无情的,甚至是绝情的,但人是有感情的。制度好比是砖,感情好比是泥,只有砖而没有泥是不可能砌成坚固的城墙的;而只有泥而没有砖,更难以立起组织的规矩。只有将两者紧密结合起来,用柔性的感情之泥粘合刚性的制度之砖,才能砌成既美观又坚固的组织围墙,确保组织利益最大化。只有学校发展好了,我们每个人才可能发展好。

3.工作布署上形成一套例会制度

职工代表大会——每年召开一次,主要修订重要制度、文件,决定重大问题;

全体教职工大会——每学期召开三次,学期初传达学期工作计划;

期中召开阶段工作总结会;期末召开考评兑现大会;

行政办公例会——每月召开一次,中层正职以上参会;

学部工作例会——每周召开一次,学部中层、组长参会;

政治学习例会——每周四下午第八节课固定为政治学习时间。根据实际需要召集全体会议或分学部组织进行,间周进行政治、业务学习活动。

党务会议按规定和要求举行,临时性会议根据需要随机安排。

(五)着眼文化立校,深化校园文化建设

1.梳理学校精神文化,打造学校核心价值体系。学校文化之于一所学校的意义，犹如灵魂之于生命。金山中学积四十四年办学实践经验，形成了个性鲜明、意蕴丰厚、注重创新、富前瞻性的金山中学文化，我们重新进行梳理，可以表述如下：

核心理念：主体性教育——唤醒主体意识，激扬生命自觉。

培养目标：培养有中国灵魂、世界眼光，具生命自觉的现代人

办学目标：建成有社会担当、家国情怀，富人文气息的规范校

办学宗旨：全面加特色，合格加特长

学　　风：乐学进智，明礼扬长

教　　风：爱润无声，责铸师魂

校　　风：博采成趣，和乐竞进

校　　训：惜时如金，尚行以山

学校精神：精诚团结，搏竞一流

办学方略：民主科学，六方结合

办学特色：科研兴校，质量强校

教育理念：因材施教，以人为本

管理理念：目标明确化，过程精细化，成果最大化

用人理念：因需设岗，人尽其才；以岗定薪，优劳优酬

服务理念：至诚至爱，尽心尽责

学校口号：人人做最好的自己，每天进步一点点，进步就是优秀。

教师誓词：我是一名光荣的人民教师，我庄严宣誓：忠诚人民教育事业，贯彻党的教育方针，履行教师神圣职责，全面实施素质教育。修身立德，为人师表；追求真理，崇尚科学；关心学生，教真育爱；勤勉敬业，博学善教；传承文明，求实创新；终身学习，不断进步。为全体学生美好未来，为中华民族伟大复兴，奉献全部智慧和力量！

学生誓词：我是一名金山中学的学生，我庄严宣誓：尊敬老师、

团结同学、遵守纪律、完善品格、勤奋学习、顽强拼搏、热爱家乡、敬爱父母、放眼全球、胸怀祖国、自强不息、追求卓越，做有中国灵魂、世界眼光、具生命自觉的现代人！

校长寄语：立天地之间，以纯净的心做有益的事。自强不息，追求卓越。教育即生活，生活即教育。厚德载物、完善自我。人人做最好的自己，过一种幸福完整的教育生活！

2. 加强制度文化建设。贯彻以法治校精神，切实落实各项规章制度。需修订的规章制度，本学期各职能部门要广泛征求相关文件的修订意见，形成讨论稿，纳入职代会讨论议程，待职代会通过后执行。此前，所有制度一律按原文件执行，切实加强制度的执行力。本学年第一学期的一项重点工作是，进一步修订《金山中学三年规划（2016—2018）》和《一校一案：金山中学自主督导评估方案》，真正让规划和方案起到促进学校真实发展的作用。

3. 加强学校财务管理。落实"三重一大"有关规定，科学制定并合理推进年度预算，合理使用办学经费，完善学校财务制度和内控制度，财务公开。加强学校财务人员业务培训，强化内部检查和审计监督。落实家庭经济困难学生资助政策，做好生源地信用助学贷款工作等。

（六）加强学校安全工作

落实学校安全主体责任和"一岗双责"管理机制，完善安全管理责任体系。健全完善校园安全隐患排查整改和监督检查通报长效机制。完善并严格落实校园安全管理制度。加强学校对校车管理的力度。开全开足安全教育课，采取多种形式，对学生进行安全教育。结合"主题教育日"和"应急疏散演练日"，定期开展应急疏散演练。加强校园及周边治安综合治理。认真落实校园值班护校制度。

（七）加强党建工作，把握政治方向，优化教育发展环境

1. 扎实做好党建工作。全面落实党建工作责任制，切实加强服务型党组织建设。完成党组织换届选举工作。创新党建工作方式，开展"两学一做"教育，组织"三亮三比三提升"主题实践活动，发挥党员及积极分子的模范带头作用。

2. 推进党风廉政建设。落实党风廉政建设责任制，切实履行党组织主体责任，落实"一岗双责"。深入学习贯彻《中国共产党廉洁自律准则》和《中国共产党纪律处分条例》，开展警示教育活动。做好学校"三重一大"事项的监督工作。扎实做好廉政风险防控，开展风险防控"回头看"活动。开展廉政文化进校园活动。

3. 切实加强工会工作。完善职工代表大会制度，改选补充部分职工代表，加强校务公开；组织开展好公司运动会和教职工文体活动；评选"优秀教工之家"；做好老教师走访慰问工作；做好关爱困难职工工作；落实好教职工的福利待遇。

4. 做好宣传、信访、稳定等工作。进一步健全宣传机构和人员组成，整合宣传资源，完善工作机制，注重策划，增加主动性，切实提高舆论宣传工作质量；进一步落实信访稳定责任制、责任追究制和通报制；健全完善谈心机制，注重排查和化解教职工中的矛盾，畅通沟通渠道，做好政治思想、情感疏导等工作；筹建校史馆，搜集整理学校档案，做好档案管理、教育年鉴编纂、校史馆的设计等工作。

三 提出点希望与要求

1. 以法治校，强化执行力，全体中层以上校干要以身作则。模范遵守学校的各项规章制度，"其身正，不令而行，其身不正，虽令不行。"学校建章立制，领导要率先垂范，以上率下，强化执行力，

贯彻法治思维，以制度管人、管事。

2. 全体教职工要敬业勤业。遵守劳动纪律和工作纪律。珍惜岗位，热爱学生，立足本职，多做贡献。

3. 安安静静办教育！尊重教育规律，尊重学生成长规律，落实教学常规，心存敬畏，将心比心，把教育教学工作做好。

老师们，同志们，新的发展目标已经确立，新的前行方向已经明确。全体教职工要紧密团结、同舟共济，把学校当成自己安身立命、养家糊口的职业平台，更把学校当成是实现个人人生价值和生命意义的事业平台。爱校如家，珍惜与大家一起共事的缘分，努力工作，发扬"精诚团结、搏竞一流"的学校精神，践行"惜时如金，尚行以山"的校训，严格要求自己，立足岗位，无私奉献，用优秀的业绩成就自己，在成就自己的同时成就学生，在成就自己的同时成就学校！

老师们，同志们，"人心齐、泰山移"！我相信，只要大家心往一处想，劲往一处使，做好各自的本职工作，金山中学的明天就一定会更加美好！谢谢大家。

【回味与感悟】这是我主持工作以来真正意义上的第一次全体教职工大会，在本次会议的讲话中，我全面阐述了我的办学思想。"9.22会议"奠定了学校未来发展基调，是学校发展史上一次具有"里程碑"意义的重要会议。

讲政治　讲规矩　讲学习　讲团结

（2016 年 9 月 23 日，在中层正职干部会上的讲话）

一　首先请大家谈一谈昨天的会议感受

二　讲四个方面问题

（一）讲政治

什么是政治？毛泽东说："把拥护我们的人搞得多多的，把反对我们的人搞得少少的，这就是最大的政治。"所有中层正职，就是学校的核心执行层，核心执行层必须讲政治。用现在的话说，就是要有大局意识、看齐意识。只有我们统一思想，步调一致，学校的发展才有保障。我们才能取得"五优两满意"优质学校建设的胜利。

（二）讲规矩

作为中层正职，必须要以身作则，以上率下。首先要建设好你的部门风气，立起规矩来，从言行做起。"言行君子之枢机"，在科室里讲话，在与普通老师们讲话，一定要把握语境。不要信口开河以讽刺挖苦当成能事。要说正能量的话，引导学校的整体舆论氛围。做事情要慎独、慎始、慎初、慎终。每做一件事，都要想一想，如果大家都像我这样做，是不是有利于工作的开展？是不是有利于带动老师们更好地投入工作？是不是有利于促进学校更好的发展？讲规矩，其实就是正言行，管理者最主要的管理手段就是管理好自己，管理好自己就是要管理好言和行。

（三）讲学习

始终将学习摆在首位，切实重视政治学习。学好党章等一系列党内法规制度，学习习近平同志系列讲话精神，学习当前的国内外形势，学习管理方面的知识，学习一点哲学，学习工业4.0人工智能等现代科技方面的知识。只有学习，才能眼界开阔，只有眼界开阔，才能站得高看得远，才能跳出个人工作来看待个人工作。

（四）讲团结

我们中层正职是学校管理的核心。只有我们攥成一个拳头，我们才有力量。"一户看一户，群众看干部。"在今天学校现状下，中层正职就是最重要的干部。因为群众一般很难看到局长甚至校长，群众能看到的就是我们中层，而中层当中的正职更是众人瞩目。我们的所做所为，都在群众的眼里。群众可能不说什么，但是，大家心里都有一杆秤，时刻在称着你的斤两。因此，我们必须团结一心，中层校干必须讲团结，维护学校的稳定大局，维护学校的稳定才能为学校的发展创造条件，才能为学校的下一步发展打下基础。

三 几个具体事

（一）安全问题。安全分管负责人为张忠诚，其次是政教处焦学军。首先，两个门卫，必须建立出入校登记制度。无论是谁，只是在上班时间出入必须详细记录出入时间、事项、要找的人等，越详细越好，校门口实行领入制。门卫干不好这项工作就换人。有督导证、照片和本人相符的，可以电话联系后放进来。其次，所有值班教师要到岗及时、离岗按时。安全员要随时巡查。安全演练及时举行。各学校中层正职都是安全的第一责任人。今天我提出一个安全口号："防患就是防人"，所谓防人，主要是防人的懈怠、防人的疏忽、防人的无明。

（二）深入学习9.22全体教职工大会上的讲话精神。把思想统一到讲话精神上来，主要是统一思想，明确要求：五优两满意目标、31111体系、12241体系、突出教学中心八个必须、构建德育体系、构建课程体系、教师队伍发展、"我讲我的教育故事"、"金砺讲坛"、课改要贯彻"新基础教育"理念、管理是抓好"四个管理"、作风要落实"12345"、"例会制度"要落实好、文化建设与校史档案建设等方面。

（三）大事记由各中层正职每月一统计给方凤芝老师。

【回味与感悟】本次会议是"9.22会议"之后的第二天，我紧接着召开的一次中层正职干部会。一个组织要正常运转一定有其指导思想，一个组织要高效运转一定有其共同的价值认同。"9.22会议"讲话中传递出的核心思想，是奠定我的整个治校基调的思想。组织的领导者，首要的责任就是清晰地提出组织共同的价值追求，形成组织凝聚力的思想内核。领导者提供思想，指明方向。而要落实领导意图，必须要有一支思想统一、作风过硬的干部队伍。本次会议直指干部队伍建设的核心——思想建设。"步调一致才能取得胜利"，中层干部，作为组织的骨干，必须统一思想。

工作做起来 目标明起来 干劲鼓起来

（2016年10月10日，在中层正职例会上的讲话）

一 各口汇报近期工作情况

刚才，大家都把近期的工作进展情况作了汇报交流。各口的工作都开展的很有成效。包括社团建设、课程建设、教师队伍建设，紧紧围绕"五优两满意"优质学校建设的目标推进。大家辛苦啦！从大家的汇报可以看出，工作都注重细节：例：关主任很用心地筹划校史馆的建设；纪主任运动会第二天就展出了风彩图片；任主任上课要求学生整理桌椅；政教处开展全校安全排查，等等。

二 十月份的重点工作

1. 考勤制度。"市容要整洁，小贩要生计，百姓要便利"，城市管理共识难求！我校的考勤难题正如这个"共识难求"的难题一样！所以，要求中层正职用心考虑这个问题，集思广益。要注意以下五类人：1）返岗待退的，1年的，2年的，3年的；2）退居二线的领导（宋、张、张、朱）；3）长期请假的；4）长期有病的；5）中途脱岗的。主导思考原则是：在不违备上级文件精神的前提下，尽可能照顾到群众利益。用制度管人管事，"建章立制，以身作则，公开公正，一视同仁"。不可能让所有人都满意，但要照顾到明处，大家就会理解，减少阻力。

2. 三年规划、自主评估方案的修订。这个是要兑现的，必须按规划和自主评估方案来真正地做。边做边修订完善。

3. 《分级聘任岗位责任书》的签订。各教务处具体实施，要求一定要详细、周全。

4. 《"爱与责任"主题教育活动方案》制订并实施。

5. 《财务内控工作实施方案》制订并实施。

6. 校史馆的规划启动。以文化为主线，要"有历史，有情怀"。

7. 档案室的规划启动。分为教师、学生、文件、大事记四大类，分门别类建设档案。

8. 安全工作。签订各类安全责任书，落实好值班护校工作。认真落实"防患就是防人"的要求。

三　讲以下三点意见与大家共勉

1. 工作做起来。目前各项工作进展很顺利。大家各自在自己的岗位上都表现了良好的工作状态。作为中层正职，我们的状态就反映了学校的状态。我们大家就是要把工作做起来。"行胜于言"，事要一桩一桩地做，踏踏实实去做该做的事，不必声张，围绕学年工作目标任务，按部就班地落实。强化执行力，每月一汇报。各部门形成大事记每月传给方凤芝老师。用我们的行动带动老师们，大家静下心来，一心一意抓教学，安安静静办教育！

2. 目标明起来。"五优两满意"优质学校建设目标是明确的。硬件优良方面，我们的硬件还不够优良。各功能室建设还很简陋，各多媒体灯泡还不够亮，音乐教室、电钢琴教室还没有投影仪。但是，在现有条件下，我们要加强管理，比如教室多媒体的管理，功能教室的管理要加强，发挥现有硬件的最大功效，达到最大程度的优良。环境优美方面，我们的教学楼有些老旧，我们的学生、老师的学习、办公、生活环境还不够优美，我们要一步步去改善。管理优化方面，我们形成了"例会制度"，这本身就是一种管理的优化。我们要采用制度管人管事，一系列的制度需要修订。近期是考勤制度的修订。后面还有《绩效工资发放办法》《教职工考核制度》等文件的修订。管理的优化其实最主要的在于管理者的自身优化。管理者思想、个人追求的境界的优化才是最高境界的管理优化。师资优秀方面，我们如何通过我们的工作使现有的师资队伍不断优秀起来？激励起老师们的学习的自觉性和工作的激情，建立奖勤罚懒的制度。育人成效优异方面，让每一个孩子健康成长，为每一个孩子的成长奠基，我们的育人成效还不够优，教学成绩不够优，校本课程实施不够优，为学生提供的教育不够优。我们要聚焦"五优两满意"优质学校建设这一奋斗目标,咬定青山不放松,艰苦奋斗,脚踏实地,用两个三年规划的时间,努力实现上述目标。

3. 劲头鼓起来。一切问题都是人的问题;管理问题就是管理者的问题,是人的状态问题。我们要统一思想,树立信心。上次开会我讲过,我们是带着"感情"来工作的。今天我还要讲,我们是带着"情感"来工作的。再进一步讲,我们是带着"情怀"来工作的。我们把自己的职业人生与学校的发展紧密结合在一起。既然命运将我们的职业人生交付给了这所学校,我们就要在这所学校这个平台上,演绎好自己的人生!等我们退休了,等20年后,每年的9月初9,重阳节时,学校领导来看望大家时说起来,当年某某干政教主任时,如何如何,这就是我们的生命价值!干工作不要计较私利,世间万物,比如山中一棵草,都是默默完成了它的生命任务,静悄悄地消逝,了无痕迹。"仁者立世,用之则行,舍之则藏,不怨天,不尤人。"这才是真正的君子风格!

【回味与感悟】连续进行干部队伍的思想统一,形成一种常态化的例会机制,是确保学校可持续发展的有力举措。

保持良好势头 扎实推进工作

(2016年10月24日,在中层正职例会上的讲话)

一 近来的主要工作情况

在各中层正职认真履职尽责的前提下,全校各项工作得到有力推进。学校运转高效有序,整体上全校的风气、发展势头、教师的目标意识、干劲都呈现出正向、积极、向好的发展势头。

（一）突出教学中心，两个教务处进行课堂教学的研讨课活动

"突出教学中心"是全校上下达成的高度共识。两个教务处围绕这一中心，积极开展课堂研课活动。小学部全员晒课，初中部每个教研组都至少开一节课。这种做法很好！通过研讨，提高课程实施水平，提升课堂质量。我们应当关注以下六个度：

1. 准确度。知识传授的科学性、准确性是首先要达成的。课堂教学中没有科学性错误，没有程序性失误，没有情绪性耽误。

2. 参与度。划分学习小组，落实好小组机制，根据《秩序校园建设师生基本规范》的要求培训学生发言和倾听的秩序，当堂的小组评分要科学合理地运用好，在避免学生注意力被分散的前提下，激发学生的学习兴趣。

3. 达成度。"双基"目标的达成仍然是当前教学的重点。当堂检测是我们的课堂短板所在。应当在备课之初，结合课时目标设计恰时、恰量的当堂达标内容，在课堂后半段明确保证当堂检测的时间，确保80%以上的学生能巩固当堂新知的80%以上（双80目标）。

4. 拓展度。教师对教材的挖掘和把握要有一定的深度和广度。充分利用信息技术扩充课堂容量和深度，深度备课体现教师的专业水准。

5. 精彩度。教师的基本功当然是基础中的基础，在保证课堂推进流畅紧凑、环环相扣的前提下，注重体现教师的个性，突出课堂的精彩，杜绝照本宣科，死气沉沉。教师要形成自己的教学主张，有一套有效的个性化的教学"套路"。

6. 渗透度。"立德树人"是教书育人的根本任务。"双基"达成既是目的，又是手段，知识既是文化传承的客体，又是育人的载体。教师的教书要兼顾到育魂。

总之，突出教学中心，关键在课堂。课堂教学改革是课堂建设的必由之路，课改永远在路上！当前，我们的课堂贯彻叶澜教授的

"新基础教育"理念，以"三环六步"教学模式为基本参照，不断促进课堂教学质量的提高。

教科室组织开展"读书节"系列活动，教师的学习培训研修等工作有条不紊。"12年读书计划"以及"金砺讲坛"活动筹备也在有序进行之中。

（二）德育体系建设有实质性突破

九年一贯制的优势正在被充分体现出来。校园环境建设、安全值班巡逻、学生上下学秩序、两操秩序、课堂课间秩序、楼内卫生、早读及写字课秩序、公物管理、值日生值日、升旗仪式、右行礼让、文明礼貌均有明显改善。我们要以"秩序校园建设"和"现代人素质工程"为抓手，充分发挥九年一贯制体制优势，进一步加强德育队伍建设和德育系列活动建设，提高德育的实效性。

（三）社团建设蓬勃发展

小学、初中的各类社团活动，校本课程发展势头良好，社团建设管理水平上了新台阶。我们的目标是：初二年级以下的所有学生，每周的第八节课人人都有一到两次的兴趣社团小组活动。没有参与社团的学生，也要有组织地进行阅读、跑步、打排球等活动。今后要加强以下工作：

1. 进一步挖掘师资潜力，进一步拓宽社团建设的深度和广度，有必要外聘辅导员的也可以考虑外聘。

2. 进一步突出我校的排球特色，加大排球普及力度和训练力度。

3. 足球训练在原有基础上，持续抓下去，同时向教育局和十化建淄博分公司申请足球场地的建设，为足球训练创造更好的条件。

4. 全区中学生运动会，我们的成绩在后面。两个教务处必须认真对待这一现状，要找到症结所在，努力提高田径运动水平。结合田径运动会的要求，加强田径运动员的选苗育苗工作，科学组织好冬训,积极储备和发展田径后备力量。

(四)总务处、办公室、工会等后勤工作扎实有序

以总务处为主负责主持开展的公司运动会、教工趣味运动会选拔等工作、各种维修采购、配合办公室调整及学校工作需要进行的物资调配、安全专项工作等都按部就班地有序推进。办公室召开了全体工作人员会议,统一思想,明确要求,工作面貌焕然一新。学生资助工作、校车管理与调配、职称评审基础工作、文件会议管理等井然有序。督导室为主认真展开的校史馆筹建、档案室建设等都有了实质性的进展。

(五)管理体系建设方面:"31111体系","12241体系"得以实施

"四个管理":民主管理、目标管理、制度管理、量化管理得以有效推进。出台了《金山中学进出校门登记》制度,《金山中学校档案管理制度》,《教职工考勤制度》正在修订当中。

近一段时期,前勤、后勤两条线都呈现出良好的工作局面。整体上学校发展形势令人鼓舞!我们有信心实现学校发展的平稳过渡,"五优两满意"优质学校建设的中长期目标得到了比较有力的推进!

二 下阶段的重点工作

(一)教学质量提升

这项工作需要下大气力,持之以恒地抓下去,抓出成效来。要从常规落实入手,以提高课堂效率为突破口,备课、作业为重点抓手,两个教务处要用心用力紧紧抓住教学质量提升这个关键不放。备课方面,要做到深度备课,坚决杜绝两层皮现象;上课方面,要强化"三环六步"教学基本模式的贯彻,特别要在"当堂检测"环节上再下功夫,结合课时学习目标,设计科学的当堂检测内容,并确保留够当堂检测的时间,提高当堂"双基"落实的真实性、有效

性。期中考试后，我们要拿我们的成绩与兄弟学校进行对比，在比较中找到差距，差距过大的学科要认真研究原因，制定对策，努力提高成绩。总之，要引导教师安静、专注地投入到教学当中来。

（二）德育工作要向家庭教育干预方向延伸

孩子的成长场域有学校、家庭和社会。学校是专业机构，学校教育不仅要直接面对孩子，还要面对家庭，要对家庭教育实施有效的干预。政教处要采取有效措施，引领家长、指导家长在孩子的教育成长中发挥其不可替代的作用。

（三）教师发展

教科室、教务处密切配合，促进教师师德及专业方面持续发展。

【回味与感悟】组织运转过程中，要经常盘点所取得的阶段性成果。组织的领导者要善于引导组织成员及时看到阶段成绩，用正面的成绩鼓舞人。

同心同德　砥砺前行

（2016年11月1日，在2016—2017年第一学期期中总结大会上的讲话）

老师们，同志们：大家下午好！

今天我们大家坐下来利用这个时间召开一次全体教职工大会，会议的主题是：回顾总结开学以来学校的工作，明确下阶段的目标任务，同心同德，砥砺前行，推动学校工作进一步向前发展！

一　近两个月以来的工作小结

近两个月以来，在全体教职工的共同努力下，学校各方面工作取得了良好的开局。校风积极向上，中层校干勇于担当，全体教师凝神聚力，大家团结一心，学校风清气正，各项工作渐入佳境。

（一）校园安全工作深入开展，"安全第一"的理念不断强化。全校师生及安保人员责任心进一步增强，校车接送、值班护校、师生安全教育等各项安全工作做得比较扎实。绝大多数教职工无私付出（早晚接送校车、值班），工作积极主动，这特别令人欣慰！

（二）教学中心地位进一步突显。两个学部教务处及教科室紧锣密鼓、严谨有序地组织实施各项教学常规的落实与检查，扎实开展课堂教学研究活动。小学部"人人一节公开课"，课堂研课活动做到了"全员覆盖"；初中部以"示范课+研讨课"的形式也基本做到了全员覆盖。中层校干以身作则，带头上课，为全体教师作出了表率！绝大多数教师，积极跟进，把精力集中在研究教学、研究课堂上来！这种氛围、这种风气特别好！

（三）德育体系建设进一步加快。发扬我校"九年一贯制"的体制优势，在德育队伍建设、养成教育、家校联系等方面有了较大的提升。"秩序校园"建设，卫生，两操，就餐秩序等都有明显的变化。初二年级的社会实践活动也组织得非常好，学生平平安安，高高兴兴地返回学校，人人有所收获。"纪念长征胜利八十周年"活动，各类德育手抄报、班主任进班促进班风建设等方面都很有成效，为下一步围绕"文化立校"的核心理念，进一步完善全校的德育体系建设打下了基础。

（四）教科研助力教学中心工作。教科室扎实推进各级各类教师培训，按要求推进全国教师信息登记工作，积极稳妥开展校本培训活动，完善了校本培训体系，切实与学校实际存在的问题相结合、与学校教研活动相结合，依托"金砺读书社"和"十二年读书工程"掀起了师生读书热潮。贯穿全学年的读书节活动有效促进了书香校园建设。

（五）总务后勤维护校园环境秩序，服务一线师生教学，工作做得扎实有序。配合上级部门完成张校长的离任审计工作。维修各类设施设备，特别是冬季供暖设施的检修维护，克服任务重，人手少的实际困难，确保全校师生员工冬季安全采暖。特别是今年博采楼、格物楼也启动了供暖，保证了音乐教室、实验室上课的师生不挨冻！

（六）行政办公室工作虽繁杂琐碎，事无巨细，但各项工作开展得有条不紊，杂而不乱。全体办公室人员密切协同，通力合作，确保组织运转高效有序。做到随时与上级部门无缝对接，与校内各科室密切沟通。完成会务安排、职称评审、定岗审核、公车调度、文印组稿、学生资助、学籍建档、财务预算、收支内控、审计审核、接访接待等行政性工作，体现了行政人员服务学校、服务一线、甘于担当、默默奉献的情怀。

（七）督导室工作主动，积极补位。承担了校史馆设计施工、档案室清理整顿，学校三年规划、自主评估方案等制订修改，分工督导落实等工作。年底将至，各项督导工作即将纷至沓来，督导室已根据上级要求着手任务分配，推进督导工作。

（八）党务、工会方面工作，做到认真规范，服务一线。坚持认真组织开展政治、业务学习活动。工会积极组织开展了全区教职工趣味运动会、学校年度登山活动、"重阳节"走访探视慰问等活动。大家也普遍感受到职工福利有所增加。

（九）工作纪律、劳动纪律方面，广大师生精神面貌焕然一新。绝大多数教职工表现出高度自觉的工作状态，大家都能严格落实考勤制度，早到校组织学生读书学习蔚然成风。严肃请销假制度，办公秩序良好，绝大数教职工都以高度的自律意识，严谨的工作作风在自己的岗位上履职尽责，认真备课上课、研究教材、辅导学生，繁忙而充实。

（十）社团建设成效显著。两个学部注重开展社团活动，加强社团活动管理，采取晒照片的方式，既是对开展活动的风采展示，又是监督促进，各类社团活动丰富多彩。（我们的目标是初二年级以下，每一个学生都至少参加一至两个项目，每周一到两次活动。让每一个孩子在学校里都有一个他喜欢的项目，让他对学校生活充满快乐的期待！特长队伍建设方面，音体美老师要积极主动承担起学校"大美育"教育责任，开展好特长训练。排球项目，上几周顺利通过传统项目学校复审，我们是免检单位。足球社团取得的成绩令人鼓舞。乒乓球社团在全区联赛中也取得不错的成绩。社团建设要向课程建设方向发展，逐步构建起我们学校的校本课程体系。）

（十一）期中检测成绩方面我们与全区14所学校进行了成绩对比。摸清我们的定位，为下一步我们努力超越的目标树立方向。

（十二）家校沟通良好。两个月来，政教处给家长下发了两封信。成功召开了期中家长会。我们要把德育工作向家庭教育指导与干预方向上延伸。学校教育必须与家庭教育相结合才能取得最佳育人效果。（在最近一期《临淄区中小学家庭教育工作简报》上全文发表了焦学军主任起草的《金山中学家长指南》，在家校联合育人方面实实在在地做好自己的工作。）

（十三）与上级主管部门的沟通良好。区教育局刘建伟副局长、张锡华副局长先后到校指导工作。教研室王会芳主任专程来校指导调研。

近两个月以来，全体教职工的精神风貌良好，充满了正能量。尤其值得一提的是我校的年轻教师，专业素养好，对自身要求严格，进步发展很快。张保艳老师在教学和班级管理上非常用心，各方面成绩不错，情系学校，心系工作，周末参加完区教育局对青年教师的考试后主动赶回学校参加期中阅卷工作；高利群老师本学期在英语教学上认真钻研，经常找指导老师汇报谈心，探讨学术问题。訾白云老师在信息教学、备考上牺牲休息时间辅导学生，取得了优异的成绩，平时工作中能够任劳任怨，积极主动完成各方面交给的任务；张梅老师踏踏实实，积极钻研业务，在"一师一优课"的评比中取得了优异成绩；陈庆娜老师克服家里的困难，一心扑在工作上；赵真真、逄方慧老师也经常牺牲休息时间钻研教材教法，在本学期的公开课上也得到了大家的好评。她们身上充满了正气，这是我们要加以充分肯定的。当然，我要跟年轻教师说明的是，你必须要有自己的奋斗目标：尽快要在自己本学科教学中成为行家里手，不断加强学习，提高自己的教学水平。老教师也都兢兢业业，恪尽职守，在此我就不一一点名表扬了。

总之，开学以来，各项工作平稳有序，学校发展稳定和谐，这是我们全体教职工共同努力的结果。也是对我个人工作的支持，同时也是对我的工作的莫大的鞭策与鼓舞。在此，我向大家表示诚挚的感谢！

二　明确下阶段的目标要求

（一）重申学校发展的中长期目标（"五优两满意"优质学校建设）

学校发展中长期目标：立足于"办人民满意的学校"，让临淄区南部老百姓的孩子在家门口上好学的"实际获得"，全面贯彻党的教育方针，努力建成"办学硬件优良、教育环境优美、学校管理优化、师资队伍优秀、育人质量优异，在全区有一定影响力，政府满意，在社会有良好美誉度，百姓满意"的优质学校（简称"五优两满意"优质学校建设）。

这一目标是我们计划用两个"三年规划"的 6 年的时间来完成

的。也就是说，到2022年，在建校50周年的时候，我们要达成上述目标。这一点，全体教职工要特别明确，要在心里扎下根来。大家不要认为6年时间很充裕，其实要实现上述目标，6年时间是很紧迫的。

硬件优良，就是要让我们的学校在硬件建设上要跟上时代发展的步伐。按照学校2016—2018三年发展规划，我们已经把2017年的维修计划上报房管局，初步计划利用2017年暑假先将景行楼进行内装，更换使用四十余年的门窗，地面、墙面要贴瓷刮瓷，梁文化、柱文化要有设计有呈现。营造良好的硬件环境。在今后的两个三年规划时间内，我们要陆续将乐知楼、博采楼等逐年进行改造，同时，在沙排场地区域进行校园文化景观石、校园文化标志性雕塑的设计建造。学校大门口正对的影壁要设计成大型文化浮雕。这样到建校50周年的时候，我们将会看到一所焕然一新的充满人文气息的美丽校园。

环境优美，不仅仅是硬件设施优美，更要有人文环境的高品质。我们确立文化立校的总方略。今天，利用这个机会，我把学校办学的核心理念——"主体性教育：唤醒主体意识，激扬生命自觉"灌输一下。

从我国教育发展现状看，我国教育已经走过因"文革"耽误的人才断层补救期。高等教育已经大众化，高中阶段教育已经基本实现普及化；义务教育已在完成普及的基础上逐步走向高品质的均衡化。中国教育，走到了"回归"其育人本质的时候了。教育的根本目的，是促进人的全面发展。"立德树人"是教育根本任务。文化基础、自主发展、社会参与等素养是基础教育的内容。教育走向现代化是教育发展的必然趋势。但无论如何发展，教育的根本目标是指向人的。现代教育的目标是培养现代人，建设现代化社会。在国家现代化背景下，教育的重要使命就是促进人的现代化，培养具有现代精神的公民。人的现代化是社会现代化过程中的关键因素。现代人的本质特性就是人有主体性。教育的终极使命是提升人的主体性。我校一直以来以"坚持学生发展主体地位不动摇，坚持课堂教学中心地位不动摇"为办学指导思想。这"两个坚持"，根本在于充分体现出师生两方面的主体性。

主体性包括三个方面的内涵：积极性、自主性、创造性。积极性意味着积极向上，自强不息，开拓进取，奋发有为。自主性意味着能够独立思考、有主见，不盲从。创造性意味着不墨守成规，充满创新意识，具有创新能力，并通过创新性的行为改造主客观世界。主体性不仅对于人的发展至关重要，对于国家的发展也至关重要。英国思想家穆勒曾言："从长期来说，一个国家的价值就是组成这个国家的人的价值。一个国家如果为了要使它的人民成为它手中更为驯服的工具，哪怕是为了有益的目的，而使人民渺小，就会发现靠渺小的人民是不能完成伟大事业的。"什么是渺小人民？渺小的人民就是主体性缺失的人民，就是积极性、自主性、创造性缺失的人民。这样的人民徒有"人民"之称，实为乌合之众，难以担当大任。中华民族的伟大复兴绝对是一项伟大的事业，这项伟大的事业必须靠伟大的人民才能完成。而伟大的人民是具有主体性的人民。同志们，今天，我们的教育的时代使命之所在，正在于培养主体性的人民。最近刚刚发布的《中国学生发展核心素养》总体框架也直指人的主体性。

今天，是全体教职工大会，我用这么一大段话粗略讲了我们的育人的核心理念，目的不是要大家去背过我讲过的话，而是要让大家明白学校文化立校的核心理念是什么。理念是行动的先导，只有确立了明确清晰的育人理念，我们一切工作才会有的放矢，才能准确把握学校的工作要求，才能确保你在履行自己的岗位职责时不走偏了方向。也许，同志们的日常工作非常琐碎，甚至有些机械，以至于大家根本没有意识到自己是在什么理念支撑下来工作的（所谓百姓日用而不知）。那么，通过今天的大会，我希望大家都能感受到我们学校下一步发展的文化支点在哪里。文化育人是学校教育发展的永恒追求，我们学校的文化理念立意于此。（老师也要有主体性）

　　管理优化，主要是指管理的结构要优化、管理的方式要优化。首先，结合当前学校现状，我们采取了校长办公会研究讨论大的方向，在具体工作中直接由中层科室承担，这种管理模式更加便捷高效，但同时中层科室的责任会更重，要求各中层干部更要有担当意识，希望全体教职工理解并支持中层的工作。其次，"制度管人管事"是我们的根本管理理念。我们要不断完善各项制度。开学以来，我们陆续出台了一系列的制度。在此，我向大家通报：按上级要求，结合区财政局、区审计局的有关要求，我们规范了学校的财务管理，成立了金山中学内控领导小组，制订出台了《金山中学财务管理制度》《金山中学差旅费、培训费管理办法》等文件（出租车票不能报销）。学校每月的收支都要列出明细，通过内控小组确保规范。在加强校园安全方面，我们制定并落实《金山中学进出校门口登记制度》以及《校车值班、护校值班》等制度。在完善分级聘任方面，各教务处与教师签订了《分级聘任责任合同书》，以加强聘后管理，如果没有按照签订的合同书履行相关岗位职责的，该解聘的解聘。《考勤每月通报制度》，每月出勤情况都会在中层以上领导会上通报，在各科室范围内部公示。总之，用制度来管理学校的事务要成为我们不断完善的目标。同时，我宣布：开通"校长信箱"，畅通沟通渠道，在管理上形成信息意见的反馈闭合回路，确保校长能倾听到一线的建议和意见。老师们，学校是我们大家的，大家直接可以与我对话，这样，使我们的管理更加民主，更加优化。各科室的管理也要加强创新，对布置的工作要有布置必有检查，采用公示的方式加强落实。有安排没落实等于零。

师资优秀，学校的办学质量根本上来说取决于教师队伍的水平。我们始终把打造一支优秀的师资队伍作为办出优质教育的根本依靠。开学以来，两个学部贯彻"以教学为中心"，"教学以课堂为中心"的思想，都分别密集展开了示范课、研讨课活动。这非常好！把教师的关注点聚焦到研究教学上来。我们一直期待"安安静静办教育"的局面出现，从学校行政角度，尽可能将一些应付性工作挡在教学一线之外，尽量不冲击教学一线。各科室的工作也要坚持"以教学为中心"的这一原则，采取各种有效措施，提高师资水平。把教师专业成长的自觉性激发起来，把教师的工作热情调动起来。下阶段，学校将采取"同课异构"模式，循环滚动式发展，扎扎实实地搞上两年，同时采取"走出去、请进来"的方式，多渠道加大教师培训力度。教科室要利用好"金砺讲坛"阵地，加大校本培训力度，走科研兴校的路子。教师自身的水平提高了，无论将来"县管校聘"也好，"分级聘任"也好，总是优秀的老师更受欢迎。这一点我想老师们一定都十分理解，也十分清楚。更重要的是教师的思想素质，师德水平要进一步提高。一个人的一举一动，无不体现出他的道德水平，人文素养！工作中绝大多数教职工兢兢业业，无私奉献，体现出大家的高素质！（早读、互相体谅、团结合作）我认为，天天计较于蝇头小利、蝇营狗苟算计点小便宜的人，最终会吃大亏，注定是没有大的发展的。

育人效果优异，这是我们的落脚点。只有取得了优异的办学成效，老百姓才会满意，政府才会满意。两个月以来，我们的课程建设、课堂建设均有不小的成效。期中考试成绩，我们与全区14所学校进行了对比，初步摸准我们的定位。摸准底子，是为了下一步奋起直追。下一步要在各备课组明确目标的基础上，加大工作力度，争取各学科要有所进步。

达成以上"五优"自然就会取得老百姓的满意，老百姓满意了，政府自然满意。

（二）加强教师队伍建设

"教师第一"是学校始终坚持的办学理念之一。优质的教育要靠优秀的教师。教科室要立足学校实际，加大教师校本培训力度。"师资就是战斗力，师资就是竞争力"，没有一支作风优良的师资队伍，不可能创造出优质的教育。下阶段，一系列优质课评比、教科研论坛活动要陆续举行，教科室要做好这项工作。再有，在提高课堂效率上下功夫！课堂教学，是教育的主渠道，主阵地！我们要进一步落实新基础教育理念，在继承我校的"三环六步"教学模式的基础上，创新课堂教学模式，在提高课堂效率上制订和采取更详细的方案。在提师德、强师能方面也要加大力度！

下面，就加强教师队伍建设方面，我要跟大家提点要求，概括说来，教育教学工作是个良心活，教书育人也好，还是管理服务育人也好，我向大家提出的要求是工作要有"五颗心"：

第一，责任心。毋庸置疑，工作就意味着负责任，岗位越重要，身上的责任也就越重。一个有责任心的人，才能够让人相信，进而委以重任；相反，对工作没有责任心的人工作就不会尽力，也就很难有所成就。责任心可以说是一个人能够在组织中立足的重要品质，一个没有责任心的人，即便能力再强，也很难得到组织的信任和重用。负责任，体现在工作中是能把小事干好干细（备课、上课、批作业、谈心、辅导学生，用不用心！）。责任心的最好体现是说到做到，不打折扣。说得好不如做得好。给你一个班级一个学科的教学，你能不能担当起来？担当的怎么样？扪心自问，做人要有责任心！

第二，忠诚心。忠诚是一种非常崇高的感情，它会让你内心产生一种激情，让你血液沸腾不已，会促使你去矢志不移地做一件事。大家不妨换位思考，假如你来负责学校的发展，你希望有什么样的员工呢？忠诚于学校的发展对个人意味着什么呢？我想，这意味着把学校当成自己安身立命之所，把学校的发展当成自己的责任，把学校的困难当成自己的困难。学校利益与个人利益是一体的，这样才会形成巨大的凝聚力，众人一心，学校才会发展好。而学校发展好了，大家都会发展好。表示忠诚的一个重要方式就是服从工作大局，配合好上级安排的工作，时刻维护学校利益，不说不利于学校的话，不做不利于学校的事，当你真正把维护学校利益当成自己的职责时，你才真正地融入了组织当中。你的个人命运与组织的命运才算是真正联系在一起。所以，在单位中要有忠诚心。

第三，敬畏心。"你在为谁工作？"既是我们今天思考的一个命题，又是一个值得我们永远思考的问题。如果有人问你，你在为谁工作？你的答案是什么？你是为了得到一份薪水，养家糊口还是为了通过工作实现人生价值，最终拥有成功的人生？养家糊口的一份职业当然是我们工作的目的，无可厚非。但是，工作又不仅仅是为了这些。工作有着更深远、更丰富的内涵。工作既是个人生存的需要，也是社会性的需要，不仅体现出我们的生存价值，而且让我们在付出中感悟奉献，体味快乐和成就感。工作岗位还是我们学习和进步的平台，是我们帮助他人奉献社会的依托。所以，记住，你是为自己在工作！如果将工作目的排一个序的话，处在第一位的是获得快乐和成就感，排在第二位的是为了帮助他人和奉献社会，排在最后的才是获得自己应有的报酬。很明显，仅仅将薪水报酬排在第一位的人目光是短浅的，每天都是为了薪水而浑浑噩噩混日子，他的发展注定是有限的。所以，我们对待工作要有一份恭敬之心、感恩之心、敬畏之心。此外，我们还要有法制意识，依法从教，要牢固树立规矩意识，法律意识！廉洁自律，干净清白，绝不体罚和变相体罚学生，绝不以权谋私，以教谋私。常言道："人在做，天在看。"做人要敬畏心！

第四，仁爱心。"没有爱就没有教育"，这是前教育学会会长顾明远老先生在我校建校三十周年时给我校的题词。爱学生，是一种超越血缘之爱的大爱！学生是不可选择的，孔子说"有教无类"，好比医院的医生，你能指责病人说，"你怎么得了这么一个难治的病！我不给你治了！"这只能说明医生的无能。同样，无论一个什么样的孩子交到你手里，你要无条件地去爱护他！只有真心爱学生，才能真心教学生。要把学生当成自己的子女，当成自己的兄弟姐妹，只有与学生情感交融，才能真正了解学生的需要，才能有的放矢地激发学生的情感和上进心，爱学生是教师的最起码的师德！所以，教师要有仁爱心！

第五，光明心。"此心光明，亦复何言。"要有一颗光明心。做人光明磊落，做事光明正大，工作问心无愧。同事之间，不闹无原则纠纷，大家珍惜在一起共事的缘分。遇事先从自身找原因。"行有不得，反求诸己"。做任何事动机很重要，教育工作是个良心活，同时也要讲方法，有智慧的工作。比如拖地这项工作，有的人承担这项的工作，每次他都不把拖布涮干净，涮拖布的水还是脏的，他也不管，累得满头大汗地认认真真拖地，拖完之后，也不涮拖布再拖一遍，刚拖过的时候，表面上看地面角角落落是湿的，好像很干净的样子，他自己还很高兴，看，我拖了地了，我好辛苦！但是，一旦干了之后，大家会看到什么景象？地面尘土的划痕还在，地面仍是脏的，甚至比没拖之前更脏了。在他的意识里，拖地就是应付，反正我是拖过地了，地干不干净是地的事，不是我的事！这能叫完成了工作吗？而相反，有的人承担拖地工作，他首先把拖布涮得干干净净，涮拖布的水看上去已经是清水了，甚至要将拖布上的水用手拧干净，然后再拖地，拖完之后再把拖布涮干净，再拖一遍，刚拖过的时候，表面上看地面角角落落是湿的，好像很干净的样子，但他还不放心，要再等地面干一点看看哪里还不干净，再拖一遍，这样，等地面完全干了之后，大家会看到什么景象？地面是干净的，一尘不染，这叫完成了工作。同志们，教学同样如此，有的人看上去忙忙碌碌，备课、上课、批作业，反正我是把课上了，反正我把工作做了，我很累了，至于学生是不是学会了，那不是我的事。是不是像第一位拖地的人？工作要用良心、用智慧，用正确的方法才行。要有真效果才叫完成了工作。不能讲"没有功劳也有苦劳"，如果只有苦劳而没有功劳等于零。因此，我们提出干工作要努力做到"目标明确化，过程精细化，成果最大化"，这要成为我们的一种思维方式，成为大家的行为准则。另外，教育教学工作是一项合作完成的工作，同带一个班，教不同的学科，只有大家精诚合作，才能形成育人的合力。同带一个年级，全组老师互相理解，互相帮助，遇到同事家里有事，大家互相帮衬，相互补台，共同把年级组工作干好。能与大家和谐相处也反映了一个人的人品。所以，做人要有光明心。

（三）以考核为导向，引领各项工作落到实处

1. 关于教学常规及督导，当前即将迎来区教育局的期末督导评估。这次督导评估分为基础性督导和自主发展督导两部分。学校督导室已在认真研究督导评估方案的基础上，详细部署到各科室，分解任务，明确要求，要全力做好迎评工作。全体教职工要在各科室的统筹下，认真干好岗位本职工作，以实际工作成效迎接督

导评估。一定要把广大教职干了的工作呈现出来，把大家的工作成效展示出来，让它转化为实实在在的督导成绩。同时，学校各处室要结合期中检查发现的问题，认真分析问题原因，采取有效整改措施，立查立改，做好工作。教学常规是底线，必须做到位。哪个科室出问题，哪个科室负责！哪个教职工出问题，哪个教职工负责！

2. 关于考核，以两个教务处为主，认真研究考核文件，充分酝酿，提前准备，早做打算，严格做好期末考核工作。考核的导向原则一定区别体现出"干好干差不一样，干多干少不一样"。让干得多且干得好的教职工在考核中靠前，体现出考核的公正、公平、公开。

3. 关于课堂教学改革，这必将是下一步学校工作的重中之重。我们将在研究学情、研究教情、深刻领会"新基础教育"思想精髓的基础上，继承我校已有课改传统、大面积提升全体教师的课堂教学实效性。

4. 关于考勤，严格执行上级有关文件规定，以及《金山中学教职工考勤办法》《金山中学校门口出入登记制度》。另外，经研究，为照顾年龄大的为学校发展付出几十年心血的老教师老职工，学校决定内部设"功勋职工"荣誉称号。每学年初确认本学年的"功勋职工"，当学年退休的教职工，可申请获得学校年度"功勋职工"称号。经学校批准获得"功勋职工"称号的，原则上学校安排工作时适当照顾，在不违背上级政策和不影响工作的前提下，考勤方面给予适当照顾。退出校级领导职务的原校级领导，作为"功勋职工"学校安排担任校内外调研、考察、督导、咨询、顾问等工作。在劳动纪律方面，学校办公室要加大检查力度，同时，两个教务处、总务处、办公室四个处室每学期不定期抽查工作纪律和劳动纪律不少于两次，若发现职工无故缺岗或找人顶岗者，且30分钟内没有当面向查岗负责人说明正当理由，科室负责人要上报学校劳资室，按缺岗一次扣 10 元绩奖金的标准当月予以处罚。

5. 安全工作常抓不懈。全体教职工要高度重视安全工作，值班、校车、餐饮、采暖、用电、交通、校园欺凌、课外活动、课间追逐打闹等等方方面面。全校干部职工树立安全工作的"底线"、"红线"思维，时时刻刻绷紧"安全第一"这根弦！任何人不得大意，任何人不得松懈！建立起"隐患就是事故"的防范要求，牢固树立"防患就在于防人"的防范理念，确保万无一失！完善责任追究制，在安全问题上要做到"零失误、零事故、零投诉"的"三零"目标！另外，广大教职工自身安全也要高度重视！尤其是开车、交通等安全。

老师们，同志们，两个多月来，各项工作我们实现了平稳过渡，良好的开端是成功的一半，学校发展进入了新的阶段，让我们在此基础上，精诚团结，艰苦奋斗，共同推进学校不断向前发展。

我相信，在大家的共同努力下，学校的发展会越来越顺利，学校发展好了，我们每个人都好！我们每个人发展好了，我们的家人就会更幸福！所以，"五优两满意"其实还应当有一个归宿："第三个满意"，那就是我们大家广大教职工获得属于我们自己的"生活的满意"！

同志们，珍惜我们一起共事的这个缘分。现在，金山中学是我们一起工作和学习的地方，将来，无论是我们退休，还是调离学校时，金山中学也永远是我们精神栖居的家园！让我们携起手来，同心同德，砥砺前行，共同为金山中学的美好明天而努力奋斗！

谢谢大家！

【回味与感悟】"抓班子，带队伍"是组织领导者的重要职责。组织对其领导者的要求并非专业方面有多么强，一个优秀的专业技术人员，不一定是一位优秀的组织领导者。作为组织的领导者，提供给组织的首先应当是思想层面、精神层面的东西，其次是建设一支有力的干部队伍。

每学期的期中总结大会，是承上启下的重要会议。每次期中总结大会，我都要用一周左右的时间准备这个讲话稿。每次期中总结会后，总有老师跟我说："刘校长，今天的会议太鼓舞人了！"对此，我很欣慰。

交流汇报工作　　安排期中检查
突出教学中心　　注重思想建设

（2016年11月8日，在中层正职例会上的讲话）

会议主题：结合近期工作，进一步统一思想，把精力聚焦到"五优两满意"优质学校建设的目标建设上来！（听取各中层正职的阶段工作汇报；通报近期工作情况；部署期中检查等工作。）

一　各中层汇报上一阶段工作

二　通报有关工作

刚才，大家都把近两周以来的重点工作做了汇报。这样，每一位同志对当前学校的全局工作都有一个全面的认识。通过汇报交流，达到了互通信息、互相借鉴、互相学习的目的。学校制定的"五优两满意"优质学校建设的中长期目标，其中第三条是"管理优化"，我们提出了"四个管理"的思想：即民主管理、目标管理、制度管理、量化管理。其中，中层例会制度就是制度管理的具体体现。今天的会议，由曹助理主持，大家分别汇报工作，然后再由我讲话。这本身就是一种制度管理的具体落实，这要形成我校管理工作的一个规矩，形成我们中层正职例会的一个惯例。这样民主管理的原则得到具体体现。刚才，大家还结合当前学校的形势谈了自己的感想和认为今后要重点关注的问题，这本身就是一种问题导向式的目标管理。说实在话，长期以来，我们学校的管理，大到党内政治生活、再到行政管理过程没有形成一定之规，这很不利于学校的管理。今后我们要逐步完善我们的管理体制，以保障学校的有序、健康、快速发展。

下面我通报三件具体的事项：

（一）关于落实财经纪律，加强学校财务内部控制问题

10月份，区财政局专门下发文件对各行政事业单位进行了内部控制的基础性评价。学校财务处认真按要求进行自评打分，发现了我们在内部控制方面存在一些问题。这个自评已经形成报告上报区财政部门。结合上级要求和我们学校的实际，我们从10月份开始，要逐步规范学校财务运行机制。全面落实"三重一大"具体规定要求，成立了内控小组，实行学校收支一月一报制度和内控小组审查制度以及规范采购审批单制度。（通报10月份开支明细、内控小组人员名单、采购流程等）在这里，我们要明确一点："没有监督的权力必然会导致腐败之危险。授权与监督必须并行！我始终坚持授权原则：用人不疑、疑人不用！首先要管理好我自己，尤其是财务方面，绝不能出现任何偏差。这是党的廉洁自律的纪律要求。学校重大支出事项，必须落实"三重一大"的有关要求，原则上是高于5000元以上的开支，必须要通过行政办公会集体研究决定。要体现集体领导，而不是一人说了算。具体实施，要分权分责，权责分明。我始终坚持"权授而不控，就是弃权；控而不授，就是专断。"我们要进一步规范管理行为，把规矩立在前面，既是对组织负责，也是

对个人负责！希望大家都能理解。也要求大家遵守这些规矩，按要求来做。

（二）通报10月份的考勤情况，并说明考勤制度迟迟没有成文的具体原因

10月份，四个口的考勤情况我都统计清楚。存在的问题也十分明确。四个周以前，就已准备好向刘局长汇报这一情况，但由于特殊原因，一直没能完成这项工作。在这里，向大家通报说明。

（三）学校层面的10月份的大事记

1. 分级聘任合同签订工作完成。

2. 走访退休老职工8家。

3. 出台并实施《大门口出入登记制度》、《档案管理制度》、《成立内部控制领导小组》完善内部控制。我始终强调"制度管人管事"的这一原则。

4. 全区教职工运动会夺得区属学校团体总分第二名。

5. 校史馆、档案室建设有序推进。

6. 安全工作常抓不懈，召开了安全专题工作会。

7. 上报感动淄博人物：马登青。

8. 职称聘审上报工作顺利完成。

9. 聘任法制副校长。

10. 修订《金山中学学校章程》。

三 安排期中检查工作

两个学部以教务处为主，认真制定期中检查工作细则，全面进行期中工作检查。

（一）检查时间：第十一周、第十二周。

（二）检查要求：

一要全面：前勤线的教务、政教四个科室认真检查教学常规、期中成绩分析、社团活动情况、德育常规工作、秩序校园建设、家校联系情况、"现代人素质工程"进展情况等；教科室工作单独检查总结；后勤线的行政办公室、总务、督导室三个科室的全面工作都要进行检查；安全工作要作为一个重点由总务处负责检查；后勤各科室要对全员的劳动纪律、工作纪律、工作情况、学习情况进行全面检查，能量化的量化，该述职要述职，工作日志要上交进行普查。

二要写好期中检查总结：七个科室要分别写出全面的期中检查总结，要发现工作中的亮点，查找工作中的不足，摆明存在的问题，找到问题存在的原因，明确整改措施。各自形成的书面总结于第十三周周一前上报电子稿给纪主任和我。

四　讲几个方面的问题

(一) 突出教学中心问题

1. 9月22日全体教师会上已经明确提出："学校的一切工作都要围绕教学这个中心。"政教、办公室、总务等科室都要为这个中心服务。全体教职工都要达成这一共识。各职能部门的行政管理人员，能把冲击教学的事挡在外围的，就要挡在外围，尽量不要冲击教师一线的教学工作，让老师们能安安静静地投入到教学当中。

2. 政教处的工作尤其要注意把握节奏和力度，以不影响教学为宗旨。对于一些必须按上级要求做的，尽量减少对一线的冲击。

3. 总务、办公室服务教学一线要服务靠前，贴近一线。

(二) 关注学生发展

1. 安全第一。近来，老师们可能会有些不适应的牢骚话或怨言。一是值班人员到位要求7：00。只要有学生入校，就必须要有老师在校。这完全是为了安全考虑。二是接校车的人必须6：50，只要有学生校车到达学校，就必须要有交接。这个工作，此前一直是一个漏洞，不出事则罢，一旦出现问题，谁也无法负责。所以，一定要给老师做这方面的工作，排好值班表，年级统筹协调好人员安排，轮到谁值班，必须按要求准时到位，履行好值班的职责。

2. 课堂中对学生关注问题。巡课发现，有个别班级出现学生在课堂中睡觉，老师没有关注到的现象。这个现象必须引起我们的高度重视。尤其是低年级，特别是起始年级务必坚决杜绝此类现象发生。或许有人说，我们的生源的的确确是存在学不会的学生！但是，知识学不会不等于可以在课堂中睡觉。因为，他在课堂中是要接受教育，接受教育并不单纯只是学会知识。

3. 作业问题。巡查发现有个别学生在办公室补作业现象。这里必须再次申明：绝不允许有体罚和变相体罚学生的现象发生。

（三）干部队伍思想问题

1. 认清形势。学校自主发展的空间逐步加大，学校正处于发展转型的关键期。学校的发展需要骨干力量，需要中层中坚力量，所以，对中层来说，这是个人发展的考验期。校长职级制改革呼之欲出。每位中层的未来发展还有比较大的空间，上次我讲过，我们是带着情怀在工作。

2. 认清自己。工作过程就是不断认识自我的过程。要认清自身的优点和不足，补齐自己的短板。工作过程，就是不断提升自我的过程，在工作过程中不断学习、积累、反思，实现自我提升。工作过程就是不断突破自我的过程，做人做事境界的提升，学校就是道场，工作就是修行，工作就是自我突破。

3. 明确职责。岗位既是安身立命的养家糊口的所在，同时，更是实现生命价值的所在地。各负其责，分工合作，形成合力，共同为实现学校五优两满意的中长期发展目标而努力！

4. 明确方向。五优两满意就是我们中长期的发展目标。做管理，最主要的管理工具就是管理者自身。管理好自己，以身作则，就会树立正气，就没有克服不了的困难！

5. 忠诚、干净、担当。讲政治、讲规矩。对事业要忠诚，有担当精神。廉洁自律，尽心尽力。只要我们中层正职团结一心，步调一致，我们就会形成一个拳头，在广大教职工中就会产生巨大的影响力，"打铁还需自身硬。"每一位中层干部都做到以身作则，用我们的作风带动校风。用我们的担当推动学校的发展。

【回味与感悟】作为组织的领导者，首先自己要思想纯正。《论语》中说道："为政以德，辟如北辰，居其所而众星拱之。"领导者必须拥有坚定的信念，并以此赋予组织以灵魂。"认清形势、认清自己，明确责任、明确方向。"是这次干部会的主题，持续对干部队伍进行思想统一，确保组织内部的思想纯正、风气端正。

统一思想　明确目标　强化责任担当意识
推进学校工作不断向前发展

（2016年11月21日，在中层干部行政办公会上的讲话）

同志们：大家下午好！

今天利用这个时间召开一次行政办公会。全体中层以上干部参加。（费照刚、郭元亮、于宪亮三位同初二年级师生一起去社会实践，会议精神由焦学军主任负责传达。）

这是继上次中层干部会后，时隔两个月后的全体中层以上干部会议。今天开这个会的目的，简单说就是"我的心和大家的心一起跳动"，就是统一思想。

此前，学校的各项工作安排主要是通过各科室负责人会议进行贯彻的。两个月以来，学校各项工作过渡平稳有序，上级相关领导对学校的平稳有序的过渡给予充分的肯定。区教育局副局长张锡华同志、刘建伟同志以及区教研室王会芳主任都亲临学校指导工作，教育局领导对学校制订的中长期目标以及各项工作表示完全的支持和充分的肯定。同时，也给予了很高的期待。可以说，两个月以来学校的工作总体上大局比较稳定，师生精神面貌整体表现良好。（一个看似很小的标志性事件就足以说明问题：在今年的全区教育系统教职工趣味运动会上，我校代表队团结拼搏，取得了区属学校13家单位的第二名的历史最好成绩。昨天乒乓球比赛也取得了团体第3名的好成绩。）这从某个侧面说明了学校师生的精神面貌。总之，教职工队伍团结向上，有凝聚力和战斗力。

学校的每一点一滴的成绩和进步，都是大家共同努力的结果。今天，我们召开这次行政办公会。会议的主题是：进一步统一思想，明确目标，强化责任担当意识，推进学校工作不断向前发展！

"路线方针确定以后，干部就是决定因素。"在座的都是学校管理团队的一员，学校发展的好不好、发展的快不快，从根本上说，就取决于我们大家的工作干得如何。为此，我讲以下三点意见：

一　进一步明确我们的目标

在9月22日全体教职工大会上，学校提出了"五优两满意"优质学校建设的中长期目标。即："硬件优良、环境优美、管理优化、师资优秀、育人效果优异，在社会上有良好的美誉度，百姓满意；在全区有一定影响力，政府满意。"这一目标是我们计划用两个"三年规划"的时间，6年的时间来完成的。也就是说，到2022年，在建校50周年的时候，我们要达成上述目标。这一点，务必在全体中层干部心里要扎下根，要特别明确。不要认为6年时间很充裕，其实要实现上述目标，6年时间是很紧迫的。我一直强调，我们的工作要本着"目标明确化、过程精细化、成果最大化"的指导思想来推进。目标如果不明确，就好比是在大海上航行的帆船，永远不可能遇到顺风！

硬件优良，就是要让我们的学校在硬件建设上要跟上时代发展的步伐。按照学校2016—2018三年发展规划，我们已经把2017年的维修计划上报房管局，初步计划利用2017年暑假先将景行楼进行内装，更换使用四十余年的门窗，地面、墙面要贴瓷刮瓷，梁文化、柱文化要有设计有呈现。营造良好的硬件环境。在今后的两个三年规划时间内，我们要陆续将乐知楼、博采楼等逐年进行改造，同时，在沙排场地区域进行校园文化景观石、校园文化标志性雕塑的设计建造。学校大门口正对的影壁要重新设计成大型文化浮雕。那样到50周年的时候，我们将会看到一所焕然一新的充满人文气息的美丽校园。

环境优美，不仅仅是硬件设施优美，更要有人文环境的高品质。我们确立文化立校的总方略，学校办学以"主体性教育：唤醒主体意识，激扬生命自觉"为核心教育理念。

教育发展到今天，我国的教育已经走过因"文革"耽误的人才断层补救期。高等教育已经大众化，高中阶段教育已经基本实现普及化；义务教育已在完成普及的基础上逐步走向高品质的均衡化。中国教育，走到了"回归"其育人本质的时候了。立德树人，已成为教育根本任务。教育走向现代化是教育发展的必然。现代教育的目标是培养现代人，建设现代化社会。在国家现代化背景下，教育的重要使命就是促进人的现代化，培养具有现代精神的公民。人的现代化是社会现代化过程中的关键因素。现代人的本质特性就是人有主体性。教育的终极使命是提升人的主体性。我校一直以来以"坚持学生发展主体地位不动摇，坚持课堂教学中心地位不动摇"为办学指导思想。这"两个坚持"，根本在于充分体现出师生两方面的主体性。

主体性包括三个方面的内涵：积极性、自主性、创造性。积极性意味着积极向上，自强不息，开拓进取，奋发有为。自主性意味着能够独立思考、有主见，不盲从。创造性意味着不墨守成规，充满创新意识，具有创新能力，并通过创新性的行为改造主客观世界。主体性不仅对于人的发展至关重要，对于国家的发展也至关重要。英国思想家穆勒曾言："从长期来说，一个国家的价值就是组成这个国家的人的价值。一个国家如果为了要使它的人民成为它手中更为驯服的工具，哪怕是为了有益的目的，而使人民渺小，就会发现靠渺小的人民是不能完成伟大事业的。"什么是渺小人民？渺小的人民就是主体性缺失的人民，就是积极性、自主性、创造性缺失的人民。这样的人民徒有"人民"之称，实为乌合之众，难以担当大任。中华民族的伟大复兴绝对是一项伟大的事业，这项伟大的事业必须靠伟大的人民才能完成。而伟大的人民是具有主体性的人民。同志们，今天，我们的教育的时代使命之所在，正在于培养主体性的人民。最近刚刚发布的《中国学生发展核心素养》总体框架也直指人的主体性。

我用这么一大段话主要讲了我们的育人的核心理念。今天是中层干部会，我们作为学校的管理核心团队，必须要明确学校文化立校的核心理念是什么。理念是行动的先导，只有确立了明确清晰的育人理念，我们一切工作才会有的放矢，才能准确把握学校的工作要求，才能确保我们在履行自己的岗位职责时不走偏了方向。这是我们要讲的环境优美中的文化环境、人文环境的要求。这个要求是很高的，我们要用六年的时间逐步达到渗透到位，任重而道远！

管理优化，主要是指管理的结构要优化、管理的方式要优化。首先，结合当前学校现状，我们采取了校长办公会研究讨论大的方向，在具体工作中直接由中层科室承担，这种管理模式更加便捷高效，但同时中层科室的责任更重，要求各中层干部更要有担当意识。其次，"制度管人管事"是我们的根本管理理念。我们要不断完善各项制度。开学以来，我们陆续出台了一系列的制度。在此，我向大家通报一下：前期，结合区财政局、区审计局的有关要求，我们规范了学校的财务管理，成立了《金山中学内控领导小组》，制订出台了《金山中学财务管理制度》、《金山中学差旅费、培训费管理办法》等文件。学校每月的收支都要列出明细，通过内控小组确保规范。在加强校园安全方面，我们制定并落实《金山中学进出校门口登记制度》以及校车值班护校值班等制度。在完善分级聘任方面，各教务处与教师签订了《分级聘任责任合同书》，以加强聘后管理，如果没有按照签订的合同书履行相关岗位职责的，该解聘的解聘。总之，用制度来管理学校的事务要成为我们不断完善的目标。同时，下一步要开通"校长信箱"，形成信息意见的反馈闭合回路，确保校长能倾听到一线的建设和意见。这样，使我们的管理更加民主，更加优化。各科室的管理也要加强创新，对布置的工作要有布置必有检查，采用公示的方式加强落实。有安排没落实等于零。

　　师资优秀，学校的办学质量根本上来说，取决于教师队伍的水平。我们始终把打造一支优秀的师资队伍作为办出优质教育的根本依靠。开学以来，两个学部贯彻"以教学为中心"，教学以"课堂"为中心的思想，都分别密集展开了示范课、研讨课活动。这非常好！把教师的关注点聚焦在研究教学上来。我们一直期待"安安静静办教育"的局面出现，从学校行政角度，尽可能将一些应付性工作挡在教学一线之外，尽量不冲击教学一线。各科室的工作也要坚持

"以教学为中心"的这一原则，采取各种有效措施，提高师资水平。把教师专业成长的自觉性激发起来，把教师的工作热情调动起来。采取"同课异构"循环滚动式发展，扎扎实实地搞上两年，同时采取走出去、请进来的方式，多渠道加大教师培训力度。教科室利用好"金砺讲坛"阵地，加大校本培训力度，走科研兴校的路子。教师自身的水平提高了，无论将来是"县管校聘"也好，还是分级聘任也好，优秀的老师总是更受欢迎。这一点要跟老师们讲清楚。

办学成效优异，这是我们的落脚点。只有取得了优异的办学成效，老百姓才会满意，政府才会满意。两个月以来，我们的课程建设、课堂建设均有不小的成效。期中考试成绩，我们与全区 14 所学校进行了对比，初步摸准我们的定位。从比较来看，我们感到有深深的危机感：在区属学校当中，我们是垫底的。即使与乡镇学校相比，我们也是落后的。初四年级全面落后，初三年级地理、化学垫底，初二年级连峰山都不如；初一年级除数学、历史外也是全面落后。摸准底子，是为了下一步奋起直追。教务处要有危机感！下一步要在各备课组明确目标的基础上，加大工作力度，争取各学科要有所进步。

达成以上"五优"自然就会取得老百姓的满意，老百姓满意了，政府自然满意。

总之，"五优两满意"的目标已经明确，今后学校各部门要紧紧围绕这一目标，凝神聚力，团结一心，中层校干要以身作则，敢于担当，共同推进学校的发展。为此，我讲第二个方面：工作要尽职尽责，要有以下"五颗心"：

二 尽职需要"五颗心"

第一，责任心。毋庸置疑，工作就意味着负责任，岗位越重要，身上的责任也就越重。一个有责任心的人，才能够让人相信，进而委以重任，相反，对工作没有责任心的人工作就不会尽力，也就很难有所成就。责任心可以说是一个人能够在组织中立足的重要品质，一个没有责任心的人，既便能力再强，也很难得到组织的信任和重用。负责任，体现在工作中是能把小事干好干细（巡课、常规、体罚，用不用心！）。责任心的最好体现是说到做到，不打折扣。说得好不如做得好。对你委以重任，你能不能担当起来？

第二，忠诚心。忠诚是一种非常崇高的感情，它会让你内心产生一种激情，让你血液沸腾不已，会促使你去矢志不移地做一件事。大家不妨换位思考，假如你来负责学校的发展，你希望有什么样的员工呢？忠诚于学校的发展对个人意味着什么呢？我想，这意味着就是把学校当成自己安身立命之所，把学校的发展当成自己的责任，把学校的困难当成自己的困难与学校一起面对。学校利益与个人利益是一体的，这样才会形成巨大的凝聚力，众人一心，学校才会发展好。而学校发展好了，大家都会发展好。表示忠诚的一个重要方式就是服从工作大局，配合好上级安排的工作，时刻维护学校利益，不说不利于学校的话，不做不利于学校的事，当你真正把维护学校利益当成自己的职责时，你才真正地融入了组织当中。你的个人命运与组织的命运才算是真正联系在一起。

第三，敬畏心。"你在为谁工作？"既是我们今天思考的一个命题，又是一个值得我们永远思考的问题。如果有人问你，你在为谁工作？你的答案是什么？你是为了得到一份薪水，养家糊口还是为了通过工作实现人生价值，最终拥有成功的人生？养家糊口的一份职业当然是我们工作的目的，无可厚非。但是，工作又不仅仅是为了这些。工作有着更深远、更丰富的内涵。工作既是个人生存的需要，也是社会性的需要，不仅体现出我们的生存价值，而且让我们在付出中品味奉献，体味快乐和成就感。工作岗位还是我们学习和进步的平台，是我们帮助他人奉献社会的依托。所以，记住，你是为自己在工作！如果将工作目的排一个序的话，处在第一位的是获得快乐和成就感，排在第二位的是为了帮助他人和奉献社会；排在最后的才是获得自己应得的报酬。很明显，仅仅将薪水报酬排在第一位的人目光是短浅的，每天都是为了薪水而浑浑噩噩，混日子，他的发展注定是有限的。所以，我们对待工作要有一份恭敬之心、感恩之心、敬畏之心。

第四，戒惧心。规矩意识！廉洁自律！干净，清白。"人在做，天在看。"

第五，平常心。人生不如意十有八九。个人名利待遇方面要有平常心。顺其自然！

以上，与大家共勉！

三　通报学校工作

1. 安全第一。值班、校车、体罚与变相体罚、秩序校园。
2. 督导工作陆续展开。督导室再研究一个评估方案，分解落实。
3. 校史馆、档案室建设。
4. 财务制度。内控小组：曹玉伟、纪志刚、张忠诚、程秀君、杨杰、王玉东、李景芝。差旅费有关制度，按上级要求，今后出租票一律不能报销，这是上级财务制度的规定。
5. 考核制度修订要立即着手起草修订。
6. 期中总结大会初步定在本周四。

2017 年元旦致辞

（2016 年 12 月 30 日）

可爱可亲的同学们，可亲可敬的同事们：

大家下午好！利用这个时间，利用广播系统，我代表学校、代表学校党总支向大家致以节日的祝福！

辞旧岁，蓦回首，枝头硕果累累；迎新年，瞻前程，繁花簇簇似锦。2016 年即将过去，2017 年又将到来，在这送旧迎新的时刻，我向凝神聚力、团结协作、安心工作、无私奉献为学校平稳有序发展做出贡献的老师们真诚地道一声：大家辛苦了！祝大家新年快乐！向在一年里取得进步的全体同学致以新年的祝贺！

2016 年是金山中学学校发展史上不平凡的一年。我们学校开启了新"三年规划"，顺利完成了领导班子的新老交替。确立了新的文化立校的总方略及学校发展的中长期目标。从国家层面上看，2016 年是国家发展的"十三五"规划开局之年，年初，全国"两会"在京召开，描画了国家发展的"十三五"宏伟蓝图。年中，二十国集团领导人第 11 次峰会和金砖国家领导人非正式会晤在杭州举行，中国主张全球瞩目。"神舟十一号"载人飞船并与"天宫二号"空间站成功对接，中国航天达到历史的新高度。十八届六中全会的召开，明确确立了习近平同志为核心的党中央，全面从严治党宏大命题隆重开启。在继三中全会研究部署全面深化改革，四中全会研究部署全面依法治国，五中全会吹响全面建成小康社会决胜阶段的冲锋号的基础上，把"四个全面"战略布局更加系统地提升到新的高度。这一切，让我们看到祖国的繁荣发展！中国特色社会主义建设，共识正在凝聚、强大的正能量正在加快汇集,"美丽中国"的共同愿景正一步步成为现实。

正是有了国家的繁荣昌盛和改革发展,才有了金山中学的稳定进步。

2016年,学校创造性提出"主体性教育"的核心理念。学校文化氛围日渐浓厚,主体性教育全面推进,教学理念不断更新,学校发展稳定和谐,学校特色日益凸显,学校美誉度不断提升。这是广大教师和全体同学们共同努力的结果。在此,我为老师们的无私奉献和同学们的积极进取所释放的正能量点赞!

2016年,我们收获满满:我校初四、初三的学业水平考试成绩突出,得到广大家长们的赞誉。在参加各级各类比赛中,均取得优异成绩。临淄电视台连续播出我校"一师一优课"优秀课例,两位老师获得山东省优秀课例;临淄区排球联赛男子女子均获得冠军;淄博市锦标赛男排亚军,女排季军;山东省排球锦标赛男子获亚军;区乒乓球联赛女团获第三、男团获第五,取得历史性突破;区教职工运动会获区属学校总分第二名;获得"临淄区体育工作先进单位"、"工会工作先进单位"等称号。有十几名同志受到上级党委政府或教育行政部门的表彰。前天,教育信息网上刚刚发表了我校积极参与社区共建的新闻报道。今天,全区德育简报上又刊出了我校德育建设的新成果。上午区局督导党建工作也取得了不错的成绩。这一切荣誉都是对学校工作的肯定,也是学校持续发展的基础。

在这里,我们要重申学校的核心理念及办学宗旨和"三风一训":学校的核心教育理念是"主体性教育:唤醒主体意识,激扬生命自觉",学校以"全面加特色,合格加特长"为办学宗旨,以"博采成趣,和乐竞进"为校风,以"爱润无声,责铸师魂"为教风,以"乐学进智,明礼扬长"为学风,以"惜时如金,尚行以山"为校训，在此基础上，新学年，学校制定了中长期发展目标：立足于"办人民满意的学校"，让临淄区南部老百姓的孩子在家门口上好学的"实际获得"，全面贯彻党的教育方针，努力建成"办学硬件优良、教育环境优美、学校管理优化、师资队伍优秀、育人质量优异，在社会有良好美誉度，百姓满意；在全区有一定影响力，政府满意"的优质学校。（简称"五优两满意"优质学校）。新的发展目标已经确立，新的前行方向已经明确，2017年我们满怀豪情，充满信心，继续发扬"精诚团结、搏竞一流"的学校精神，全校上下，同心同德，同舟共济，共同推进学校不断向前发展！

2017年必将开启新的希望。新的征程承载新的梦想，我们要深入推进素质教育，贯彻我校"主体性教育"核心教育理念，面向全体学生，面向全体教工，尊重学生基础，尊重现实环境，尊重教育规律，创设适合生命成长的教育，让每一个师生都得到和谐可持续发展。相信通过老师们和同学们的共同努力，学校一定会稳步向前发展得越来越好！2017年，金山中学将如同东方的一轮旭日，喷薄而出，光芒四射，冉冉升起！

祝同学们在新的一年里健康成长，自强不息，快乐学习！

祝全校教职工在新的一年里身体健康，工作愉快，阖家幸福！

祝大家元旦快乐！新年快乐！

谢谢大家！

【回味与感悟】组织的领导者要善于抓住时机，善于利用时间节点，增强自己的思想穿透力。元旦正是新年的开始，抓住时机，传递思想。

提升我们办学的自信力

（2017年1月9日，在中层正职例会上的讲话）

同志们：大家下午好！

今天利用这个时间，召开一次行政办公会。会议的主要内容是听取各科室及学校本学期的工作小结和下学期的工作打算，安排寒假相关工作。通过工作汇报交流，相互学习，深入思考，资以借鉴，同时，全体校干统一思想，明确下学期的学校总体工作思路。

一　关于假期工作安排

（一）寒假从2017年1月15日（腊月十八）开始，至2月11日（正月十五）结束，共4周；第二学期从2017年2月12日（正月十六）开始，至7月1日结束，共20周。正月十六上午8:00全体教职工上班，学生报到，打扫卫生，检查寒假作业，下午学生离校，召开全校大会，安排政教处、教科室传达学期工作安排。学校教代会需根据局里情况统一协调进行安排。各科室负责同志利用假期认真思考2017年的工作思路，精心做好下学期的工作准备。两个教务处精心制定学期工作计划，分别在各学部的会议上传达。

（二）安排好期末考务、家长开放日等工作、做好学生综合素质评价等工作。

（三）切实做好假期安全教育和安全工作。开好班会、家长会，向学生发放《告家长的一封公开信》，与家长签订《寒假安全责任书》，法制副校长向学生和家长进行安全教育，要把安全教育工作做足、做细、做实。学校组织的各项活动包括特长训练计划等报告教育局，要事先进行精心设计，做好安全预案。

（四）组织好校园安全检查。总务处负责学校安全排查，水、电、火等隐患按照"全面彻底、不留死角、不留空隙"的原则进行拉网式大检查，排除一切安全隐患。

（五）两个学部教务处、政教处协同以"明白纸"的形式制定科学的"寒假学习生活安排表"，在科学安排适量书面作业的基础上，保证学生有社会实践和自主安排活动的时间。重点做好以下工作：

1. 组织开展读书活动以及影视教育活动。按照教研室组织的"假期读书行"的要求，开展好假期读书活动和组织好读书征文活动。引导学生观看优秀电视节目，并与家长充分沟通，保证学生假期在家收看电视节目能够做到"适度、有益"。

2. 落实好师生的体育锻炼。要布置好适量的体育作业，指导学生做好体育锻炼的日常记录，开学后学校做好身体素质评价工作。动员家长积极利用寒假带领孩子一起在天气条件允许的情况下参加冬季长跑活动和其他形式的体育锻炼，提高孩子体质健康水平。

3. 组织参加多种形式的社会实践和公益活动。组织学生在春节、元宵节期间参加"我们的节日"主题活动，开学后学校要对"我们的节日"开展情况进行展评。要加强与家长的联系，帮助家长合理安排子女假期活动，多指导子女从事力所能及的家务劳动，增强自理和自护自救能力，提高孝亲敬老、服务家庭的意识。要本着就近、方便、安全的原则，积极引导中小学生开展劳动锻炼、社区服务等多种形式的社会实践活动和公益活动。

4. 教育和引导中小学生在假期文明上网，引导家长加强对子女假期上网的教育管理，使学生自觉抵制不良信息的侵害，合理安排上网时间，不沉溺网络。

（六）教师方面：

1. 规范教育教学行为。严格按照省、市、区关于规范办学行为的有关规定，依法规范办学行为。任何学校不得以任何借口在假期组织学生集体到校上课、补课或统一组织自习，不得以领取考试成绩单等为名通知学生到校。

2. 禁止学生到非法培训机构参加补习。学校不得以任何形式参与、动员、组织学生参加各类辅导培训班；禁止学校在假期联合或将校舍租借给社会力量办学机构用于开办补习、培训班；禁止学生到非法培训机构参加补习；禁止教师参加民办机构培训；禁止和严厉查处教师有偿家教。区教育局将对学校假期教育行为进行督查，并认真受理学生及家长的举报，对查出的问题，将按照有关规定严肃处理。

3. 强化假期值班工作。实行教师值班和领导带班制度，要将值班安排在1月12日前交区教育局办公室，要保证通信联络畅通，主要领导24小时开机。值班人员要坚守岗位，尽职尽责，搞好前后交接，不得发生脱岗现象，并认真做好值班记录。遇有紧急、重要事项或重大突发事件，要立即报告，不得延误，并积极采取措施进行处理，对迟报、漏报、瞒报者，要严肃追究有关人员责任。要坚决杜绝值班工作中玩忽职守、不负责任的行为。对因工作失职造成事故的，将追究相关责任人的责任。

二　各科室汇报学期工作总结、下学期工作打算

三　学校本学期工作小结、下学期打算

（一）学校本学期工作小结

1. 学校整体工作平稳有序，校风有较大转变。九月份以来，学校顺利完成了领导班子的调整，通过了审计局对学校的财务审计，

完成了学校管理的顺利过渡，通过召开一系列干部职工大会，迅速形成了学校工作的稳定局面。学校工作整体上实现了平稳、有序发展。学校风气大有好转。在广大校干的务实拼搏，以身作则，带头实干的影响下，全体教职工工作作风进一步转变，学校风气大有好转。大家将精力聚焦在教育教学上，聚焦在培养学生上，扯皮计较的少了，勤奋工作的多了，大家都在各自岗位上默默奉献，为学校发展贡献着自己的力量。

2. 教职员工团结奉献。结合学校实际，学校形成了以各科室负责人为骨干，以双周例会为主要模式的管理运行指挥协调机制，在该机制的统一协调下，各项工作做到了思想不乱，工作不断。实现了全体教职工的团结一心，撸起袖子加油干的良好局面。

3. 学校目标明晰呈现。9月22日全体教职工大会上，我们明确了学校发展的中长期目标即"五优两满意"的办学目标。在这一目标的统领下，广大教职工工作更有方向感，各自在自己的岗位上认真履行岗位职责，目标汇集起团结干事的力量，目标引领了工作努力方向。

4. 管理制度不断完善。学校修订了包括财务内控制度、考勤制度等一系列制度，时间维度上明确了"31111工作体系"，空间维度上践行"12241"工作体系，干部例会制度等高效运行，学校运转更加顺畅。

5. 德育体制得以重建。学校调整了政教处管理结构，使我校九年一贯的体制优势在德育体系建设方面得以发挥。为下一步贯彻"主体性德育体系"建设打好了基础。

6. 教学中心更加突显。广大一线教师，安安静静教书的愿望充分得到了尊重。广大教师认真开展课堂教学研讨活动，扎实开展听评课活动，教研活动，狠抓"双基"落实，努力提高学生学业成绩。学校进一步明确"教学中心地位"，一切工作围绕教学这个中心来开展，教学中心深入人心。

7. 金砺讲坛促进教师专业发展。学校高度重视教师队伍建设，师资优秀是"五优"当中的重中之重。我们通过各种研修活动，尤其是通过金砺讲坛"我讲我的教育故事"的成功举办，让老师们分享自己的教育故事，通过分享体验到一种发自内心的成就感，有力地促进了教师专业发展的自觉性，彰显教师专业成长的主体性。

金山中学教师专业发展及辅导学生参赛获奖情况

（2016.7—2017.1）

一　德育类

焦学军获临淄区专家型德育干部。

于宪亮、刘晓丽获临淄区骨干班主任。

二　教学类

裴景娜获2016年山东省中小学实验教学课生物组一等奖。

三　基本功

舒天栋、赵真真获临淄区中小学教师基本功大赛二等奖。

桑德文获临淄区中小学教师基本功大赛三等奖。

四　科研类

裴景娜、杨永梅入选临淄区教育科研专家库。

朱美龄成为区小学数学核心组成员。

五　辅导学生比赛

陈瑞霞辅导学生刘佳禾参加区现场作文大赛获临淄区二等奖。

山东省"一师一优课，一课一名师"评选活动中韩照华老师、张梅老师的课例获得省级优质课，其中韩照华老师的课例入选国家级优课。临淄区教育电视台播放了我校韩照华、朱美龄老师的优课课例。

李婷老师在全国奇迹创意活动中被评为全国优秀辅导教师。

8. 社团课程建设富有成效。排球、足球、乒乓球等项目在省市区各类比赛中，取得一定的成绩。各学科类社团活动蓬勃开展。

9. 财务资产管理规范。通过审计帮助学校财务管理更加严格规范。按上级要求，对固定资产进行了清理盘点，成立内控小组，完善"三重一大"运行机制，定期上报每月财务开支状况、校产维修、工程结算、职工福利等经费开支严格把关，落实财务公开制度。

10. 师生校园平平安安。加强了校园值班护校管理，调整了值班时间，提高了要求，建设平安校园，实现了校园安全"三零目标"。

（二）学校下学期工作打算

下学期，我们还是要立足校情，真抓实干，走好我们自己的路。以"主体性教育"为核心理念，走好文化立校的自主发展之路。重点做好以下几项工作：

1. 学业水平考试工作是重中之重。教务处要提早谋划，细化初三初四备考工作。

2. 打造主体性德育品牌。政教处充分发挥我校九年一贯制的体制优势，聚焦学生核心素养提升，以"主体性教育"核心理念为指导，结合学校已有德育体系建设成果，打造我校主体性德育品牌。

3. 推进课堂教学改革。两个教务处会同教科室继续本着"稳妥、渐进、继承、创新"的原则，制订并实施《2016—2017学年第二学期课堂教学改革实施方案》，有计划、有步骤地推进课堂教学改革。以"主体性教育"核心理念为指导，创新课堂教学模式，形成新的学习系统，教师为学生的学习提供评估量表、准备资源包、搭建脚手架、提供工具箱，注重发挥学生的主动性，善于利用课堂上的动态生成资源，让学习真正发生在学生身上。

4. 校本培训持续深化。教科室用好"金砺讲坛"平台讲好"我的教育故事",学期初可以将讲坛分享机会和名额分配到年级组、备课组,力争让每一位教师有机会分享自己的教育故事,分享自己的教育成果,从分享中体验工作的成就感,增强教师从教的幸福感。在坚持每周四政治、业务学习的基础上,持续深化以"强师德、提师能"为目标的教师队伍专业发展的校本培训。适时召开全校教职工大会,有针对性地统一思想,加强师资队伍思想建设和作风建设,推动"师资队伍优秀"目标的落实。

5. 课程建设逐步规范。大家要进一步增强课程意识。学校是一种特殊的社会服务机构,学校提供的服务"产品"就是"课程"。落实党的教育方针,促进学生核心素养的提升,培养德、智、体、美、劳诸方面和谐发展的人,所依托的就是丰富的课程。一所学校的办学实力就体现于这所学校的课程体系。"三级课程"的校本化,持续打造金山中学的校本课程体系是学校办学的焦点。结合我校的已有的课程体系和社团建设的成果积累,逐步丰富学校课程。特别要突出发挥我校九年一贯的体制优势,在"十二年读书"工程暨"书香校园"建设方面加大工作力度,按照学校"三年规划",开发好"传统文化"系列课程和排球特色课程。

6. 内部管理不断优化。四个管理:民主管理、制度管理、目标管理、量化管理要进一步落实。建设现代学校制度,教职工代表大会是学校的最高决策机构,由职代会通过的《金山中学学校章程》是学校依法管理的根本依据。各项规章制度要作与时俱进的修订完善。结合校情进一步修订《学校发展三年规划(2016—2018)》和《督导评估自主发展性目标》,落实好"31111体系"和"12241"体系。

7. 家校联系家校共育要有新突破。加强家校联系的目的,是更好地服务于学校的发展。学校发展要更加关注学生及家长的需求,学校发展要有需求导向。以政教处为主做好家校联系各方面工作,包括定期发放《致家长的一封信》、各年级班级 QQ 群建设、安全教育平台、满意度测评平台、家长会、家长委员会、家长开放日、家长学校、家访等诸方面工作。学校要主动有所作为，对家庭教育、家长教育实施必要的和有效的干预。

8. 工作标准上台阶。督导室负责进一步修订《学校发展三年规划（2016—2018）》及《自主发展评估方案》，进一步加强过程性督导，充分用好档案盒和档案封面纸，及时把各项活动进行规范地归档整理。把工作做在平时，提高工作标准，切实提升我校应对上级督导的水平，补齐这方面的短板。

9. 行政后勤工作要有新突破。进一步明确岗位职责，落实"工作日志"制度，以召开月度例会的形式，加强行政后勤人员的工作过程性管理。总务处月度办公例会由张忠诚主任确定好时间、地点上报学校，并负责主持召开，并指定专人做好会议记录。办公室月度工作例会由纪志刚主任确定时间、地点上报学校，并主持召开，指定专人作好会议记录。通过会议统一思想，明确要求，增强行政后勤人员的岗位责任感，激发大家的工作自豪感和工作积极性，达到更好地服务教学一线、服务学校发展的目的。工作日志和会议记录要进行抽查展示。

10. 党建、工会工作提升新高度。贯彻党的十八届六中全会精神，严肃党内政治生活，切实把党建工作提到学校一切工作的统领地位上来。学校党总支和各支部要全面落实《关于新形势下党内政治生活的若干准则》和《中国共产党党内监督条例》，切实落实好"三会一课"制度，把党建工作当成文化建设的重要组成部分。工会工作是学校依法治校的重要保障，按照工会法及上级有关法律法规要求开好职代会，履行好工会权利，落实职工福利待遇、开展丰富多彩的职工文体活动等。

四　中层校干培训

提升教育自信力

今天是中层干部会，我要讲的主题是：校干队伍要提高教育自信力，用担当与行动，推进"五优两满意"目标的实现，促进学校发展，为一方百姓提供优质的教育，为基础教育做出我们应有的贡献。

教育自信力，是文化自信的范筹。习近平总书记讲，要有文化自信、理论自信、道路自信、制度自信。作为中层校干，要从思想上树立起教育自信力，端正教育思想，践行教育规律。只有有了办学的教育自信力，我们才能有办好学校的勇气，才能产生克服办学过程中的各种困难的智慧，才会有久久为功的定力。

首先，增强教育自信力，要确信教育的终极价值。当前，教育的主要问题，是"升学教育"凌驾于一切追求之上，僭越了教育的价值次序，成为教育的事实导向。我们当然不能弱化和否认要追求分数，但是，不能仅仅把教育定位于追求分数。尤其是结合我们的生源状况和家长需求状况，我们要找到办学的价值所在，要回归到"人的教育"上来。一味追求"分的教育"其实质是把教育的"科学获知"的工具性价值凌驾于"人的全面发展"的教育终极价值之上。把活生生的人当成训练的机器，把涵养熏陶的丰富教育活动窄化、僵化为与心理隔离的应试行为，把人的精神完整性割裂成理性知识的碎片。这样的教育不仅无法培植学生热爱学习的强烈动机，无法形成终身学习的持续动力，更会让学生在一次次急功近利的阶段目标达成中变得短视、被动、无奈和应付，失去自主性，更丧失了积极性、主动性和创造性，并失去心系家国、关心人类的襟怀与抱负。我们要关注全体学生的德、智、体、美、劳等诸方面素质的全面健康发展，全面提升学生的核心素养。

其次，增强教育自信力，需要我们摆脱"要素驱动"的路径依赖。教育自信力一旦被资源要素绑架，办学者就会围绕生源、师资、时间、经费、投入等要素，依靠抢夺优秀生源、集聚优秀师资、增大经费投入等方式实现学校发展。这种模式，放置于一个国家的基础教育发展格局中，实在是弊大于利。对于我们学校我来说，这种要素驱动的发展模式也不切合实际。因此，我们在发展动力上，要更多地依靠"专业驱动"，通过进行有效的校本培训，一步步提升教师的专业生活品质，从而提升我们的课程品格，通过改善教学品质，进而整体提升办学品位。教育是塑造未来的事业，今天的教育预示着未来的社会样态。如果我们对明天还有坚定的信心，那就应该让今天的教育发生一些变化，哪怕这种变化不那么惊天动地，甚至微不足道，但只要心怀远方，树立起教育自信力，并以"惜时如金、尚行以山"的校训精神转化为我们的教育教学实际行动，这样的行动必然会获得历史的意义。

【回味与感悟】组织运转逐步走上正规。有人曾这样总结——成功路上四把钥匙：第一把钥匙，选对平台，跟对人，做对事，心存感恩，知恩图报。第二把钥匙，你的责任就是你的方向，你的经历就是你的资本，你的性格就是你的命运。第三把钥匙，复杂的事情简单做，你就是行家；简单的事情重复做，你就是专家；重复的事情用心做，你就是赢家。第四把钥匙，美好是属于自信者，机会是属于开拓者，奇迹是属于坚定信念者。作为组织的领导者，要把这四把钥匙把握好，而且尽可能让组织的成员也把握好。

以人为本　激发师生内生动力
整体推进　促进学校自主发展

(2017年2月12日，在金山中学四届三次教代会暨职工大会上的讲话)

各位代表、老师们、同志们：

刚刚过去的2016年，在区教育局党委的正确领导下，在社会各界的大力支持和全体教职员工的共同努力下，金山中学圆满完成2016年的各项目标任务，顺利通过全区事业单位绩效考核和教育局各项督导。一年来，我们勠力同心，扎实工作，实现了学校平稳有序发展。今天，我们召开本次教代会，我代表学校行政向大会作工作报告，请各位代表予以审议，并请列席的全体教职工提出意见。

2016年工作回顾

2016年，是我校发展历史上承前启后的具有标志意义的一年。遵循区教育局提出的"十三五"时期教育发展的"定位要准、动作要稳、作风要实"的指导原则，围绕创办"更加均衡、更加优质、更具特色、更具活力"的临淄教育的总目标，学校制订了新的《金山中学三年发展规划（2016—2018）》，修订出台了《金山中学学校章程》，反复修订了《金山中学自主发展评估督导方案》，为学校的科学发展、自主发展谋划了新的蓝图。顺利完成教师专业技术职务分级聘任及职称评审、领导班子调整，财务审计等工作，全体教职工做到了思想不乱，工作不断。2016年在平稳有序的发展中划上了圆满的句号，实现了学校新的三年规划（2016—2018）的良好开局。

一 师德建设持续发力，教风学风昂扬向上

学校坚持政治业务学习制度，全体教职工深入学习领会党的十八大和十八届三、四、五、六中全会精神及习近平总书记系列重要讲话精神，党员校干积极开展"两学一做"专题教育，深入开展"爱与责任"师德主题教育活动，认真学习"新基础教育"理论，强师德，提师能，广大教师的政治思想素质和职业道德素质不断提高，全校上下呈现出教风正，学风浓，干劲足的良好态势。

二 教学常规扎实有效，课堂研讨深入开展

教学常规是教学的基本规范，是保证教学质量的底线要求。全体教师认真落实各项教学常规，两个教务处采取月查、抽查和综合检查等方式，确保教学常规落实得更细更实。

教师备课按照"三环六步教学模式"设计教学流程，体现"自主、合作、探究"的新课程理念，精心设计、布置作业，作业符合有关要求；各学科均按教学进度进行阶段检测，并针对性地分析学情，指导教学。围绕课堂教学，两个教务处开展了扎实有效的课堂研讨活动。小学部"人人一节公开课"，初中部以"观摩课＋研讨课"的形式开展课堂研课活动，做到了"全员覆盖"。广大教师静心教书，潜心育人，课堂研究氛围浓厚，促进课堂教学效果的不断提升。

在教育部组织的"一师一优课"评选活动中，韩照华老师获部级优课，吴国平、张梅、杨永梅获市级优课，裴景娜老师在省级实验说课大赛中获一等奖。郭元亮、杨永梅、曲连华、王荣娟等四位老师积极参与第三片区学校共同体的"同课异构"活动，展示的区级公开课广受好评，展现了我校教师良好的业务素质。

三　德育工作稳步推进，一体化格局逐步形成

以"秩序校园"建设为抓手，充分发挥九年一贯制学校的体制优势，"一体化"德育体系取得较大进步。

政教处人员率先垂范，带领带动老师们凝心聚力、干事创业。班主任队伍老中青合理组合，突出抓好学生习惯养成，每月有活动主题，有效的开展形式多样的德育活动。重视安全教育，积极预防校园暴力。用好淄博市安全教育平台，提高安全教育的实效性。重视家庭教育，建立三级家长委员会及家校沟通QQ群等渠道，召开家长会，下发家庭教育材料，密切家校沟通，实现家校共育。元旦期间，积极参与社区迎新年汇演活动，密切了学校与所在社区的联系。

四　教育科研富有成效，助推教育教学工作

教科室工作以促进教师专业化发展为根本任务，组织参加省、市、区各级各类培训，安排集体学习《新基础教育》理论，通过"金砺讲坛"举办"我讲我的教育故事"叙事交流活动，让老师们分享自己的教育故事，体验到发自内心的工作成就感。通过"十二年读书工程"和"读书节"掀起师生读书热潮，积极营造"书香校园"。认真落实周、月、季读书计划，开展经典诵读、科普阅读等各种读书展示活动。举行了学校"第十一届读书节"闭幕式暨学生读书展演活动。

在区中小学生现场作文大赛中，陈瑞霞、李婷、姜能仲等三位老师辅导学生获奖。

五　推进"社团活动"建设，积极构建校本课程

"社团活动"内容不断丰富，活动形式更加规范，促进了校本课

程的整合与开发。如在"书法社团"活动的基础上，姜能仲老师编写了《在金山学写字》的书法校本教材已投入使用，丰富了校本课程体系。目前两个学部有"排球社团"、"足球社团"、"乒乓球社团"、"舞蹈社团"、"书法社团"、"棋艺社团"、"文学社"、"广播站"、"烘焙社团"、"十字绣社团"等40余个学生社团在开展活动，两个教务处采取社团活动公示制度，用"晒活动照片、晒活动成果"等方式，既展示了社团活动的风采，又进行了自我监督管理，收到较好的效果。我校排球代表队在全区排球联赛中，斩获男、女双料冠军；在全市排球锦标赛中，男排获亚军，女排获第三名；在山东省排球锦标赛上，我校代表队获男子亚军的优异成绩。我校足球社团获得区联赛第七名的成绩；乒乓球社团在全区乒乓球联赛上获得女子团体第三名、男子团体第五名的成绩。

六 安全工作常抓不懈，行政后勤服务到位

强化校园安全工作责任制，健全安全网络体系，层层签定安全责任书，保证了各项工作落实到位。办公室、总务处工作虽然事务繁杂，但大家都能尽心尽责，服务一线师生，为学校教育教学工作提供良好保障。

党务及工会方面工作扎扎实实，完成了总支换届工作，组织开展运动会、庆元旦、庆国庆登山比赛等各类文体活动，走访退休老教职工等。校史馆、档案室建设等方面也取得了较好的成效。

总之，2016年，我们顺利完成各项既定目标任务，实现了学校的平稳有序发展。学校每一点每一滴的成绩，是上级教育主管部门正确领导的结果，是全体教职员工团结一心，呕心沥血，努力拼搏，无私奉献的结果！在此，我代表学校，向关心支持我校发展的领导表示衷心的感谢，向为学校的发展作出贡献的同志们表示崇高的敬意！

在充分肯定成绩的同时，我们也清醒地看到学校发展中存在的主要问题和遇到的发展瓶颈：为助力教师的专业素养的提升，学校创造的条件和平台还不充分；为促进学生核心素养的落地，学校开发的课程和活动还不丰富；为提高教育教学实效的课改，学校制定的方案和行动还不清晰；为促使学校发展特色的形成，学校采取的方法和措施还不具体。

"功崇惟志，业广惟勤。"面对学校发展的现实挑战，我们惟有用坚定的意志，迎难而上，群策群力，勇于改革创新！我们惟有用满腔的热血，带着强烈的责任担当意识，埋头苦干，才能争得学校发展的生机和学校发展的光明未来！

2017年学校工作计划要点

"为者常成，行者常至。"2017年是学校新的"三年发展规划（2016—2018）"的关键之年，也是机遇与挑战并存的一年！学校要求全体教职工立足校情，抖擞精神，全面贯彻全区教育工作会议精神。学校2017年的发展总体思路是：安安静静办教育。以人为本，激发师生内生力；整体推进，促进学校自主发展。为推进建设"五优两满意"优质学校而努力！

一 树立正确的教育理念，回归教育本质

1. 坚持把"立德树人"作为根本任务，提升学生核心素养。遵循教育规律、学生身心发展规律和教师的工作规律，树立正确的人才观和育人目标，将学生健康成长作为教育工作的出发点和落脚点，让教育回到最本真的状态，实现学生的全面发展、健康成长，回到

教育最基本、最简单的知识与道理上。

2. 立足校情真抓实干，提高各项工作标准。一切教育活动要为学生着想，在安安稳稳中谋实效，在扎扎实实中树形象，从教学常规到课堂教学改革，从课程建设到各类学生活动，都要提高工作的标准，安安静静办教育，扎实走好自主发展之路。

二 落实"一岗双责"，构建德育体系

1. 坚持德育首位，打造"主体性教育"德育品牌。充分发挥九年一贯的体制优势，构建全员育人德育体系，聚焦学生核心素养提升，抓好学生习惯养成教育，根据不同学段、不同年龄的学生特点和成长规律，准确定位育人目标，改进育人方法措施，为学生提供适合的教育，促进学生健康成长。

2. 提升家庭教育指导服务水平，促进家校共育有新突破。加强家校联系的目的，是更好地服务于学生的发展。学校要更加关注学生及家长的需求，以学生发展需求为导向。

以政教处为主做好家校联系各方面工作，各年级班级通过QQ群、飞信群，成立班级、学校家长教育小组，切实做好安全教育平台、满意度测评平台等测评工作。通过家长会、家长开放日、"大家访"等活动，教师与家长互动，相互了解把握学生的学习生活情况，对家庭教育、家长教育实施必要的和有效的干预，有效地提高德育教育效果。

三 突出教学中心地位，深化课堂教学改革

1. 坚持课堂教学中心地位，努力提高课堂效率。牢固树立目标意识、效率意识、学法指导意识、学生参与意识，不让学生留下知识和能力的夹生饭，实施分层次教学，保证让每一个学生都学有所得，学有所进；同时，注重培养学生良好的学习习惯，教师要明确

告诉学生每周、每天、每节课的目标、方向和措施等，逐渐地使学生由他律变成自律，自觉追求提高学习成绩。

2. 以新基础教育理论为指导，制定《课堂教学改革实施方案》，全面开展基于小组合作学习模式下的"三环六步"课堂教学改革。以"主体性教育"核心理念为指导，形成新的课堂教学学习系统，注重发挥学生的主动性，善于利用课堂上的动态生成资源，让学习真正发生在学生身上，让学生学会学习。

3. 高度重视学业水平考试工作。提早谋划，全面统畴，细化学业水平备考工作，科学规划复习进程，适当调整毕业学科复习时间安排，调整好学生中考前心理，扎实做好复习备考工作及考点教务工作。

四　加强师资队伍建设，搭建教师专业发展平台

1. 开展好"爱与责任"师德主题教育活动。组织教师宣誓，开展"恪守师德规范，坚定教育理想"的教师践诺活动。严格师德考核和师德评优，加强师德日常监管，实施师德"一票否决"制，建立师德建设的长效机制。用好"金砺讲坛"平台讲好"我的教育故事"，让每一位教师有机会分享自己的教育故事，分享自己的教育成果，从分享中体验工作的成就感，增强教师从教的幸福感。

2. 采取"走出去、请进来"的策略，积极创造条件，持续深化以"强师德、提师能"为目标的教师队伍专业发展。依托学校发展共同体，组织片区研讨课活动。积极参加区教学能手、学科带头人评选。

有针对性地统一思想，加强师资队伍思想建设和作风建设，推动"师资队伍优秀"目标的落实。

3. 创设教师成长平台。结合开展"一师一优课"活动，以"同

课异构"形式、以及"优质课推选"等为抓手,切实开展课堂教学研讨活动,提高教师的课堂教学水平。

4. 配合全区"12年读书工程",认真开展"读书富脑"活动,4月份启动第十二届校园读书节。各教研组要把学习教育教学理论作为日常教研活动的规定动作,充分用好网络研修平台,和市、区教师培训以及校本培训,全面提高教师专业素养。

五 规范课程建设,提高课程实施水平

1. 课程建设逐步规范,课程意识逐步增强。学校是一种特殊的社会服务机构,学校提供的服务"产品"就是"课程"。促进学生核心素养的提升,培养德、智、体、美、劳诸方面和谐发展的人,所依托的就是丰富的课程。一所学校的办学实力就体现于这所学校的课程体系。"三级课程"的校本化,持续打造金山中学的校本课程体系是学校办学的焦点。结合我校已有的课程体系和社团建设的成果积累,逐步丰富学校课程。依托课程建设,全面加强体卫艺科技工作,开足开齐艺体课程,组织学生体质健康监测,落实好每天锻炼一小时阳光体育大课间。重点做好排球、足球梯队建设,实施艺体科技2+1+1工程,确保每名学生掌握两项体育技能,一项艺术技能,一项科技技能。组织参加区中小学生电子作品制作及电脑机器人大赛及第十九届"百灵"艺术节、市区"布谷"科技节系列活动。

按照学校"三年规划",开发好"传统文化"系列课程。

加强我校排球特色课程建设,积极备战市第十六届中学生运动会系列选拔赛。

12. 建立校内外实践教育新格局。依托社区及学校周边资源,建立校本实践教育体系,形成校本实践教育课程。

六　加强教学常规管理和教科研工作

1. 强化教学过程管理。依照《山东省中小学教学基本规范》和《临淄区中小学教学常规实施细则》，扎实做好备课、上课、作业批改、单元检测、教学反思等工作，创新评价形式，切实做到减负增效。

2. 加强教育科研工作。教科室积极引导广大教师开展小课题研究，解决教育教学中的实际问题。积极参与课题申报，以教育科研助推教学改革和创新。

七　提升行政后勤服务水平，优化教育发展环境

1. 行政后勤工作要有新突破。进一步明确岗位职责，落实"工作日志"制度，以召开月度例会的形式，加强行政后勤人员的工作过程性管理。办公例会和工作例会按时召开，并做好相关记录。通过会议统一思想，明确要求，增强行政后勤人员的岗位责任感，激发行政后勤人员工作的自豪感和工作积极性，更好地服务教学一线、服务学校发展。借助"中小学办学条件提升工程"，完成对景行楼的内部整修，建成新的计算机房，提升学校办学硬件水平。

2. 工作标准要上新台阶。督导室负责进一步修订《学校发展三年规划（2016—2018）》及《自主发展评估方案》，进一步加强过程性督导，充分用好档案盒和档案封面纸，及时把各口活动进行规范地归档整理。把工作做在平时，提高工作标准。严格落实基础性指标，整体提升学校规范化办学水平。

八　党建、工会工作提升新高度

贯彻党的十八届六中全会精神，严肃党内政治生活，切实把党

建工作提到学校一切工作的统领地位上来。全面落实《关于新形势下党内政治生活的若干准则》和《中国共产党党内监督条例》，切实落实好"三会一课"制度，把党建工作当成文化建设的重要组成部分。工会工作是学校依法治校的重要保障，按照工会法及上级有关法律法规要求开好职代会，履行好工会权利，落实职工福利待遇、开展丰富多彩的职工文体活动等。

各位代表，老师们，同志们，让我们在区教育局党委的领导下，真抓实干，凝神聚力，发扬"精诚团结、搏竞一流"的学校精神，全校上下，和衷共济，坚持"安安静静办教育"，撸起袖子加油干，为实现学校发展的"五优两满意"目标而努力。为建设"家敦民富、大气精美"的现代化临淄作出我们应有的贡献。

谢谢大家！

【回味与感悟】组织领导者要善于虚实结合开展工作。工作过程中有些程序化的要求应当认真对待。必要的规则与规矩应当认真遵守。虚功实做是一种成熟的表现。

安安静静做教育　　提高标准干工作

（2017 年 2 月 21 日，在中层正职例会上的讲话）

今天利用这个时间，召开中层正职例会。本学期例会定在双周一的下午第一节课。昨天因为政教处安排全校班主任大会部署"主体性教育"九年一贯德育体系研究启动仪式而把会议临时推移到今天召开。这次会议的主题是：安安静静做教育，提高标准干工作。我主要讲三方面的问题：

一　当前学校发展的形势和任务

当前，学校发展进入了一个全面理顺发展思路，全面理清发展路径，全面深入推进"五优两满意"目标的关键时期。"三个全面"的形势任务摆在了我们面前，从学校发展层面上讲，各项工作有条不紊，全面铺开。

我们的中长期目标"五优两满意"优质学校建设正在逐步落到实处。要实现这一目标，我们必须有一支精干的校干队伍。有了"想干事、能干事"的校干队伍，我们才能实现目标。但是，仅仅"想干"只是一种姿态或愿望，仅仅"能干"只是一种不怕付出的意愿，而更关键的是"会干"、"怎么干"。

四届三次教代会上，我们提出了"安安静静做教育"的学期工作基调，同时，逐步清晰化我们的文化核心理念："主体性教育：唤醒主体意识，激扬生命自觉！"

唤醒主体意识，首先唤醒的就是在座的诸位校干。

我们一定要从内心里焕发出一种干事创业的自觉自愿的激情，我们才能把学校发展的利益和个人成长的利益统一起来，把繁重的工作，当成是我们自身发展的需要，当成是我们生命中应当担负的使命，是历史和命运把我们放到了这样的一个位置上，让我们有所担当！没有这种自觉性，工作就会叫苦叫累，学校的工作就无法高效推进。

其次，唤醒的是全体教职工。

只有把全体教职工的工作主动性和积极性调动起来，我们的各项工作才能落实下去。教职工的主体性一旦调动起来，就会产生巨大的能量，各项工作的推进就会很顺畅。因此，我们一直在讲我们的核心理念是"主体性教育"，包括唤醒教职工的主体性，教职工的唤醒靠什么？

一靠培训。今年教代会上，我们特意把教科室计划放在全体教职工大会上来讲，把"金砺讲坛"的德育论坛和教科研论坛统一起来，形成教师专业发展的平台，以"政治学习+业务学习"和"我讲我的教育故事"为抓手，切实做好教师专业发展的推进工作。教科室承担着教师专业发展的重担！要把这付担子挑起来。抓好政治学习、抓好业务学习，抓好教职工的思想建设和业务素质建设，这"两个建设"两手都要硬，尤其不要忽略了政治思想建设。我们坚持每周四的政治学习这一传统，必须旗帜鲜明地讲政治，坚决防止忽视政治、淡化政治、削弱政治的倾向。教科室要切实做好这一方面工作。用好每周四的政治学习时间，在提高学习的质量和效果上再下下功夫。

二靠课改。把老师们的心劲集中到研究教育教学上来。这就要求我们要做好课改工作。这项工作是当前学校发展任务的重中之重。两个教务处要做好这项工作。今天下午，初中就要召开课改动员大会。要开好动员会，切实把课改工作做起来。把课改工作与"组内同课异构研讨课""一师一优课""分级聘任公开课"等结合起来。继续本着"稳妥、渐进、继承、创新"的原则，有计划、有步骤地推进课堂教学改革。这项工作由教务处具体落实到位。我们期望的成果是：一要让我们的课堂真正活起来、高效起来。二要把课改的过程当成研究的过程，把相关的资料积累起来，形成物化的课改成果：《主体性教育——金山中学"三环六步"教学模式研究与实践》初稿，时限大约用4个学期。

第三要唤醒的是学生。

这就是德育工作的重点。当前，我校正在推进的是《主体性教育——金山中学九年一贯制德育体系建设研究与实践》的课题。昨天已经举行了课题研究启动仪式。启动仪式搞得不错。但是，启动容易落实不易！关键在落实。昨天会上我讲了话，一是强调"一体化"，坚持把我校的九年一贯体制优势发挥出来，二是强调"研究化"，把工作过程当成研究过程。要出研究成果！政教处的任务目标：一是真正让我校的学生管理及德育工作充分地发挥出了学生的主体性！该让学生干的，学生干，让学生"人人有事干，事事有人干"，让学生成为"班级小主人"、"学校小主人"、"活动的小主人"，真正让学生成为成长的主体，成为一切德育活动的主角。同时，学生的道德素养是在体验过程中形成的"真"道德，其道德行为是来自其真心，而不是表面的，在老师面前和学校里一个样，而在无人看到的地方在社会上道德水准是另一个样。这种人格分裂化的道德是"假"道德！政教处工作成效标志是学校管理"整整齐齐、干干净净"，每个学生"健健康康、纯纯正正"。政教工作为学校教学工作保驾护航。另外一个目标是，要形成物化的研究成果：《主体性教育——金山中学九年一贯德育体系研究与实践》初稿，时限大约也是4个学期。

　　从现在起，每一步工作都要留好资料，而且要保证质量。不客气讲，政教处前期几个文件，在规范性方面还有不少需改进的地方。同时，发动起全体班主任，全体教师，推进"全员育人导师制"。所有"全员育人"工作一定要有实效性，不要搞成花架子，不要搞成老师们的负担，不要搞成一堆无用的纸张材料的堆积。这项工作政教处要承担起责任来。一定要本着"在研究状态下工作"的原则，把工作的过程当成研究的过程，把工作的实效性放在首位，同时，把干了的工作资料积累下来，整理提升，升华为成果固化下来。

　　总之，我们要走"文化立校"的自主发展之路，在"主体性教育"的核心理念指导下，无论是教师队伍建设、德育体系建设，还是课堂教学改革等诸项工作都紧紧围绕"主体性教育"这一核心理念展开。工作原则是"在研究状态下工作",把工作的过程当成研究的过程,引导教师们把工作当成研究,做到"目标明确化、过程精细化、成果最大化"。

另外,社团活动也要向"内容更丰富、覆盖面更广、活动效果更优"的方向迈进,向课程化方向迈进,形成我校的校本课程体系,成为"主体性教育"的有力支撑。

同志们,"五优两满意"的目标正在有力的推进之中,前景令人振奋。"主体性教育"的核心理念正在逐步深入人心,并统领着学校各项工作整体推进、和谐发展。希望全体中层校干统一思想,敬业奉献,脚踏实地,埋头苦干,在学校的发展史上,洒下我们的汗水,留下我们的足迹!

二 提高工作标准的必要性和紧迫性

通报一下上学期督导情况。整改措施:

(1) 全面提高工作标准;

(2) 督导室进行过程性随机督导;

(3) 中层正职是第一责任人,形成责任追究倒查机制。

三 干部培训

必须发扬自我革命精神

在座的都是党员领导干部,不是党员也是在我党领导下的干部。我们一起学习:《党必须发扬自我革命精神》——三论学习贯彻习近平总书记在省部级专题研讨班上的重要讲话。

"勇于自我革命,是我们党最鲜明的品格,也是我们党最大的优势"。在省部级主要领导干部学习贯彻十八届六中全会精神专题研讨班开班式上，习近平总书记要求全党发扬将革命进行到底的精神，一刻不放松地解决自身存在的问题，始终跟上时代、实践、人民的要求。把讲话精神落实到工作中，就要拿出自我革命的勇气，努力在革故鼎新、守正出新中实现自身跨越，不断给党和人民事业注入生机活力。

  作为一个具有 95 多年历史的马克思主义政党，我们党的伟大不在于不犯错误，而在于从不讳疾忌医，敢于直面问题，勇于自我革命，具有极强的自我修复能力！我们党为什么能够在现代中国各种政治力量的反复较量中脱颖而出？为什么能够始终走在时代前列、成为中国人民和中华民族的主心骨？根本原因就在于始终保持了承认并改正错误的勇气，一次次拿起手术刀来革除自身的病症，解决自身的问题。这种能力既是我们党区别于世界上其他政党的显著标志，也是我们党长盛不衰的重要原因所在。

  "不私，而天下自公。"我们党之所以有自我革命的勇气，是因为我们党除了国家、民族、人民的利益，没有任何自己的特殊利益。不谋私利才能谋根本、谋大利，才能从党的性质和根本宗旨出发，从人民根本利益出发，检视自己，才能不掩饰缺点、不回避问题、不文过饰非，有缺点克服缺点，有问题解决问题，有错误承认并纠正错误。党的十八大以来，以习近平同志为核心的党中央提出全面从严治党，以刀刃向内的勇气向党内顽瘴痼疾开刀，体现的正是我们党自我革命的决心和意志。理论创新、实践创新、制度创新，中国改革发展的成绩背后，正是我们党不断自我净化、自我完善、自我革新、自我提高的精神。

  现在，世情国情党情民情深刻变化，我们党面临的挑战和风险更加复杂，面临的"四大考验""四种危险"更加严峻。任务越繁重，风险考验越大，越要发扬自我革命精神。作为拥有 8000 多万名党员，440多万个党组织的世界第一大党，没有什么外力能够打倒我们，能打倒我们的只有我们自己。前途命运都掌握在我们自己手上。要兴党强党，保证党永葆青春生机活力，必须具有强烈的自我革命精神、过硬的自我净化特质，坚持不懈同自身存在的问题和错误作斗争，以勇于自我革命的精神打造和锤炼自己。

坚持自我革命精神，关键要有正视问题的自觉和勇气。"天下之患，莫大于不知其然而然。"自我革命本身就是对着问题去的，讳疾忌医是自我革命的天敌。各级党委和领导干部不仅要以"君子检身，常若有过"的态度来发现自身的不足和短板，防止小问题变成大问题，小管涌演变成大塌方，更要已立立人，已达达人，担负起管党治党的政治责任，让自我革命精神成为全党上下的自觉追求！

【回味与感悟】这是我主持工作以来的第二个学期开始的第一次干部会。延续了我的一贯风格，高度重视思想建设。今天正式提出了"安安静静做教育"的标语。这个标语，一直在学校的宣传栏和电子显示屏上滚动。本书的副标题是"学校建设的理性思考与创新实践"，正标题就用了今天这次会议提出的"安安静静做教育"。教育，是有规律的，不必标新立异，而是安安静静，遵循规律。办教育，是需要有韧性的，不必轰轰烈烈，而是安安静静，持之以恒。

在音体美专题工作会议上的讲话

（2017年2月22日）

今天利用这个时间，专门召开一次全校音体美工作会议，参加会议的有小学、初中教务处主任，小学、初中两位体育组组长，小学、初中两位音美组组长，办公室主任列席。召开这样一个专题会议，充分说明了学校对音体美工作的重视。

音体美教育在学校教育中占有十分重要的地位。长期以来，人们以追求升学为指向的片面的教育评价观，导致了非考试科目的音体美被边缘化。体育近几年纳入中考后，情况大有改观，大家都重视体育了，但是音乐、美术学科在人们心目中，仍然属于副科这种印象。有这种印象的，甚至更多的是我们的音美老师自己。这种自己把自己看轻的心理，既反映了音美教师自身的认识误区，也体现了现实中的无奈。但是，我们认为，在学校教育中，音乐、美术教育特别重要，应当恢复其应有的地位。首先我们的音乐、美术老师要自己把自己的学科看重，不要自己看轻自己。我们学校是九年一贯制学校，孩子从6岁进入小学，直到15岁16岁毕业，这九年时间，其实是奠定其一生的发展基础的九年。大约每一级学生有180人，其中有80人进入普通高中学习，还有100人则直接进入社会或者进入技校习得一技之长也将进入社会。无论进入普通高中的，还是进入技校的，还是直接进入社会的，他们再难有机会接受音乐、美术专门的系统教育。所以，他们的音乐、美术素养的形成，基本上是在义务教育段完成的。许多在艺术上有造诣的艺术家，都是从小被发现，并从小被培养的结果。我们作为义务教育段的教育工作者，尤其是小学教师，要有一双慧眼，能够用心发现孩子中的有天赋者，用心培育和发展孩子的兴趣，用鼓励和欣赏造就孩子的一生！我们就承担着孩子们的这方面素养的培育的责任和使命。由此可见，我们肩上的责任，我们身上的使命，是多么重要！不要小看自己，对待工作要心存一种敬畏，心存一份自豪，不要说"嗨，反正我教的是副科，差不多就行！"我们的工作不要差不多，我们的工作要提高标准，严于律己，一丝不苟！

今后，学校的音体美工作由两个教务处主管。具体工作由四位组长安排。涉及全校性的工作，由办公室协调。总的原则是，全校一盘棋，体育两个组长以初中组长为主，协调九年一贯的体育工作全面安排。音美两个组长以初中组长为主，协调九年一贯的音美工作全面安排。两个教务处以初中教务处为主，协调全校的全面工作，小学教务处、两位组长，在全校一盘棋安排的前提下，管好自己的学段工作。全校音体美工作要逐步向一体化方向转化。

音体美工作的总目标是：一是保证开足课时，开齐课程，提高课程实施水平。二是保证区级各类比赛必须有高水平的作品，在区级比赛中，取得与我们学校地位相称的成绩！不允许有空项！为保证取得优异的比赛成绩，有必要聘请校外辅导教练的，上报两个教务处，由两个教务处负责报办公室，经学校研究决定是否聘用。市级、省级项目上，也要争取有所突破。特别是排球项目，我校作为全区的龙头学校，必须在市级、省级比赛中占有一席之地！两个教务处将各项比赛成绩纳入教师考核。

【回味与感悟】组织的工作往往是多方面的。学校也是如此。美育工作是学校工作的重要组成部分。组织的领导者需要关注组织整体工作的各个方面。有些工作当然不一定时时都关注的到，但每年或每半年总要侧重和兼顾某个工作方面。

"主体性教育"核心理念逐步得到贯彻
"五优两满意"办学目标持续得以推进

（2017年5月11日，在2016—2017—2期中总结大会上的讲话）

同志们：

今天，利用这个时间，召开本学期的期中总结大会。本学期开学三个多月以来，全校工作开展比较顺利。在全校教职工的共同努力下，特别是各中层处室的密切协同、紧密配合下，学校风气正，学风浓，广大教职工的精气神旺盛，学生的精神面貌阳光，校园平安和谐，学校发展呈现出积极向上的良好态势。"主体性教育"核心理念得到较好的贯彻，"五优两满意"的办学目标持续得到有力的推进。

近三个周以来，两个学部、各科室都进行了期中检查。各口的期中检查总结已经完成，两个学部及各处室的期中总结会已分别召开。对各处室的工作总结，我都认真地看过了，学校对各处室的工作表示满意。在此，我首先对全体教职工半学期以来，乃至这半年多以来和长期以来，对我工作的大力支持表示衷心的感谢！

汇总各方面情况，今天召开全校期中总结大会。会议的主题是"进一步深入贯彻"主体性教育"核心理念，强化责任担当意识，落实"安安静静办教育、提高标准干工作"的要求，高标准做好下半学期的各项工作，为全面推进"五优两满意"办学目标的实现而努力！

一　学期工作亮点

1. "主体性教育"理念逐步得到理解和贯彻，学校自主发展内生动力有一定的新突破。

2. "主体性教育"九年一贯德育体系建设、"秩序校园"建设、德育活动丰富。

3. "主体性教育"课堂教学改革有序推进。"动态生成、主体拓展""三环六步"教学模式进一步落实。

4. "主体性教育"教科研及教师专业化发展富有成效。

5. 教学常规工作做得扎实细致。

6. 社团建设、课程体系建设、课程实施水平进一步提高。

7. 办公室、总务处工作繁杂，但工作落实较细致、富有成效。

8. 党建工作、工会工作有条不紊。

9. 学校口碑良好，社会满意度、学校美誉度不断提升。

我们学校坚持走自主发展之路，提出"主体性教育"的核心理念。即发挥教师和学生两方面的"主体性"，用具有"主体性"的教师，育具有"主体性"的学生。主体性，体现为"积极性、主动性、创造性"。"主体性教育"理念表述为：唤醒主体意识，激扬生命自觉。教育的本质在于唤醒，在我看来，一所学校不仅仅是学生成长的地方，更应该是实现教师发展的地方。基于以上理解，我们将"主体性教育：唤醒主体意识，激扬生命自觉"作为我校办学的核心理念，并将这一理念贯彻于教师专业发展、课堂教学改革、德育体系建设、课程体系建设等各个领域当中。本学期以来，已经有所贯彻，并取得了不错的成效！我们不要贪多求快，一口吃个胖子是不行的，一种教育理念的提出并化为实践，是需要过程的。本学期开学以来，全校上下积极践行"主体性教育"理念，成效已经有所显现：

（1）教师队伍建设方面。

我们在全校展开"主体性教育"课堂教学改革，人人参与课堂研究，人人开放课堂，人人研究课堂，不仅面向校内开放，而且面向家长、社会开放。家长开放周期间，家长深入课堂听课累计达246人次。校内研究课、公开课，几乎人人参与，初中开课60余节次，小学开课30余节次。这种全面的课堂开放研讨氛围的形成，是不容易的。这正如教育学者佐滕学先生所说的"静悄悄的革命"。这就是一场静悄悄的革命！教书育人，主阵地在课堂，全校教师把主要精力放在课堂上。教师，是课堂的主人，你的课堂你作主，你往讲台一站，你就是课程，你身上所体现出的审美性、教育性、影响力是任何人无法替代的。你就是"学科主体"，这就是教师的"主体性"教育的具体体现！说白了，"主体性教育"要求教师，时时刻刻做最好的自己！

半学期以来，我们收获多多！全区教学能手评比中，给我校六个名额，我们选派的六位老师，经过层层选拔全部荣获"区教学能手"称号。他们是初中语文教师孙蕊，初中数学教师徐国磊，初中地理教师杨永梅，初中生物教师裴景娜，小学语文教师李婷，小学数学教师闫伟鹏。让我们向以上六位教师表示祝贺！我相信，如果再给我们多一些名额，我们还会有老师评上！这是由于我们有成就教师的土壤！优秀教师的成长，离不开个人的努力，同时，也离不开学校提供的平台和环境。学校一贯重视教师队伍建设，为教师专业发展提供最大程度的支持，教师的专业发展，首先是教师主动想发展，唤起自己的主体性，通过不断学习、实践、反思，不断提升自己的专业素养。其次要有实践锻炼的平台，我校两个教务处每学期密集开展各种研讨课活动、各种政治业务学习活动、各种教研活动，学校开展课堂开放、推门听课、家长开放周等活动，目的都是为教师的专业成长搭建平台，促使教师在实践中历练，不断提升自己的专业素养。我们提出"教师的人格魅力是最根本的教育力"，教师的专业成长不仅仅是学科知识、教学技艺方面的成长，还包括个人人格魅力的提高和人生境界的提升。持之以恒地锻造教师队伍，这是学校坚持的第一要务，也是我今天首先要讲的第一点。

（2）教学常规落实方面。

细、实是教科室及两个教务处抓常规工作落实的共同特点，也是对全体教师提出的共同要求，也是全体一线老师持之以恒精益求精之所在。我们一定要抓实细节。两个教务处抓得各有千秋，学校基本满意。但我提两个细节，希望两个教务处具体研究：一是作业布置。请问，我们的作业布置有多少是"今天的作业是练习册P81—P83"。那么，我问大家，这些作业题，是否适合今天所学内容？是否适全所有学生？老师事先有没有做过？筛选过？有没有针对性和实效性？能不能做到每一次作业都是老师事先做过，筛选过的？确保作业的针对性和实效性。二是2分钟侯课。能不能做到？不要小看这两分钟，这是一种状态的准备，心理的准备，给学生一种课堂的规矩意识，利于形成学生对待课堂学习的敬畏感。教师也要对课堂充满一种敬畏，严禁体罚和变相体罚学生，严禁讽刺、挖苦、恐吓学生，关系比知识更重要。

（3）教科研工作开展有一定成效。

各级各类培训、校本研修，叶澜教授"生命·实践"教育学派的"新基础教育"理念信条的学习；"金砺讲坛"的组织；"周四政治业务学习"的安排，"读书节"系列活动；"书香校园建设"，课题申报与研究，教学随笔，教师档案管理等等。这方面很有成效！服务于"主体性教育"的落实，学校对教科研工作充分肯定。在这里，我也要提一个细节：教后反思。请问，我们能否做到堂堂有反思？

（4）课堂教学改革有序推进。

（5）德育体系建设有明显成效。

（6）社团活动暨课程体系建设持续推进。

（7）办公室总务处工作主动有为。

（8）督导室工作有亮点。

（9）党建、工会工作有序展开。

二 紧紧围绕"五优两满意"目标开展工作

（1）硬件优良：本学期在办公楼楼体正面墙上安装了电子显示大屏。开辟了新的宣传阵地和展示窗口，效果特别好。在学校餐厅楼顶上安装"金山中学"四个LED点射霓虹大字，在生活区内产生了比较正面的影响，宣传了学校，有利于彰显学校蒸蒸日上的形象。在原木工房空地新建小型花坛一座，种植白皮松、银杏树等绿植；因地制宜的在学校正门楼梯拐角处种植翠竹若干，三五年后会长起来，这些都大改善和美化了学校育人环境。景行楼内装设计已经报教育局基建科，游泳池今年决定开放。学校呈现出勃勃生机！

（2）环境优美：除了硬件建设美化了学校环境之外，人文环境的建设也有所突破。本学期广饶优胜学校来我校参观，我校学生的"右行礼让"、"鞠躬礼"都给来宾留下了深刻印象，赢得了客人的赞许。教师的着装，整齐干练。师生的微笑，是校园内最靓丽的风景！融洽的师生关系是最佳的环境优美之所在！

（3）管理优化：文化管理初显成效。刚性和柔性管理相结合。民主管理、制度管理、量化管理落实到位。

（4）师资优秀。

（5）育人效果优异。

三 下半学期的主要工作

1. 安全工作，长抓不懈。

2. 学业水平备考，科学周密，万无一失。

3. 市区各类活动，按时上报，合理整合。
4. 安安静静办教育，提高标准干工作。

【回味与感悟】这次讲话，采用了大量图片，尝试只列出讲话题纲，自由发挥的形式，图片具有直观精准、信息量大的优势，我也尝试了一次"看图说话"的会议模式。效果也很不错！

在 2017 届初中毕业典礼上的讲话

（2017 年 6 月 26 日）

尊敬的各位老师，亲爱的同学们：大家下午好！

今天是一个值得欢庆的日子。我们在这里欢聚一堂，隆重举行金山中学 2017 届初中毕业典礼。我代表学校及全体师生向圆满完成初中学业的同学们表示最热烈的祝贺，向四年来为同学们的成长倾注了无数心血和智慧的老师们表示深深的敬意和诚挚的感谢！

"逝者如斯，不舍昼夜。"时间总是在不经意间溜走，四年的时光一晃而过，离别的钟声就要敲响。回首来时的路，许多往事历历在目。有浸透汗水的成功，有风雨中的苦涩，有夏花之绚烂，有秋叶之静美，一路走来，是满满的回忆！

"有缘千里来相会。"四年前，当同学们踏入金山中学校门口的那一刻起，你们的成长就和学校命运紧密联系在一起。在金山中学教风"爱润无声，责铸师魂"和学风"乐学进智，明礼扬长"的熏陶下，同学们快速成长，不断进步，为以后打好了坚实的基础。学校看在眼里，喜在心里，默默为你们加油助威。四年来，你们用自己的实际行动，认真做人，努力做事，勤奋刻苦，不断丰富自我，度过了有意义的四年。转眼间，我们即将分别，学校为拥有你们这些优秀的学生而感到骄傲。

初中四年的生活是一个节点，我们的人生之路还很长，要想走好人生的路，我们还需要在前行的路上不断修炼自我，才能成为一个有能力创造幸福生活的完整的人。

同学们，你们有对母校多少想念，母校的每一位老师就会有成倍的对你们的挂念，在你们即将走出校门之际，我代表金山中学的老师们把对你们的无限挂念之情化作三个方面的嘱托：

一　世界那么大，任你去遨游

但是也要记得常回家看看，母校就是你们的家，请不要忘记她曾是你们前行的驿站。母校是你们成长的摇篮，你们曾在这里生活、吸取养分、成长壮大。无论你身在何方，当你成功时，母校会为你欢呼；当你失落时，母校会给你慰藉。你的成才是对母校最大的回报，是给师弟师妹们做出的最好的表率。无论你身在何方，身居何位都不要忘记母校，母校就是你们的家，记得常回家看看。

二　人生多壮美，任你去描绘

但一定要心怀感恩！生活需要一颗感恩的心来创造。老师为了培养你们，呕心沥血，请不要忘记他们的培育之恩。他们举起的是你们，奉献的是自己。四年已过，大家是否还记得清你们的老师为你们改了多少次作业，上了多少节课，讲了多少道题、唠叨了多少句话？在刚刚结束的学业水平考试中，你们的老师时刻陪伴在你们的身边，为你们加油、为你们辅导、为你们祈祷、为你们祝福，还有那始终放不下心，一直把你们送到考区，又目送着你们走进考场的温暖瞬间……我们的老师就是这样的敬业，这样的无私。你们能忘记他们的培育之恩们吗？为此，我提议，让我们用热烈的掌声对我们的老师表示我们最诚挚的感谢！

当然，父母为了养育我们，她们含辛茹苦、煞费苦心，也不要忘记他们的养育之恩。也许他们有时会啰嗦、会疏忽、会粗暴，但是，他们为你们的成长付出了太多的心血与汗水，没有他们的辛勤付出，你们不可能这么顺利地走过这人生中重要的四年。

另外，我们还要感恩同学。因为他们与你同舟共济、荣辱与共、奋力向前。当你在困惑和迷茫中不知所措时，给你最大鼓励和宽慰的，就是与你曾经四年朝夕相处的好同学、好兄弟、好姐妹。为此，让我们带着深情厚谊，向你周围的同学握手致谢，同时说一声珍重，因为从今天起，你们的班集体将不复存在，同学们可能会到不同的学校继续学习生活，不能再每天朝夕相处。但距离阻隔不断友情，在未来人生的道路上，真心希望你们心怀感激，一如继往地相互鼓励，共同进步。

同学们，感恩是一种优秀的美德，更是一种责任与担当，学会感恩，你就学会了处世、学会了做人，你就可以纵横天下！

三　志向要高远，任你去腾飞

但务必要心怀祖国！今天，大家初中毕业，对你们来说这仅仅是人生旅途的一个重要驿站。但无论走到哪里，无论到什么时侯，你一定要把你自己和我们亲爱的祖国紧密地联结在一起，个人的青春和智慧只有融入到祖国崛起的伟大事业之中，你才会实现你的价值！我不能断言你们的未来一切如意，我也不能随意地预测你们的前途一帆风顺，但我要说，梦想的实现、成功的获取只有靠自己不懈的努力与拼搏。母校对你们充满期待，期待你们能把在金山中学四年的历练和储蓄的磅礴能量化作莫大的自信，始终秉承"惜时如金，尚行以山"校训精神，不断追求卓越，敢为人先，做一个有中国灵魂、世界眼光，具生命自觉的现代人，为母校增辉，为祖国添彩。！

四年来，你们最大的收获不仅是知识，还有当你们走出了金山中学的大门，这四年留给你们最珍贵的是师生情、同学情。那个时候，你们剩下的是满满的回忆，那朝夕相处的时光，那平淡如水的友谊，包括当时的闹矛盾不愉快，都会变成美好的回忆，这就是真实师生情、同学情，它是你们人生永恒的动力，希望同学们珍惜它，带着它一路前行。

同学们，无论何时，无论何地，你们永远代表着金山中学，代表着金中的文化，代表着金中的气度。跨入金中门成为金中人，迈出金中门代表金中人，你们每人都是金中形象的代言人，你们才是金山中学最宝贵的财富！

最后，再次把祝福送给大家，祝福大家：鹏程万里！大展宏图！用辉煌的未来描绘你们人生的无限壮美！母校期待着你们的好消息！谢谢！

【回味与感悟】毕业典礼是学校工作的重要内容。仪式感特别强，有意想不到的育人实效性。每年都要认真组织这个重要的仪式。任何组织，往往都有属于自己的仪式，作为组织的领导者，要高度重视仪式的设计，特别是领导者在仪式上的讲话，其讲话风格，讲话内容一般需要精心准备，以期达到最佳实效。

这篇讲话意味着我主持学校工作满一个学年了。一个学年，两个学期，9个月，18次讲话，每一篇讲话都是我自己起草的。每一篇讲话，都是发自内心的！

稳中求进　保持定力
咬定目标　自主发展

（2017年8月26日，在2017—2018学年学校工作计划传达会上的讲话）

2017—2018学年是金山中学实施文化立校，践行"学校发展三年规划（2016—2018）"的承前启后的关键之年。全年教育教学工作的指导思想是：全面贯彻党的十八大和十八届三中、四中、五中、六中全会精神，深入学习贯彻区教育局党委书记、局长刘学军同志在全区暑期教育干部读书会上的讲话精神，全面落实党的教育方针，以进一步提高办学质量为根本出发点，突出教学中心地位，优化学校内部管理，加强学校文化建设，以"新基础教育"理念为抓手，促进学校"主体性教育"核心理念的落地实施，努力朝着实现教育现代化、建成"五优两满意"学校的目标迈进。

第一部分　2016—2017学年学校工作小结

一　以家庭教育引领德育体系建设

金山中学秉承"主体性教育——唤醒主体意识，激扬生命自觉"的核心教育理念，积极推进"主体性教育"实践与研究，充分发挥我校九年一贯制的体制优势，以家庭教育为引领，推进学校德育体系一体化建设。围绕引领家庭教育与学校德育工作相结合，形成家校合力，学校开展了一系列活动。

（一）二月份，举行了"家长委员会"成立大会暨首届"家校恳谈会"活动。

（二）三月份结合"学雷锋"主题活动月，积极开展了"日行一善从我做起"的主题德育活动，学生走出校园，走进社区，自主地学雷锋、做好事。深挖雷锋精神内涵，让学生在日行一善的道德自觉下主动做好事，并在做好事过程体验道德成长。

（三）迎接了广饶优胜教育学校一行20人到校参观交流。交流了办学理念、管理措施，参观了校园，聆听了校长作的题为《主体性教育正在有序推进》的报告，赢得了友好学校的高度评价。

（四）四月份开展了"道德大讲堂"系列活动。针对不同年级的家长，有针对性地开展家庭教育指导。四月份以"善作魂"为主题召开了五年级和初一年级的专题家长会。号召家长从自身做起，言传不如身教，家长在家要以身作则，用自己的为人处事的实际行动，潜移默化地教育子女。

（五）五月份举办了"家长开放周活动"。开放周期间，由家长代表和学校领导一起为"金山中学家长学校"揭牌。

之后，邀请家庭教育专家为全校1000多名学生及家长举行了一场"传统文化与家庭道德建设"的主题演讲，广大学生及家长深受感动。

随后的一周时间里，全校的课堂向家长和社会开放，累计接待进入课堂听课的家长达120多人，累计听课达246节次。

学校食堂、餐厅、图书馆等设施也向家长开放，热情欢迎家长到校参观。

通过这次家长开放周活动，学校充分展现了内部管理水平，向社会和家长展示了师生的风采。本次"家长开放周"活动，极大地调动了家长走进学校的积极性，参与学校管理，走进课堂听课，了解学生的在校生活，进一步增进了家长对学校各项工作的全面了解，密切了家长与老师的关系，加强了家校联系，为学校创设了和谐的教育环境，得到了广大家长的高度赞扬，赢得了良好的社会口碑。

（六）学校申报的区级课题《发挥九年一贯制学校优势 积极构建主体性德育体系》，成为临淄区上报的四项市级课题之一。

（七）我校青年教师徐国磊老师的《安全伴随你我他》的德育主题录相课，参加"一师一优课"评选，获得"部级优课"称号。

（八）我校初二一班（班主任：徐国磊）获评"临淄区十佳完美教室"荣誉称号。

（九）我校初三四班张书萌同学获得"临淄区十佳中学生"荣誉称号。

这些成果的取得，都是我校贯彻"主体性教育"理念，坚持以家庭教育引领学校德育体系建设取得的成果。

二 以"新基础教育"理念引领教育教学改革

金山中学认真学习"新基础教育"理念，以全面实施素质教育为目标，以推进基础教育课程改革为重点，进一步加强教学研究工作，引领教育教学改革。

（一）加强理论学习。充分利用每周四的政治学习时间，利用"金砺讲坛"平台，有计划地组织系统学习了"新基础教育"的相关理论。

（二）坚持以教学工作为中心，课堂教学改革继续深入。创建并完善"三环六步立体合作"教学模式，打造"动态生成主体拓展"的主体性课堂，有力推进教学改革活动。

（三）两个学部分别召开课改动员会，把课改工作与"组内同课异构研讨课"、"一师一优课"、"分级聘任公开课"等结合起来，人人一节公开课。本着"稳妥、渐进、继承、创新"的原则，有计划、有步骤地推进课堂教学改革。

（四）结合组内研究课，开展了课堂教学改革创新模式专题研讨活动。通过进一步学习"新基础教育"理念，全体教师充分领会了课堂创新模式的重要意义、内容和实施过程，营造出了人人参与课改的浓厚氛围。结合"一师一优课　一课一名师"活动的开展，结合全校"教育教学开放周"活动，开展了一系列研究课、公开课活动。将我校的课改工作推进到第二阶段观摩研讨阶段。

（五）开展了全校课堂教学改革观摩课活动和组内课堂研讨活动。要求全校各教研组，以组为单位，组织组内"人人上一节研究课"活动。每节研讨课后在教研组内进行课后说课与网上和面对面两个途径的"3＋3＋1"评课。

（六）部署了"树标立杆"阶段的工作。课改观摩研讨阶段结束后，对前期课改进行了阶段性总结，并部署了"树标立杆"阶段的工作。各教研组在一系列课改研究公开课的基础上，确立本教研组的"课改标杆"教师。拟下学期一开学进行"立标"展示课活动。

通过加强理论学习，积极组织研讨课实践等活动，有效地引导教师深刻领会"新基础教育"的理念，人人争做学校课堂教学改革标杆，追求"成人成事"的价值观，引领学校课堂教学改革稳步提升。

（七）在区学科带头人、教学能手评比中，孙蕊、徐国磊、杨永梅、裴景娜、李婷、闫伟鹏六位教师参赛并全部获得"教学能手"称号。

（八）訾白云老师入围第十五届"全国中小学信息技术创新与实践活动"（NOC大赛）决赛。暑期参加比赛获得一等奖。

（九）在临淄区电脑制作大赛中，学校获得临淄区电脑制作"先进单位"称号；訾白云老师获得"先进个人"称号，获得一等奖1名，二等奖4名。

（十）在市区教育局组织的"电子制作、奇迹创意、七巧板"系列科普评选活动中，于建磊、李婷、崔书花、闫伟鹏老师辅导的学生获得一等奖1名，二等奖6名，于建磊获得优秀科技教师称号。

三　以"十二年读书工程"引领书香校园建设

依托"十二年读书工程"，认真落实经典诵读计划、教师读书计划和学生读书计划，积极开展教师学生共读、家长孩子共读等活动。

（一）落实周月季读书计划，修订古诗词背诵书目，各班张贴背诵目录和背诵评比台，及时记录背诵情况。继续倡导阅读各类书籍，强化各班图书角，充实各类图书尤其是科普类图书，认真开展学生经典诵读、科普阅读及各种读书展示活动。

（二）加强月查督促工作，指导语文、英语阅读活动，加强过程性管理。各学部、各年级充分利用手抄报、走廊板报、墙报等方式展出了学生的读书成果。

（三）五月初举行了"第十二届金山中学读书节暨图书漂流活动"。活动中，全校师生交流读书心得，举办"跳蚤市场"，进行图书漂流，营造起全校热爱读书的浓厚氛围。

（四）编印出版了校本教材《古诗文阅读》，在一到五年级全面实施系统的经典阅读。力争让经典阅读与传统文化进校园落地生根，为学生创造终生受益的教育。

（五）在第十二届中国中学生作文大赛（山东赛区）中荣获佳绩，金山中学共有13篇学生作文获奖。其中郭元亮老师获指导教师一等奖，陈瑞霞、许爱芹、孙蕊三位老师获指导教师二等奖，焦学军、丁晓丽、赵强三位老师获指导教师三等奖。其中，郭元亮老师获全国指导教师三等奖。

（六）我校教师舒天栋老师在寒假读书行——新华书店杯征文中，获临淄区二等奖。逄方慧、吴国平辅导的学生张琳婧、苏晴雪获区二等奖。

（七）我校初二一班邱佳悦同学在淄博市读书节"为爱读吧"栏目中，朗诵作品被选中并向全市播出。

（八）临淄区组织的"齐国故事"演讲竞赛中，我校教师刘晓丽、宋玉平老师辅导的学生入选获奖。

四 以项目化管理引领艺体科技发展

体卫艺工作依托区项目管理，坚持"全面加特色，合格加特长"的办学宗旨和"主体性教育"理念，大力开展社团活动，各项工作扎实稳定开展。

（一）学校排球项目保持在全区的优势地位。在全市"第十六届中学生运动会"上，获得男排全市第二名，女排全市第三名的优异成绩，为我区争得了荣誉，做出了突出贡献。在第十七届全市运动会排球赛中，男女排双双获得第三名的好成绩。（教练：吴金凤老师）

（二）我校舞蹈队（教练：常萌老师）在临淄区第十九届"百灵"艺术节比赛中成绩优异，在27支参赛队伍中脱颖而出，获得一等奖，并代表临淄区参加了市艺术节比赛，再获一等奖。

（三）学校跳绳代表队（教练：彭立田老师），在区联赛跳绳比赛中获得"8"字跳绳第一名，并获团体第三名的优异成绩。

（四）学校普及各类艺体项目，提高学生综合素质。学校现有各类社团30多个，同学们在课余时间参加足球、乒乓球、声乐、朗诵、美术、摄影等社团活动，张扬个性、发展自我。

（五）学校充分利用游泳池设备优势，积极争取社会各界的支持，在暑期组织开设游泳课进行学生游泳技能培训，近期计划举行游泳比赛，提高学生的游泳技能，培养学生综合素质。

（六）在全区"百灵"艺术节美术类比赛中，有多名同学荣获一、二、等奖。

五 以社会实践基地建设引领学生综合能力提升

以素质教育为核心，以学生实践活动为载体，以学生研究性学习方式为依托，借助区安全实践教育，培养学生的实践能力和综合素质。

（一）社会实践基地彰显学校综合实践活动课程内涵。在齐鲁武校安全实践基地，在指导老师的帮助下，学生学习了如何救人与自救，了解了防火知识与如何灭火，增强了安全意识。引导学生亲身经历各种实践活动，高空断桥帮助学生战胜恐惧，成功挑战自我并战胜自我，增强学生的自信心；个人绑手自由坠落，考验了胆量与团队配合；室内高空逃生，体验了惊险与智慧，促进了学生的全面发展。

（二）学校积极开发周边的社会实践活动基地，积极组织学生参与社会实践。学校先后与十建公司老年活动中心、淄博化建医院老年养护中心、十建公司淄博分公司老年大学戏剧社等单位对接，开辟了一系列有传统文化内涵的教育实践基地。

（三）积极组织学生走进社会实践基地，开展社会实践活动。走进老年养护中心看望照顾老人，为老人演出文艺节目，为老人剪指甲等，这些活动贴近学生生活，拉近学生与社会的感情，通过一系社会实践活动，引导学生深入社会，深入生活实际，促进学生身心全面发展。

（四）同时，在校内不断利用"安全疏散"演练、端午节包粽子、包水饺等劳动技能课，这些实践活动，有效促进了学生在学习和实践活动中自我教育和自我成长。

六 以人本理念引领办公室后勤人员不断增强服务意识

按照"安安静静办教育，提高标准干工作的"总要求，围绕教育教学中心工作，办公室后勤人员团结务实、敬业奉献，认真为教育教学一线服务。

（一）通过每月的工作例会、每周的政治及业务学习，不断提升思想素质。围绕学校的中心工作，办公室后勤每位成员牢固树立热心服务教育教学一线的意识，提高标准，积极工作。

（二）总务后勤确保教学一线的办公用品及时发放到位，保证教学工作正常开展。学期前便定计划，提前采购、整理好老师们的用品，编制好发放表，及时发放到位，满足教师、学生的工作、学习及生活所需。

办公室后勤全体人员在立足本职，完成份内工作的同时，发扬团结协作的精神，发挥集体的力量，认真完成各种临时工作，为学校教育教学的顺利开展做出了积极贡献。

七 加强对外宣传，树立学校良好社会形象

配合教育管理，加大宣传工作力度，发挥教育主阵地作用，借助教育局网站、微信、电视台等平台影响，向社会充分展示学校的教育教学成果，为学校教育打造特色专题，营造良好的教育氛围，不断提升学校知名度，推动学校稳步、和谐快速发展。

（一）学校充分发挥校园网的宣传作用，及时更新校园动态；

（二）筹备建立了金山中学微信公众号（创刊人：訾白云）"金砺讲坛"，通过家长微信群宣传学校的办学思想、教育教学活动；

（三）积极向淄博市教育局、临淄区教育信息网、鲁网、德育网投稿。完成了2016年教育年鉴和2013年教育年鉴彩页的编辑；更

新展板 10 块。

（四）在国家级刊物《教育家》中发表了我校办学纪实文章《主体性教育，激扬生命自觉》（署名：刘斌）。总结和阐释了学校的办学思想和办学实践。另外，在国家级期刊《素质教育》上还发表文章（作者：刘斌）《信息化与课堂教学改革》。

（五）初四毕业季的"毕业典礼"受到了社会的广泛关注。其中，学校策划的"五个空信封"特殊的毕业生礼物，受到临淄电视台的专题采访，并在临淄电视台播出。

（六）在学校微信公众号中，宣传了 40 多篇教育教学信息，在淄博市教育局发表 5 篇，在临淄区教育信息网发表 11 篇，在鲁网、德育网发表 70 余篇。树立了学校的良好社会形象。

（七）学校作为全市学业水平考试的考点学校，高质量的组织完成了考点考务工作，受到上级部门的好评。

第二部分　2017—2018 学年学校工作计划要点

一　重申学校核心办学理念

"主体性教育：唤醒主体意识，激扬生命自觉"是我们的核心办学理念。对这里的"主体"，要有正确的理解：主体性教育所说的"主体"是什么呢？大家知道，教育无论中外，时而强调"教育大计教师为本"，时而宣言"教育以学生为主体"，其实，作为一种有目的、有计划、有组织的塑造美好人性的社会实践活动，学校教育是一种特殊的生活过程，它既是学生生活的一个极为重要的组成部分，又几乎是教师生命的全部，教师、学生实在难以划分谁是第一主体谁是第二主体。因此，主体性教育认为，学校教育的主体是"教师学生和谐发展的共同体",这种"共同主体"实际上是"交互主体","交互主体性"是师与生、生与生之间的对话（对称）关系决定的,对话角色的无限可互换性,要求这些角色在操演（教育教学实践）时任何一方都不可能拥有特权,只有在问与答、求证和解析、演说和辩论、开启与遮蔽的分布中形成一种真正的对话时,交互主体性才会存在和实现。

概言之,主体性教育是一种交互促动的,发挥和发展教育者的主体性、培育和发展受教育者的主体性的社会实践活动,和谐是它的第一表征,共同发展是它的目的追求。

二 重申学校的中长期办学目标

立足于"办人民满意的学校",让临淄区南部老百姓的孩子在家门口上好学的"实际获得",全面贯彻党和国家的教育方针,努力建成"办学硬件优良、教育环境优美、学校管理优化、师资队伍优秀、育人质量优异,在社会有良好美誉度,百姓满意;在全区有一定影响力,政府满意"的优质学校。（简称"五优两满意"优质学校中长期办学目标。）

其重点是师资优秀！一个学校要得以发展,靠的不是最精良的完善的设施,也不是最豪华美丽的校园,靠的是素质一流的教师。一个学校的高度,说到底,是由这所学校所有教师的道德高度和学问境界来决定的。有多么高尚的师德,就有多高尚的学校;有多么精深的学问,就有多么精深的教育。虽然我们面临的教育现实课题是非常繁纷复杂的,但是,做教师,就要有这样一种品质:心怀虔诚,淡泊名利。静下心来,把我们的一切都献给孩子,献给有无限的艺术创造可能性的教育事业,用自己全部的人格魅力言传身教、潜移默化地影响孩子,用我们的一生去收获师生之间那种亲人般的情感，这是我们生命中最宝贵的财富。同志们，老师们，学校相信教职工，关心教职工，用心灵影响心灵，老师们就会相信学生、尊重学生，关心爱护学生，用灵魂塑造灵魂。在成就学生的同时，成就自己，在平凡的工作中实现自身价值，获得人生的成就感和幸福感！

三 重申几个工作原则

（一）在研究状态下工作，把工作过程当成研究过程

本学年，我给全体教师出一个题目《对"主体性教育"的理解与实践》，作为教学随笔命题，教科室负责审核，优秀作品要结集出版。

（二）安安静静办教育，提高标准干工作

《大学》说："定而后能静，静而后能安，安而后能虑，虑而后能得。"只有心灵达到宁静、安稳的境界后，人才能够洞察万物之规律，这时考虑问题才能周详，处理事情才能完善。心无旁骛，全神贯注投入教育教学事业。除例会和校委会特别研究决定之外，任何部门和个人不得随意召集教师开会，不得干扰教师工作。

（三）干得好，写得好，讲得好

善于积累，用写得好、讲得好促进干得好。当一个人的内心有了一种安顿感，生活也会有一种充实感。内心平静，工作才会干得好。思想清晰，智慧增加，这样干工作才更有效率。这时人的主体性能得到最大发挥，帮助我们达到更高的人生境界。

（四）目标明确化，过程精细化，成果最大化

干任何事情都要谋划在前，目标明朗，未雨绸缪，注重提升，提高标准干工作，将干了的工作总结起来，宣传出去，使工作成效最大化。

（五）不打雷、不刮风、不折腾

正确处理"稳"和"进"的关系，"点"和"面"的关系，"破"

和"立"的关系,"上"和"下"的关系,"量"与"质"的关系。落实好五个要求:追求要高、视野要宽、方法要新、作风要硬、过程要实。

四 学年主要工作任务及要求

(一) 教育教学教研

1. 教学常规抓细抓实。严格落实《山东省中小学办学基本规范》,规范办学行为。关爱每一名学生,严禁体罚和变相体罚学生。提高课堂效率,减轻学生负担。以"新基础教育"理念为依托推进落实"主体性教育"课堂教学改革。

2. 艺体科技、美育、劳动、社会实践活动扎实落实。积极探索适合我校实际的管理模式,充实完善"社团建设",加强过程性管理与考核,丰富课程体系。

3. 坚持科研兴校,扎实推进"一师一优课"、"小课题研究"。加强教研组建设,按照上级要求,规范教研活动。立足教育教学实际,确立研究"小课题",做到人人有课题,人人在研究,人人出成果。

4. 完善课程体系建设。落实国家、地方、校本三级课程,开齐课程,开足课时。立足学校实际,结合师资、生源、周边社区实际,积极拓展课程资源,开发校本课程,完善课程体系。

5. 强化学业水平考试备考工作。合理配备师资,采取有力措施,吸取往届经验教训,切实提高学业考试水平,责成初中教务处就学业水平考试备考制订专门实施方案,相关年级组老师要发扬"靠上、拼上、豁上"的拼搏精神,打一个翻身仗!

(二) 教师发展

深入实施"爱与责任"主题教育活动,评选各级各类"最美教师",积极参与各级各类教学评先树优活动,造就一支思想过硬,作风优良，业务精湛，境界高远的，集教育教学、教育科研为一体的优秀师资队伍。

1. 领导班子要加强思想建设、能力建设，通过不断加强对标学习，提高班子成员的政治站位，牢固树立"四个意识"，通过不断加强学习交流，提高民主管理和决策水平，形成坚强的领导核心。

2. 中层校干队伍要加强思想建设、作风建设，增强责任意识，提高执行力，使学校办学思路、办学要求上通下达，协调一致，确保令行禁止，干部以身作则，营造风清气正的良好校风。

3. 广大教职工，要统一思想，围绕"立德树人"的根本任务，充分理解、坚决落实"主体性教育"理念要求，积极投身教育教学教研实践，在发展和成就学生的同时，成就自己。本学年，计划将老师们的《对"主体性教育"的理解与实践》结集出版，形成教师发展成果。

（三）德育工作

1. 以"秩序校园"建设为抓手，继承"右行礼让、行鞠躬礼"优良传统，全面抓好养成教育。

2. 以"家长学校"正规开办为依托，形成家校育人合力，积极参与和适度干预家庭教育，提高农村家庭教育文化氛围，促进学生家长育人观念的转变，形成家校人联动机制，提高育人水平。

3. 以《九年一贯制"主体性德育"体系实践与研究》课题开展研究为依托，贯彻落实"全员育人导师制"和"主体性德育"系列体验式德育活动，提升学校德育研究和实施水平。

（四）校园建设

1. 硬件建设要分步骤有计划推进。本学期重点完成景行楼内部改造任务，精心组织，确保安全、工期、质量，争取在期中考试前后完成并顺利入驻。

2. 信息化建设。着眼于教育的未来发展，有序推进校园信息化建设，本学期先行在部分年级试行"快课"平板上课，条件成熟逐步推开，广大教师要自觉提升信息化水平，跟上信息化时代发展的新要求。

3. 平安校园建设。安全重于泰山！全校师生牢固树立安全防范意识，严格做好安全演练、值班护校、校车门卫、学生管理、安全巡查等工作，确保万无一失，建设平安和谐校园。

4. 书香校园建设。大力倡导读书，积极营造读书氛围。落实"十二年读书工程"，组织实施好"第十二届读书节"系列活动，认真落实好"周、月、季"读书计划。充分发挥我校九年一贯的体制优势，从小学抓起，把"亲子共读""师生共读""午读暮省""晨诵午写"工作抓起来，为学生提供使其终生受益的良好的阅读习惯和写字习惯。

（五）学校管理

1. 坚持民主管理、量化管理。教职工代表大会是全校最高管理机关。《金山中学学校章程》是学校管理的"宪法"。校委会落实管理制度，坚持用制度管人管事。本学期，修订完善一批规章制度，如《教职工考核制度》、《绩效工资分配制度》等，完成学校管理制度汇编。

2. 校内督导。结合"一校一案"督导新要求，进一步完善校内督导。把校内督导贯彻于各项工作的计划制定、过程实施、结果考评的全程各个环节，以督导促落实。

3. 文化建设。文化立校是学校可持续发展的保证。"主体性教育"理念体系是我校的办学文化体系，我们要坚持自主办学的道路自信、文化自信，走出一条符合我校实际、具有我校特点的办学之路。

4. 党建工作。深入贯彻十八届六中全会精神，落实党建"主体责任"，重点是规范落实好"三会一课"制度，贯彻党的教育方针，提高政治站位，壮大入党积极分子队伍，加强党支部战斗堡垒、先锋模范岗建设，以优异成绩迎接党的十九大胜利召开。

5. 提升办学社会满意度。完善校园设施，重点解决学生饭菜质量提升、饮用水供应等实际而具体的问题，切实减轻学生过重课业负担，坚决杜绝有偿家教、体罚与变相体罚、违规收费等行为，接受家长社会监督，提高群众满意度。

6. 加强学校财务管理。落实"三重一大"有关规定，科学制定并合理推进年度预算，合理使用办学经费，完善学校财务制度和内控制度，加强财务公开。强化内部检查和审计监督。落实家庭经济困难学生资助政策，做好生源地信用助学贷款工作等。

7. 加强学校安全工作。落实学校安全主体责任和"一岗双责"管理机制，完善安全管理责任体系。健全完善校园安全隐患排查整改和监督检查通报长效机制。完善并严格落实校园安全管理制度。加强学校对校车管理的力度。开全开足安全教育课，采取多种形式，对学生进行安全教育。结合主题教育日和"应急疏散演练日"，定期开展应急疏散演练。加强校园及周边治安综合治理。认真落实校园值班护校有关制度。

8. 切实加强工会工作。完善职工代表大会制度，改选补充部分职工代表，加强校务公开。组织开展好教职工文体活动，评选优秀"教工之家"。做好老教师走访慰问工作。做好关爱困难职工工作。组织好教职工的福利落实。

9. 做好宣传、信访、稳定、校园卫生等工作。进一步健全宣传机构和人员组成，整合宣传资源，完善工作机制，注重策划，增加主动性，切实提高舆论宣传工作质量。进一步落实信访稳定责任制、责任追究制和通报制，健全完善谈心机制，注重排查和化解教职工中的矛盾，畅通沟通渠道，做好政治思想、情感疏导等工作。做好档案管理、教育年鉴编纂、校史馆的设计等工作。

【回味与感悟】这篇讲话意味着我主持学校工作的第二个学年开始了。如果说第一个学期仍有上届领导班子遗留下来的一些影响因素，那么，第二个学年就完全是贯彻我的主导思想了。新学年的第一次全体教职工大会，是比较重要的会议，这次会上通常是传达一学年的工作计划。在这份计划当中，不仅贯穿了校长的教育理念和教育思想，而且体现出校长的治校思路和办学举措。

团结一心　凝神聚力
建设"五优两满意"优质学校

（2017年8月28日，在2017—2018学年开学典礼上的讲话）

尊敬的各位老师、亲爱的同学们，大家上午好！

在度过了一个平安、充实、愉快的假期之后，我们重新回到学校。学校是我们成长的地方。今天，又有149名新初一的同学和71名新一年级的小同学以及三位新教师一起加入到金山中学大家庭，让我们对新同学、新伙伴的到来表示热烈的欢迎！

此时此刻，全校师生在这里集会，隆重举行2017—2018学年开学典礼，站在新学年崭新的起点上，相信大家和我一样，心中充满了对新学年的无限憧憬！

当前，经济社会与科技发展日新月异，教育正面临"人工智能"时代对人才需求的空前挑战。我国正处在教育综合改革大发展的时期，全区教育改革进入攻坚阶段：分级聘任、特岗教师、中高考改革、一校一案督导改革等一系列措施陆续落地，人民群众对优质教育的期盼更加迫切。我们学校积极呼应教育发展的新要求，明确提出了"唤醒主体意识、激扬生命自觉"的"主体性教育"的核心理念和建设"硬件优良、环境优美、管理优化、师资优秀、育人效果优异，在社会有良好美誉度，百姓满意；在全区有一定影响力，政府满意。"（简称"五优两满意"优质学校）的中长期办学目标。这是我们大家的共同心愿！我们已经扬帆起航，从长远看，我们学校已经走上了一条文化立校、自主转型的内涵发展之路，并初步显示出了一定的成效！细心的同学们，一定发现我们的学校正一天天发生着变化：育德楼上安装了电子显示屏，游泳池碧蓝的池水分外美丽，学校大门上方有闪亮的霓虹灯，入校台阶处有青青翠竹。初中的同学们昨天辛苦地打扫了临时教室，因为我们要干一个大工程，对景行楼进行内部整修！竣工后，初中的同学们就可以入驻焕然一新的景行楼了，我们大家都非常期待！

除了这些看得见的变化，学校还在不断完善内部管理制度，明确文化立校的一系列方略原则，学校正在稳步向前发展！建设"五优两满意"学校的目标正在有序推进。我们知道，任何事物的发展都不是一蹴而就的，总要经过破旧立新、循序渐进的一个过程。"良好的开端是成功的一半"，建设"五优两满意"优质学校需要全校师生团结一心、凝神聚力，正如习近平总书记所说的：要撸起袖子加油干！

建设"五优两满意"优质学校，要求全体同学自觉听从师长的教导，真正意识到学习的意义和价值，遵守校规校纪，刻苦勤奋学习，牢记并践行"惜时如金，尚行以山"的校训，注重在体验中自我成长，用优异的成绩为自己的人生增光添彩！

建设"五优两满意"优质学校，要求全体教师进一步解放思想，提升思维品质，提高专业发展的自觉性，深刻理解积极践行"主体性教育"理念,敬业爱生、言传身教,用自己高尚的人格和高超的育人艺术成就做人师的无限光荣!

建设"五优两满意"优质学校,要求全体行政后勤工作人员,牢固树立服务意识,自觉维护学校利益,对内服务学校发展,对外展示学校风采,内强素质,外树形象,用无私的奉献为学校的发展贡献力量!

老师们,同学们,新的学年孕育新的希望,新的希望激发新的能量,让我们团结一心,凝神聚力,继续谱写学校发展的新篇章!

教育,说到底是师生共同在校园中的一段相处的生活。祝我们的校园一天比一天更美丽!愿全校师生在这美丽的校园里健康生活、快乐成长!

【回味与感悟】经过上一个学年的初步探索,办学理念更加明确了,办学目标更加清晰了,用"主体性教育"理念统领全校教职工的思想,用"五优两满意"目标描绘出学校发展的蓝图,使全校上下目标明确,工作起来有了主心骨!

围绕核心理念 强化责任担当
持之以恒推进"五优两满意"目标建设

(2017年9月4日,在校委会例会上的讲话)

首先,对开学以来各项工作的顺利开展表示满意。对大家的工作状态表示满意。

今天召开新学年第一次校委会例会,双周一的下午第一节课时间是召开校委会全体会议的时间。今天主要是交流各口的学期工作计划。按小学教务处、初中教务处、政教处、教科室、总务处、督导室、办公室的顺序依次进行。

……

学校的发展，涉及到方方面面，干部队伍的工作状态是其中很重要的一个方面。"状态"如何，直接影响着学校发展的大局。为进一步统一思想，增强干部队伍的凝聚力和战斗力，我讲三方面的意见：

一　明确核心理念，围绕一个中心开展工作

我校的核心理念是"主体性教育：唤醒主体意识，激扬生命自觉"，"唤醒"和"激扬"是教育的根本要义！无论是教师发展、还是学生培养，都要围绕这一核心理念。建设"五优两满意"优质学校是我们的中长期目标，各项工作的推进都要围绕这一中心目标。学校工作涉及方方面面。德育工作，包括九年一贯德育体系建设、德育活动设计、学生管理及养成教育、课堂教学改革、教科研工作、教师发展、家庭教育、社团活动、课程体系建设等等，都要围绕如何"唤醒"、"激扬"参与者的"主体性"来进行思考和设计，刚才大家各口的计划中，已经有所体现，但还要在后面的工作中进一步体会和实践，抓好谋划，抓好落实。学校督导室要结合区督导"一校一案"的要求，切实抓好校内督导。"主体性"既是培养目标和方向，又是培养手段和途径。学生获得主体性的觉醒，德智体美劳全面发展，教师获得主体性觉醒，在研究状态下工作，过一种幸福完整的教育生活。干部获得主体性觉醒，珍惜平台，履职尽责，发挥骨干作用，干出一番业绩，共同推动"五优两满意"目标的实现。

二　强化四个意识，树立五大思维，打铁还需自身硬

"四个意识"即"政治意识、大局意识、核心意识、看齐意

识"，五大思维即"战略思维、创新思维、辩证思维、法治思维、底线思维"。这些听上去是虚的，但却实实在在地、潜移默化地影响着干部的决策和行为，不得不慎！政治意识，就是要把我们学校的发展主动融入到全区教育发展的大格局当中，担负起临淄区南部地区教育的社会责任。办老百姓满意的学校，让我们片区的家长愿意把孩子送到我们学校来上学，这就是最大的政治。老百姓对学校办学质量的判断，也许就来源于我们学校教育过程中的一些细枝末节。上周二，我们刚刚开学，我接到两个信息：一是一年级一个学生＊正硕，上学路上边走边哭：我不愿意来上学！我要去别的地儿！……二是新初一个学生及家长与赵蕾老师一同走，家长说："孩子回家一个劲地说学校好，'老师一点也不熊人'！"赵蕾说："我怎么不熊你？你如果犯错误，我照样要熊你的……"学生和家长对学校的判断也许就在于老师的一句话。我们的工作一个细节做不到，就会影响学校的大局。这就是大局意识！上个周，我们通过了《考勤制度》，一分制定，九分落实。这是我们"以制度管人管事"的办学思想的体现。也是法治思维、底线思维的体现。对任何一个孤立的事件，都要跳出事件来思考，对校内外的一切事物，甚至一些看似不相干、实则联系密切的事物，都要多一些思考，"任何局部都是整体的缩影。"树立整体意识、大局意识。所有这些思维，具体表现为责任心和执行力！任何一项任务，安排到你头上，必须想尽一切办法去认真完成它，而不是找借口、找理由。前几年有一本书叫《把信送给加西亚》，其中提到"没有任何借口"，就是说的执行力！工作有布置没检查等于零。工作应付敷衍、推诿扯皮必须在中层正职面前止住！我们要做的，就是不遗余力地想尽一切办法，执行好、落实好上级的安排！不讲条件，不找理由。把活干好，接受群众监督。要抱定"每时每刻都是在考试"的心态干好工作。

三 拧成一股绳，走活一盘棋

"平时抓得紧，发展就平顺。"经常喊一喊号子，统一下步调，我们才能走得更稳。全体校委会成员，作为学校中层校干，不要有过多的个人私心杂念，干工作一定要出于公心，各处室之间团结协作，劲往一处使，心往一处想，拧成一股绳，走活全校发展一盘棋。大家都是咱们学校的老人了，互相之间长期共事，彼此都十分了解。但是，越是熟悉越要自觉，不能因为个人感情影响工作大局。工作就工作，不能讲人情，严肃细致的制度必须制定出来，严谨规范的作风必须树立起来，不能称兄道弟，拉帮结伙，吹吹拍拍，防止在情感的影响下，因熟悉而失去原则，发生"灯下黑"现象，即由于距离太近而被忽视的现象。另外，干部要注意自身形象。在不同场合，说话办事，为人处事，一定要讲究分寸。个人教育教学业务必须能拿得起，让同行敬佩！业务立得住脚你才有管理的说服力。管理讲原则，讲方法，讲艺术。带领你处室副职和其他成员一起，详细落实本处室的工作计划，要在研究状态下工作，要有成果意识。期末，我们要述职，按"干得好、写得好、讲得好"的标准，拿出你的工作业绩来！同时，要经得起群众的评议和信任投票。这既是对工作负责，更是对自己负责！

【回味与感悟】伟大领袖毛泽东主席曾说过："方针政策决定以后，干部就是决定因素。"学校的办学理念清晰了，办学目标也明确了，加强干部思想统一是我始终给予高度重视的。思想通，一通百通。

内心光明　研究育人
成就学生　幸福自己

（2017年9月8日，在庆祝第33个教师节大会上的讲话）

尊敬的各位领导、老师们，亲爱的同学们：大家好！

　　春华秋实，桃李沁香。在这"喜迎十九大，共筑中国梦"的历史节点上，在这个美好的金秋时节，我们迎来了第33个教师节。此时此刻，我最想说的是：感谢和祝福！感谢每一位教职工，祝福每一位教育工作者。正是全体教育工作者日复一日，年复一年地在自己平凡的岗位上无私奉献，默默付出，洒下辛勤的汗水，才使我们的教育事业蓬勃发展，才为我们的孩子创造了优质的教育。在此，我谨代表学校党总支、代替全校1100名学生及家长以及社会各界向全校奋斗在教育战线的全体教育工作者们致以节日的问候和衷心的祝福！受到表彰的同志，是广大的全体教师中的代表，让我们把最热烈的掌声献给全体老师，表达我们最崇高的敬意！！

　　老师们，同学们，一年来，金山中学在上级党委政府的领导和关怀下，在社会各界的大力支持下，在全体师生的共同努力下，学校发展取得了长足的进步。

　　回顾过去的一年，我们坚持回归教育本质，坚持"安安静静办教育"，坚定不移地走实"文化立校、自主转型、内涵发展"之路，明确提出了"唤醒主体意识、激扬生命自觉"的"主体性教育"核心教育理念和"五优两满意"的中长期学校发展目标。一年来，学校教育教学工作秩序井然，全体教职工奋发有为，办学质量稳步提升，管理机制不断优化，学校各项工作都取得了长足的发展，为建设"更加均衡、更加优质、更具特色、更有活力"的临淄教育做出了我们应有的贡献。

一年来,全校教职工团结一心,辛勤耕耘,以优异的办学成绩赢得了家长的信任与尊重,取得了良好的社会满意度,受到了广泛的社会赞誉:我校初二一班获评"临淄区十佳完美教室"荣誉称号;孙蕊、徐国磊、杨永梅、裴景娜、闫伟鹏、李婷等六位老师在区教学能手评选中获得"教学能手"荣誉称号;訾白云老师在第十五届"全国中小学信息技术创新与实践活动"决赛中获得一等奖;在临淄区电脑制作大赛中,学校获得临淄区电脑制作"先进单位"称号;在市区教育局组织的"电子制作、奇迹创意、七巧板"系列科普评选活动中,有多名同学获奖;在第十二届中国中学生作文大赛(山东赛区)中多名老师和同学获奖;在淄博市第十六届中学生运动会上,我校男排获第二,女排获第三的优异成绩。学校舞蹈队在全区比赛中获得一等奖并代表临淄区参加全市艺术节比赛再获一等奖;跳绳队在区联赛获得"8"字跳绳第一名,团体总分第三名……这些成绩的取得都是老师们辛劳的付出和同学们辛勤的努力的结果,我们为老师和同学们取得的优异成绩感到无限的骄傲和自豪!百年大计,教育为本。实现中华民族伟大复兴的"中国梦"在召唤着我们。教育大计,教师为本。在此庆祝第33个教师节的幸福时刻,我们不忘肩头光荣的历史使命和神圣的人民重托。"办人民满意的教育"是每一位教育工作者的神圣使命。

展望未来,我们清醒地认识到,学校发展还有很长的路要走。学校提出的"主体性教育"核心理念的实践还需要更加深入的探索。学校提出的'五优两满意'的中长期目标,还需要一步一个脚印地稳妥地向前推进。

新的一学年,我们决心进一步提高办学质量,突出教学中心地位，优化学校内部管理，加强学校文化建设，以"新基础教育"理念为抓手，促进学校"主体性教育"核心理念的深入实施。

为此，我提出三个祝愿：

一是祝愿老师们做一个"心中有阳光"的人。心中有阳光的人就是一个内心光明的人，一个有着坚定的自我认知，能够按照自己内在的信念去做事情的人。这样的人，心灵清澈，拥有灵动的智慧，不论是处于顺境还是逆境，无论面对赞誉还是打击，都能泰然处之，无不安适。是一个真正具有生命自觉的人。教育工作者最有资格成为这样高素质的有生命自觉的人。

二是祝愿老师们做一个"在研究状态下工作"的人。自觉把工作的过程当成是研究的过程。点滴的收获汇聚成研究的成果，让自己平凡的劳动结出可喜的劳动果实。在研究过程中，转换思维方式，让自己的智慧和思维高效运转起来，将自己日常的教育教学活动提升为专业的研究活动，善于总结，善于提升，工作已经干得很好，如果再总结得好，而且能讲得好，那不是更好吗？让我们享受研究的乐趣，把自己从繁重的琐屑的杂乱无章的重复性劳动中转换出来，过一种真正的幸福完整的教育生活。

三是祝愿老师们做一个"有能力幸福自己"的人。老师的工作性质决定了我们的工作对象是有血有肉有灵魂有思想的活生生的人，我们工作的成功的标志，是培养出成功的学生。我们的工作性质就是成就他人的同时成就自己。我们把"培养出让自己崇敬的人"作为一种目标追求，甘做铺路的石子，奉献于三尺讲台，但是，我们不能一味地去幸福别人而忘记了自己，我们用自己的智慧和汗水培养出一批批英才，我们才是更应当幸福的人。我祝愿老师们要"幸福自己"，每天坚持锻炼，合理安排作息，把自己的父母孩子照看好，把自己的家庭建设好，把自己的生活打理好，我们是最有权力去拥有幸福生活的人。

同学们，在这庆祝教师节之际，让我代表老师们感谢同学们的祝福！我们一定牢记使命，坚守信念，做好同学们成长道路上的领路人。

老师们，在这庆祝我们自己的节日之际，让我们互相勉励、共同期许，让我们同舟共济，一起在金山中学这片土地上，洒下我们的汗水，洒下一路欢歌笑语，不虚度我们的职业生涯、不愧对我们人民教师的光荣称号，走实我校的"主体性教育"之路，向着实现"五优两满意"优质学校的目标而共同努力！

再次祝老师们身体健康，家庭幸福，桃李满天下！

祝同学们健康成长，学习进步，早日成栋梁！

再次祝老师们教师节快乐！

【回味与感悟】今天的这篇教师节庆祝大会上讲话，是我真心想跟老师们讲的，我祝愿老师们做到三点，一是做"心中有阳光"的人，二是做"在研究状态下工作"的人，三是"做一个有能力幸福自己"的人。我讲的情真意切，但不知道老师们能不能理解我的良苦用心！

不忘初心　潜心育人

（2017年9月11日，在"爱与责任"主题教育活动动员会上的讲话）

老师们、同学们：

大家好！昨天，是我国第33个教师节！在前天，我们举行了庆祝教师节表彰大会，会上学校表彰了一批无私奉献的优秀教师代表，学校还有许许多多的优秀教师和优秀教育工作者，他们都在各自的岗位上的兢兢业业地辛勤工作、无私奉献着。让我们以热烈的掌声向全体老师表示最诚挚的感谢和最崇高的敬意！

国之兴衰，系于教育；教育大计，教师为本。为加强教师职业道德建设，打造一支"有理想信念、有道德情操、有扎实学识、有仁爱之心"的高素质教师队伍，学校持续开展"爱与责任"主题教育活动。

什么是教育？德国著名的哲学家雅斯贝尔斯书中写道："教育的本质是：一棵树摇动另一棵树，一朵云推动另一朵云，一个灵魂唤醒另一个灵魂。"这正体现了我校坚持的"唤醒主体意识，激扬生命自觉"的主体性教育核心理念。当前，我校正处于文化立校、自主转型、内涵发展的关键时期，学校提出了"五优两满意"学校建设的中长期发展目标，我们每一位教职工重任在肩。一支素质精良、乐于奉献、团结实干的教师队伍，是学校办学发展的宝贵财富，也是培养国家未来人才、建设幸福家园的重要基础。同时，也是同学们健康成长的最有力的保障。

习近平总书记提出："当老师，就要心无旁骛，甘守三尺讲台。"甘守三尺讲台，是对我们全体教师不忘初心的召唤。

不忘初心，就是要忠诚于党和人民的教育事业；

不忘初心，就是要以高尚的品德，率先垂范；

不忘初心，就是要专注教育教学和教科研，以自身的人格魅力和学识魅力影响学生。

同学们，老师们，"一个人遇到好老师是人生的幸运，一个学校拥有好老师是学校的光荣，一个民族源源不断涌现出一批又一批好老师则是民族的希望。"

今天我们在这里召开"爱与责任"主题活动动员大会，就是要在全校，营造乐教爱教、甘守讲台、为国育才的良好氛围。我们要以黄大年、李振华等优秀教师为榜样，爱岗敬业、刻苦钻研，潜心育人，为人师表，努力做师德高尚的教育工作者，做好学生锤炼品格的引路人；做好学生学习知识的引路人；做好学生创新思维的引路人；做好学生奉献祖国的引路人。用我们美好的品格浸润学生心灵，用我们丰富的学识启迪学生心智，用优质的教育方式提升学生综合素养，为学生的成长奠定基础。作为一名光荣的人民教师，生命中会遇到很多个学生，每一个学生对你而言，只是众多学生中的一个，但是对学生来说，你，却是他生命中遇到的有限的重要他人。所以，若爱，请深爱！若教，请全力以赴！生命的价值在给予而不是索取，学生将会永远记住你！

老师们，同学们，让我们携手前进，以这次动员会为契机，以崭新的姿态，在研究状态下工作，努力做一个德行高尚、学识渊博的人，立足岗位，践行"主体性教育"理念，为推动实现学校"五优两满意"的中长期办学目标而努力奋斗！谢谢大家！

【回味与感悟】此次讲话是为数不多的同时面向教师和学生的一次国旗下的讲话。"爱与责任"主题教育活动，是每个学年都要开展的固定专题活动，以往都只是下个文件，这次，我决定借国旗下的讲话之机，面向全校师生讲一讲。教育大计，教师为本。好的老师才是好的教育的根本保证。

同心协力　埋头苦干　推动学校工作再上新台阶

（2017年9月18日，在校委会例会上的讲话）

同志们：

　　学校的发展正进入"文化立校、自主转型、内涵发展"的关键时期。开学以来，先后顺利完成了分级聘任、竞争上岗，召开了全校教职工大会、举行了开学典礼、庆祝教师节大会，启动了爱与责任主题教育活动、师德学习活动、今天又启动了学校管理提升月活动，各项活动各个工作有序展开。整体教育教学秩序、学生管理、校园安全、校园卫生、师德建设等一系列工作次递展开。绝大多数中层校干，精神饱满，状态积极。干部调整后，教务处、政教处、教科室、总务处、办公室、督导室等各科室各位校干，认真履行自己的岗位职责，按照"安安静静办教育、提高标准干工作"和"目标明确化、过程精细化、成果最大化"、"在研究状态下工作"的要求，履职尽责，有力保证了学校各项工作的顺利开展。在此对大家的工作表示充分的肯定。今天召开行政办公会，会议内容主要是结合区校长会议精神安排布置一下近期相关工作。会前，首先明确一下学校的会议制度：

　　学校"五优两满意"中长办学目标其中之一是"管理优化"，为此，我们要进一步规范学校会议管理。

　　学校会议制度：

　　1. 校长办公会：学校党政领导班子成员参加，办公室主任记录。原则上每周召开一次，由校长主持。

　　2. 校务委员会会议：校务委员会由11位同志组成，分别是刘斌、王竹报、关丙卿、张忠诚、宋玉平、纪志刚、任树村、焦学军、王柏林、程国伟、郭元亮。校委会是学校管理的核心团队，每一位成员都独挡一面，在学校党总支领导下，既分工，又合作，贯彻落实学校的各项政策、措施。校委会会议每两周召开一次，必要时随时召开。一般第四、八、十二、十六、二十周的校委会与行政办公会合并举行。由校长负责召集。

3. 行政办公会：每月举行一次。由校长或书记主持。学校全体中层以上领导干部参加。布署工作，听取汇报，征求意见，研究学校重要问题。

4. 政治业务学习：每周四下午最后一节课召开。学习时事，关心国家大事；学习业务，提高专业素养。集中与分散相结合。由教科室负责组织。

5. 学部办公例会：每周一召开。由教务处主持。学部组长以上领导参加。布署工作，听取汇报，协调学部工作，交流工作经验，解决学部问题。

6. 年级组长会议：每月召开一次。由政教处主持。汇报年级组教师思想、教学、纪律、协作等方面的情况，交流年级组管理经验，布置年级组工作。

7. 教研组长会议：每月召开一次。由教务处主持。汇报教研组教育教学教研情况，交流经验，落实教改实验项目，讨论教学中出现的问题。

8. 班主任会议：每月召开一次（可与年级组长会合并举行），由政教处主持。研究指导工作，听取意见汇报，布置任务，明确要求。期末召开一次班主任工作总结会议，交流经验，评选先进，自评互评。

9. 组长述职会议：每学期末召开。听取组长述职，交流工作经验，展示工作成绩，查摆存在问题，评选先进。

10. 党建工作会议：每学期举行一次。由党总支委员会主持。全体党员及积极分子参加。布署党建工作，学习政策文件，落实有关路线方针政策。

11. 教职工代表大会：每学年召开一次。由工会负责组织。教职工代表参加。讨论校长工作报告，讨论学校重大决策，讨论学校重要文件的制定，通过教职工大会作出决议。

12. 全体教职工大会：每学期开学、期中、期末召开三次。由校长主持。全体教职工参加。讨论学校工作报告，统一思想，提出要求，对中层干部进行民主测评。

13. 家长会议：每学期按年级举行1—2次（可与家长学校开课相结合）。由政教处负责主持。报告学校工作，听取家长意见，接受社会监督，指导家庭教育，密切家校联系。

14. 其他临时性会议，由校长办公会研究决定。

下面，结合区校长会安排下阶段相关工作：

9月14日，局党委在临淄二中召开了校长会。同时"全区学校管理提升月"启动仪式一并举行。教育局党委全体成员与会，并分别就分管的领域工作做了布置。现将会议精神向大家传达同时安排今后一些工作。

一、"学校管理提升月"活动。全区举行了启动仪式，仪式由段玉强副局长主持，由王先伟副局长宣读了《临淄区学校管理提升月活动通知》，皇城中心小学和临淄二中分别作了表态发言。局党委副书记、副局长张锡华同志最后讲了话，之后，段玉强副局长对学校管理提升月活动进一步作了要求和强调。全区非常重视这次学校管理提升月活动，我们必须充分提高认识，认真抓好落实。

本次启动仪式传达的信息是：全面提升学校管理精细化水平。

要求各学校切实采取有力措施，制定严密的实施方案，切实提升学校的精细化管理水平。本次管理提升月活动时间为：9月18日到10月23日。内容为：

（一）规范办学行为：课程管理方面，严格按照国家课程方案开足开齐课程，公示课表，不随意调课、缺课。作息管理：严格遵守《山东省普通中小学管理基本规范》，学校不得以任何理由或名义突破规定作息时间。作业管理：严格遵守《山东省普通中小学管理基本规范》要求，小学一、二年级不留书面作业，其他年级书面作业总量每天不超过1小时；初中语、数、英、理、化书面作业总量每天不超过1.5小时，其他学科不留书面作业。提倡布置活动性、实践性家庭作业。禁止布置机械重复、照搬照抄、不加选择地直接布置作业。禁止给家长布置作业，禁止让家长代批作业。考试管理：严格落实《山东省中小学教学基本规范》，初中期中、期末考试作为阶段性考试，小学不组织期中考试。考试取消百分制，实行等级和鼓励性评语的评价办法。学生考试成绩不以任何形式公开，可单独反馈给学生。不按学生考试成绩对学生排名次，不作为评价、奖惩师生的主要依据。教辅管理：严格落实《山东省教育厅关于进一步做好中小学教材教辅材料发行使用工作的通知》精神，落实国家和省中小学教辅材料"一科一辅"的规定，义务教育段学校使用山东省统一审议选用的1套《配套练习册》。毕业年级考试辅导类教辅材料的选用按照省教育厅有关规定执行。

（二）强化学生养成教育。突出五大养成教育：礼仪仪表、学习习惯、卫生习惯、健体、生活五大习惯的培养。特别对五大习惯相对应的文明礼貌、读写姿势、个人卫生、体育锻炼、合理作息等五个细节习惯进行重点关注、重点培养，并建立校本长效检查整改机制。

（三）精细校园环境管理。"每日三清扫、每周大扫除"，利用学生会、少先队，每天检查，完善校园卫生常态保持制度。

（四）完善安全管理机制。落实"一岗双责"，进一步完善隐患排查整改长效机制。依托全国安全教育试验区和安全教育平台，结合主题教育日等做好师生安全教育和疏散演练，实现安全教育的系列化、常态化。建立完善的校园安保三防防范体系。借助校车监控平台，强化校车管理。抓好安全管理队伍建设，定期开展安全管理人员业务培训。加强校园及周边治安综合治理，构筑牢固的学校安全防线。完善矛盾纠纷调处机制，将矛盾纠纷排查工作纳入常规管理，及时调处化解学校各类矛盾，全力维护校园安全稳定。优化校园及周边环境，定期开展综合整治行动，消除安全隐患，净化育人环境。全面开展校园安全隐患大排查、大整改活动，建立安全承诺制和安全隐患排查台帐制度，力争不发生各类安全责任事故、群体性事件及各类刑事案件、治安案件，实现校园安全零事故。

以上是活动内容。最后张锡华局长和段玉强局长都强调了本次活动的重要性。讲话中指出：把握管理提升，重点突出"精细化"层次上。"精"是态度，"细"是措施。要求学校管理水平要更精密、更细致。专注做好每一个细节。彻底改变学校管理、尤其是学生管理水平低、粗放式的状态。在"干"字上动真格！建立起完善的学校管理体制机制。

今天，我们把"全面提升学校管理"作为这次校委会的第一个重要议题。就是要在全校上下营造浓厚的提升氛围，上午升旗仪式上已在全校师生大会上做了动员，从上到下，抓好落实。主要负责科室是政教处。政教处要借此次管理提升月活动的东风，切实推动学校管理精细化水平上一个台阶！学校督导室要对落实情况进行有针对性的督导，10月底，迎接区督导验收，政教处不仅要保证学生管理有明显的实效性，要做到眼睛看得见，耳朵听得到，情感触动到，而且要拿出完善的过程性材料来。

二、各位分管局长强调了分管工作，汇总一下，主要有以下几项工作：

王先伟：统计民间艺人信息。

刘建伟：（1）强调教师管理。严格考勤制度。旷工15天以上，学校必须上报区局，按上级文件执行。教师辞职问题，局里是不同意的。只能是自动离职，学校予以解聘。办公室负责落实好。（2）《爱与责任主题教育活动暨师德建设月活动方案》要及时制订并上传基教科。年底要有督导。留好过程性材料。教科室负责。（3）城乡结对共同体。牵头学校要做好共同体相关工作。小学共同体：金山中学小学部、福山小学、王寨小学、边河小学、虎山小学，牵头学校是虎山小学。初中：金山中学、雪宫中学、金岭回中、边河中学，牵头学校是雪宫中学。两个教务处配合参加好共同体牵头学校组织的活动。（4）顶岗实习大学生管理。制订并签订好实习管理协议书。关注和照顾好其生活安全，关注学生培养。（5）职称审报工作。召开专门会议，各学校要严格按2016年山东省有关文件执行，做到一成立四公开：成立职称工作领导小组+评审委员会。做到四个公开公示：评审条件公开公示、学校推荐方案公开公示（教职工代表签字确认）、被推荐人的材料公开公示、排队结果公开公示（教师签字确认），同时按上级要求及时上报相关部门。九月底前完成。此项工作由关主任具体领导，办公室具体实施。

孙英信局长：（1）"一校一案"督导工作。各校上报督导项目（第三批）。此项工作由督导室负责调度。政教处、两个教务处、总务处、办公室再次结合《金山中学学校发展三年规划（2016—2018）》和《基础性督导评估方案》，按照"提高标准干工作的要求"，做好各科室工作，留好过程性材料，每一项活动，都要有方案、有过程性资料、有宣传报道、有总结建档。各科室再重新审核一下各口的《自主发展督导评估方案》，根据相关内容充实完善各科室工作。要切实提高档案意识，工作要留痕，标准要提高。学校督导室做好校内督导，结合本次学校管理提升月活动，确定上报"德育工作"作为参加第三批区督导的项目。政教处要认真谋划，高标准干好工作，督导室、办公室协助以政教处为主，切实做好迎检展示工作。（2）"满意度"测评工作。10底前省、市相关部门要进行群众满意度测评。学校以政教处为主，教务处为辅，切实做好各项教育教学工作、规范办学行为、提升管理水平，结合学生资助工作做好大家访活动、积极宣传学校办学成果，赢得家长的满意！（3）秋季安全大检查。安全工作高于天！总务处负总责，层层签订安全责任书，各科室高度重视安全工作，密切配合，做好校园各项安全保障，确保零事故，建设平安校园。（4）交通安全、文明出行！学生骑车问题！重点是城区，我们也要加强这方面的教育。

段玉强：（1）区田径运动会工作。今年要求有所变化，运动员组成是6男+6女，过去是12名队员不分男女。这样划分，对我们是有利的。此项工作由教务处负责，办公室配合体育组，组织好队员选拔和训练，争取最好成绩！（2）庆元旦演出。节目选拔由"百灵"艺术节上获奖节目，另外，各校可以上报优秀节目。由办公室负责此项工作！（3）文明城市创城工作。（4）2018年的公用经费预算。此项工作由办公室财务处、总务处负责。按要求建立上报项目库，各项目规划要细化，充分考虑到项目的绩效考评。结合学校2018年整体工作计划，结合学校长期发展整体规划进行。结合学校中长发展目标规划，已经责成总务处制作了校园规划鸟瞰图，进一步广泛征求广大教职工意见。（5）信访维稳工作。特别要关注退役军人安置工作。全区教育系统接纳30名军转人员，相关学校做好此方面工作。

三、学校下阶段除落实好以上各项工作外，有以下几项工作：

1. 学业水平备考工作。教务处负责，从现在抓起，特别是初四年级的地理学科补考指导工作要做细做实。初三年级小中考科目要高度重视。

2. 信息宣传工作。办公室负责牵头，组建学校宣传团队。统畴全校宣传报道工作。舆论宣传工作，是极其重要的一项工作。要求全校上下一盘棋，发出一致的声音，引领学校工作。学校通知消息群，不能随意乱发与学校通知无关的内容。区行政管理群、教科研群、德育工作群、OA平台等各相关专业群，都有相关责任人负责，及时关注群动向，畅通信息渠道，及时下载上传相关文件，不能拖泥带水。

3. 严格落实学校考勤制度。两个教务处、办公室、总务处四个科室具体负责。目的是引领广大教职工珍惜工作岗位，珍惜工作时间，严肃劳动纪律和工作纪律，提高工作效能，杜绝懒散、随意。

4. 绩效工资分配办法的修订工作。两个教务处根据学部具体情况研究提出修订意见，形成文件初稿提交学校办公室，召开职代会通过实施。

5. 结合"新基础教育"理念的学习，推进我校"主体性教育"课堂教学改革。本周邀请王会芳主任来校作"新基础教育"理念学习报告。教务处要按学校课改计划有序组织推进。

6. 景行楼改造项目有序推进。校园整体规划图进入细化阶段。

同志们，当前，全校"主体性教育"核心理念进一步深入人心，校风教风学风进一步转变提升，"五优两满意"中长期办学目标更加清晰。区教育局暑期读书会精神、以及教师节区委书记宋振波同志讲话精神正在有效落实。希望各位认真贯彻今天的会议精神，每一位同志，都要以高度的"责任心"负起责任来，以过硬的"执行力"抓好落实！每一位同志的局部工作都是学校整体工作的一部分，让我们同心协力，埋头苦干，把学校工作推上一个新台阶！

认清形势　把握重点
攻坚克难　推进工作

（2017年10月16日，在校委会例会上的讲话）

同志们：下午好！

今天利用这个时间，召开本学期第三次校委会例会。会议的主要任务是：明确当前教育形势，把握下阶段工作重点，攻坚克难，推进工作，安安静静办教育。这一段时间，各科室的工作整体上推进比较有力，学校各项工作进展平稳有序。小学和初一、初二和初三、初四年级尽管分散在各处上课，教务处、政教处安排比较稳妥，分工负责同志都很负责任，总务处、办公室、教科室、督导室等各科室工作，也有序展开，各方面工作令人满意，向大家表示感谢！

日前，在党的十九大召开前夕，中共中央办公厅、国务院办公厅主持召开了"全国教育改革电视视频会议"（10月9日），国务院副总理刘延东出席并发表了重要讲话，全面贯彻党中央的重要决策部署，安排全面落实《关于深化教育体制机制改革的意见》。10月11日，全区德育暨教学工作会成功召开，10月12日，区教研室教科所下玉陶所长来我校沉潜之际，为全校解读了区德育暨教学工作会上段玉强副局长代表区教育局作的工作报告的精神，全国上下，教育形势任务更加明晰。我国教育已进入一个新阶段，党的教育方针更加突显社会主义办学方向，《意见》中的指导思想这一段话，我们大家要深刻领会：《意见》指出，当前我国教育改革发展已进一个新的阶段。深化教育体制机制改革的指导思想是：全面贯彻党的十八大和十八届三中、四中、五中、六中全会精神,以邓小平理论、"三个代表"重要思想、科学发展观为指导,深入贯彻习近平总书记系列重要讲话精神和治国理政新理念新思想新战略,紧紧围绕统筹推进"五位一体"总体布局和协调推进"四个全面"战略布局,牢固树立和贯彻落实新发展理念,认真落实党中央、国务院决策部署,全面贯彻党的教育方针,坚持教育为人民服务、为中国共产党治国理政服务、为巩固和发展中国特色社会主义制度服务、为改革开放和社会主义现代化建设服务,全面深化教育综合改革,全面实施素质教育,全面落实立德树人根本任务,系统推进育人方式、办学模式、管理体制、保障机制改革,使各类教育更加符合教育规律、更加符合人才成长规律、更能促进人的全面发展,着力培养德智体美全面发展的社会主义建设者和接班人,为实现"两个一百年"奋斗目标、实现中华民族伟大复兴的中国梦奠定坚实基础。

10月11日在全区德育暨教学工作会上,刘学军局长发表了重要讲话,这是不同寻常的。刘局长在讲话中提出对学校工作要"再定位、再清晰"。从认识上、方法上、目的上进一步提出要求。

当前,我们学校在"主体性教育:唤醒主体意识、激扬生命自觉"的核心理念指导下的各项工作正逐步走向深入。"主体性教育"研究与实践进入深化实施阶段。把所有上级方针精神融合进学校实际,落实到学校具体工作中,推动学校发展是我们的责任。关于下阶段的工作,我提以下九个方面。各项工作不是割裂的,而是目标一致地指向"立德树人"根本任务,指向学校"五优两满意"中长期目标的实现,指向学校的进步与发展!

1. 景行楼整修进入正式施工阶段。总务处张忠诚为项目组组长,焦学军、程国伟为副组长,会同施工方、监理方,科学安排好施工。倒排工期,挂图施工,有序推进!确保安全!力争12月20日前完成主体部分，配套部分力争12月30日前完工，元旦前后，师生入驻。这是学校整体规划的第一个工程，标志着学校发展的新起点。

2. 迎接十九大召开。十九大召开在即，这是全国全社会政治生活中的一件大事。党总支关丙卿主任负责布置好收看开幕实况。安排好后续学习活动。同时筹备召开党总支党员大会。

3. 以"新基础教育理念"为引领，推动"主体性教育"课堂教学改革。两个教务处有计划，有步骤地推进"主体性教育"课堂教学改革。课堂，是教育教学的主阵地，是立德树人的主渠道。各项工作要聚焦到"课"上来。课，重点不仅仅指向45分钟的课堂教学环节，而且还包含课前的备课、课后的拓展，教学是一个系统工程，各教务处要按新要求将教学常规抓细、抓实。思维导图、导学任务单、小组合作等要进一步落到实处，提高教学质量。

4. 以"家庭教育"引领德育体系建设。以"主体性德育"研究课题的实践促进我校德育体系一体化建设。家长学校，要有计划地开好课。学校教育要承担起指导和有效干预家庭教育的责任，实现家校共育。充分发挥家长学校、家长委员会、家长会的作用，把学生主体性发展渗透到学校生活、家庭生活、社会生活的方方面面。今天升旗仪式上讲到"让学生在家里每天能洗洗脚、洗洗袜子"这些细节就很好，这些细节要落到实处，这就是教育。政教处的德育市级课题要实施好。贯彻"唤醒主体意识、激扬生命自觉"的核心理念，激扬、唤醒学生的主体意识，德育重在体验，习惯重在养成。要有真措施、真成果。"行动即研究"，既注重实效性又注重规范性，提高标准干工作，工作留痕，照片、文字、视频、实物、宣传稿件等积累好，为12月中旬的"一校一案"督导检查"德育一体化研究"现场会作好准备。

5. 以"十二年读书工程"引领书香校园建设。书香校园建设，是学校建设的应有之义，必然要求。学校第十二届读书节，我们正式命名为"'公泉杯'金山中学第十二届读书节"。每年一届读书节，4月23日开幕（春华），十月底闭幕（秋实）。以"悦读尚学、书香金山"为主题，真正把我们学校九年一贯体制优势发挥好，构建九年一贯的、阶梯式的读书目录。真正培养起学生受益终生的读书习惯。成果标志是在全员参加的基础上，要在全区举办的"成语大赛""诗词大赛""征文比赛"三大赛事上取得好成绩，教务处教科室要负责落实！

6. 区田径运动会工作、职工乒乓球比赛活动。相关部门要做好组织协调。社团建设要注重后备梯队建设。

7. 常规月查、阶段性检测成绩分析。学业水平备考工作要加强。

8. 安全工作常抓不懈。规范办学行为！加强值班、护校。校车、食堂安全是重点。人防、技防、物防要到位。"防患重在防人"，安全工作再怎么强调都不为过！尤其当前十九大期间，更要确保"捍卫"十九大顺利召开，确保安全维稳工作做到万无一失！

9. 宣传工作、督导工作再上台阶，争取"成果最大化"。在老百姓中树立良好口碑，增强满意度。督导室结合期中检查提前规划，安排好期中和期末检查迎接督导工作。

总之，学校工作主要靠在座的各位。我们中层干部，我们校委会成员，我们的状态就是学校的状态，我们的状态就象山上的风一样，会影响和引领全校的风气。同志们要密切协同，无私奉献，各中层正职是落实工作的第一责任人。对外，你就是代表学校，我是第一责任人，你就是直接责任人，你就是分管领导。工作不要讲条件，不要找借口，工作绝不能敷衍、绝不能推托。一切以"结果"说话！向有"结果"的人致敬。一切失误都是主观上的，不要找客观理由。

当前，学校各项工作正逐步深入统一到"主体性教育"核心理念和"五优两满意"中长期目标上来。全区工作要求包含在我们的各项工作当中，区里提出"绿色质量"的要求，我们正是这么做的，我们还要做得更好！规范办学行为，扎实落实好各项工作，有力推进"五优两满意"中长期目标建设！完成"五优两满意"中长期目标（2022年）后，争创区、市、省级文明单位！

【回味与感悟】这次会议，首次提出了争创"文明单位"的目标。以前，上级部门组织各校申报评选"文明校园"，我们学校都没有参与过。一方面是因为当时的学校领导对这类评选不感兴趣，没有组织材料。另一方面是因为即便评为"文明单位"也只是一个荣誉而已，并且要承担诸多义务，所以没有积极参加评审。近两年来，"文明单位"兑现了"文明奖"奖金，数额不小，而且连退休职工都享有，所以各单位都在积极争取。我认为，奖金固然对广大教职工是一种实实在在的实惠，更重要的是起到了凝聚单位人心的作用，对更好地办好学校是一种激励和鞭策。应该积极争取！

把握期中节点　全面检查工作
加强作风建设　勇于责任担当

（2017年11月13日，在全体中层干部行政办公会上的讲话）

同志们，大家下午好！

今天利用这个时间，召开行政办公会。会议的主要任务是：一是统一思想，明确要求，部署期中检查工作；二是眼睛向内，反躬自省，检查干部工作作风。

本学期开学以来，至今已经是第十二周。这两个多月时间，全校上下凝神聚力，埋头苦干，全体中层校干以身作则、勤奋务实，克服了不少困难，战胜了诸多挑战，团结和带领广大教职工踏实工作，无私奉献，可以说做了大量的工作，取得良好的成果，并在取得成绩的同时，营造了良好的校风教风，形成了学校积极向上的发展氛围。

为全面检查总结本学期的工作，从本周开始，用三个周的时间，进行期中检查。我重点强调以下几点：

一　检查时间

2017 年 11 月 13 日到 2017 年 11 月 30 日

二　检查内容

各科室开学以来的全面工作，包括工作中的亮点、工作中的不足，还要包括工作中形成的好的作风以及要坚持下去的好的工作理念和工作状态。这后面一点，是之前的期中检查所没有的。我在这里特别强调。其中我分科室点几个重点：

（一）两个教务处：除常规检查之外，重点突出四个方面，一是检查课改推进工作，特别抓住课堂这个主阵地建设作为主线，进一步检查现状，思考下一步如何夯实课堂，从师生两个方面在突出课堂实效上下功夫。二是教师队伍管理工作包括考勤制度落实。三是课程实施水平包括社团活动实施水平。四是学生成绩分析，重点落脚在学生成绩提高、学生健康成长上！

（二）政教处：除常规进行期中工作检查外，重点突出三项重点任务，一是"主体性德育课题研究"的推进工作，工作要留痕，标准要提高。二是"学校管理提升月"要有阶段性的成果；不能仅仅报道了启动仪式就没下文了。三是"一校一案"督导现场点评会，我校的"主体性德育"现场会筹备工作。这也是本学期的一个向全区校长们展示我校办学实效的重头戏！务必要精心准备。这里再强调一下，此项现场点评会准备，以政教处为主牵头，需要各处室密切配合，因为展示的不仅仅是德育工作，还有学校的全面工作。

（三）教科室：除常规期中检查的工作之外，重点突出"主体性教育研究与实践"课题的推进工作、"十二年读工程"的规划推进工作。

（四）督导室：除常规工作之外，重点突出督导室的职能转变方面的检查总结。督导室作为全校各项工作落实的督导部门，担负着督促学校各项工作圆满画句号的督导职能，对外，完成上级督导部门的安排，做好迎检、迎评的组织协调工作；对内，负责督促和检查校委会部署下来的各个处室工作的落实。这个职能，是此前所没有的。督导室要从这次期中检查中进一步理顺工作思路，明确科室职能定位。

（五）总务处：除常规总务各方面工作检查之外，重点还有四个方面要突出检查：一是全体总务人员的"工作日志"的落实情况；二是本学期的各项经费运转开支情况梳理一下；三是校产、物资管理情况包括固定资产入帐、报废资产处置汇总、新建项目档案建设等情况；四是校园建设在建工程进展情况和规划工程项目规划推进情况。总务任务比较重。

（六）办公室：除常规工作检查之外，重点突出宣传工作成功的经验、办公室人员的工作作风建设方面。

以上是我分科室强调了几个方面的重点。各科室的期中总结肯定不止我点到的这些。

三　检查要求

为使学校工作更加有序，从本学期开始，各科室期中检查安排要求统一规范，每个科室要制订详细的《＊＊学期＊＊科室期中检查工作安排》，本周完成这个文本，这个文本11月17日之前发到督导室，任主任负责汇总并发给我本人。在这个文本的指导下，各科室展开期中检查。要求检查要全面、具体、用数字说话。11月30日之前，各科室完成期中检查总结。科室一把手是第一责任人，将期中总结的电子稿直接发给我。总结要简洁，把常规检查情况及我上面提到的重点突出的工作检查情况包含在内。形式上要求就是四个部分：一、学期工作亮点；二、学期工作中的不足；三、下一步的整改措施；四、科室工作作风的反省反思。避免套话、虚话。各科室把准时间节奏，按要求高质量完成期中检查工作。再强调一遍，11月30日，科室一把手负责把完整的期中检查工作总结电子稿发给我。电子稿的字体、字号跟上学期的要求一样，办公室有统一标准。

今天会议的第二个主题是：干部作风建设。我特别强调过"教师的人格魅力是最根本的教育力"，那么这句话用在干部身上，"干部的作风就是最根本的执行力"。当干部，那是一种责任。组织把一方面的工作交到你手里，让你成为某个部门某项工作的管理者，你就不同于普通群众。你的一言一行，要与群众不一样！因为你的行为不是代表你个人，而是代表着你的职务角色。这就要求你收敛你的个性，不要把自己的个性当成借口，而要用职务角色的要求来约束自己和要求自己，让自己的言行符合一个管理者的角色定位。

当前学校的发展，需要一大批好干部。我这里所说的好干部，不是玩虚的，是实实在在的。

好干部一是要人品好。要甘心吃亏！干点活就要讲条件，干点活就要报酬，干点活就总想着个人的私利，我会有什么好处，这种人不配当干部。如果你是这样的人，你最好主动提出辞职。

好干部二是要有能力。首先，是学习能力，这是首要能力。学校的办学理念是不是学透了？校长的一系列讲话精神是不是悟透了？当前社会的形势是怎样的？包括中国社会的政治形势、经济形势，全国、全市、全区的教育形势怎样？吃透了没有？教育规律、学生成长规律心中有没有数？这些都需要不断学习！当干部，首先要有一种学习意识和学习能力，历史上也有这样的故事"吴下阿蒙，士别三日刮目相看"的典故说的就是领导干部要加强学习的例子。其次，要有干好本职工作的能力。思考规划能力、组织协调能力、贯彻落实能力、带头干活的能力。这些能力，要在具体干好本职工作的过程中不断发展提升。

好干部三要肯吃苦。人品好是基础，有能力是前提，肯吃苦是现实要求。当前学校的发展，需要什么干部？需要真干事的干部，能积极动脑筋、想办法、拼上去、流大汗干在实处的干部。"一户看一户，群众看干部"，我们各项工作的开展，无不需要干部领头干，亲自干，脚踏实地，以身作则，而不是指手划脚，只知道把工作分配给别人来干的干部。上个周档案室迎接了市区档案局代表省档案局对档案管理先进单位的评选，在顺利通过检查测评后我们被评为"省级档案管理先进单位"。这项工作，我们几乎是从一片空白干起来的。这项荣誉的取得是很不容易的，有关同志为此付出大量心血。心中想着学校，而且通过自己的付出，把工作干在点子上，干出成效来！干出成果来！我对干工作肯付出、讲奉献，而且干出成果来这样的同志就十分高看！

同志们，当前学校的发展，可以说是百废待兴，时不我待！我们已经确立"文化立校、自主转型、内涵发展"的办学道路，学校确立的"主体性教育：唤醒主体意识、激扬生命自觉"的核心理念作为指导思想；学校的中长期办学目标建设"五优两满意"优质学校也十分清晰深入人心；工作作风上我们提出"安安静静办教育，提高标准干工作"的要求，工作原则上我们提出的"目标明确化、过程精细化、成果最大化"以及"在研究状态下工作"等原则已逐步深入人心，得到落实。全校上下，风清气正。我们要珍惜这大好局面，利用期中检查这个重要的工作节点，全面梳理我们的工作内容，全面反省我们的工作作风，把好的作风继承好、巩固好、发展好，把工作亮点经验坚持好，工作不足教训总结好，把改进措施制定好，向着把学校建设成"五优两满意"优质学校的目标努力！

【回味与感悟】在这次讲话，我讲了好干部的三个标准，一是人品好，二是有能力，三是肯吃苦，把人品好放在第一位。体现了"德才兼备，以德为先"的干部评价标准。组织的运转需要好的干部，有些干部是有一些能力，也能干一些具体的工作，但是，其干工作的出发点往往有些"私心太重"的倾向。如果工作与个人利益相冲突，干工作往往会表现出顾及自身利益过多的倾向，这种干部难以委以重任。只有那些一心为公，能正确处理个人利益与组织利益关系的人，才可以担当大任。

统一思想　保持定力　扎实工作
全面推进"五优两满意"优质学校建设

（2017年12月7日，在2017—2018学年第一学期期中总结大会上的讲话）

同志们，大家下午好！

本学期，全校上下克服了许多实际困难和不利因素，经过大家的不懈努力，学校整体发展态势良好，发展势头强劲，各项工作取得了明显的进展。今天，利用这个时间召开本学期期中总结大会，大会的主题是：统一思想、保持定力、扎实工作，积极贯彻主体性教育核心理念，为全面推进"五优两满意"优质学校建设而努力！

在"主体性教育：唤醒主体意识，激扬生命自觉"的核心教育理念引领下，全校上下紧紧围绕建设"五优两满意"优质学校的中长期目标，广大教职工凝神聚力、团结协作、锐意进取，实现了思想统一、目标统一、形成了合力；各项工作全面铺开、全面发力、取得了实效。学校进入了一个稳定、有序、和谐、快速的发展状态，金山中学"文化立校、自主转型、和谐发展"的朝气蓬勃的发展态势初步显现，金山中学坚定而美好的发展目标正渐次清晰，与此同时，我们对现实要保有足够的清醒和沉稳的方向感，对未来要充满坚定的信心和跨越的紧迫感。

一　学期工作小结

（一）教育教学秩序稳定，工作扎实

聚焦教学中心，落实教学常规，贯彻"新基础教育"理念，深入推进课堂教学改革，全面提高教育教学质量。教育教学秩序保持了整体稳定，本学期景行楼内部改造工程，由于招投标政府程序因素，工程在10月份才正式进入施工阶段。为此，学校上下提前制定了学生安置预案，由于我们计划周密，措施得力，早在上学期末就着手准备，没有造成对新学年开学的冲击，保证教育教学秩序的稳定，这是很不容易的。

开学初，圆满完成竞争上岗和分级聘任工作，规范办学行为，落实三级课程，开齐课程，开足课时，各项工作迅速进入状态。

学校先后邀请区教研室王会芳主任，区教育科学研究所卞玉陶所长到校作报告或驻校指导工作，实现了"新基础教育"理念与"主体性教育"的深度融合。两个学部在各自教务处的统一协调下，聚焦课堂主阵地，精细化落实教学常规，全员参与课堂研讨，深化课堂教学改革，不断完善"三环六步、立体合作"教学模式，深化课堂教学改革，突出教师的教与学生的学"双主平衡"，避免花架子，讲求课堂实效。

两个学部都全员开展公开课。初中部有15位老师上了"立标课"，在卞所长驻校期间，9位教师进行了课堂展示（赵蕾、孙蕊、马理朋、韩照华、于建磊、杨永梅、高会芹、陈庆娜、于宪亮）。1位教师"送课下乡"（裴景娜），与兄弟学校进行了联合教研活动。1位教师在学科网络研修中在市级研修平台上执教（杨永梅），小学部1人在全区研修活动中执教公开课（陈庆娜）。两个学部的全员公开课正在进行。

小学部老师，精心设计开放且有价值的问题放于前置性作业当中，把预习作业和课堂流程相结合，课堂实现以教师讲授为主向"互动生成"转变，特别注意培养读写姿势、桌面物品摆放、倾听习惯，注重保护小学生旺盛的求知欲和学习的天性，像呵护眼睛一样保持小学生的学习热情。

初中部克服教学点分散的困难，教研组抓好教学常规，教务处规范单元检测记录格式、设计了作业量控制表和课堂听课量表。绝大多数老师备课充分，作业布置合理，做到全批全改，加强作业面批和课后辅导。严格调课、代课管理，严格工作纪律、劳动纪律考核，认真落实"一岗双责"。

学业水平备考工作扎实稳步推进。细化学业水平备考工作，教育教学取得良好成效。各年级结合期中考试进行了各层面的成绩分析，初四年级组织了地理学科补习和各学科分层辅导。召开了学业水平考试200天誓师大会。通过年级教导会、家长会等营造了浓厚备考氛围。（表扬初四年级老师的敬业精神）

音体美工作在管理体制上进行了整合，取得了较好的效果。开齐课程，开足课时，确保学校艺体教学工作落实到位。各类社团活动开展较好。并取得了可喜成绩：男女排球均获淄博市第十七届中学生运动会全市第三名，在临淄区中学生排球赛中，我校男子排球队获得冠军，女排获亚军。足球队获临淄区乙组第四名，同时获"体育德育风尚奖"的殊荣。乒乓球获全区团体第四名，女单获第三名。舞蹈《致·黄河》经层层比赛选拔，崭获2017年山东省中小学生校园艺术节舞蹈大赛淄博赛区第一名，近期要准备参加全区教育系统迎新晚会和临淄区少儿春晚。越野获女子1500第四名，男子第七名。

各教研组、备课组结合学科特点组织开展的学科类活动如作文大赛、爱国观影、手抄报展、学科竞赛等也十分丰富。

（二）德育工作成效显著

聚焦"立德树人"根本任务，以《发挥九年一贯制体制优势，构建主体性德育体系》市级课题的实施为抓手，深入开展"学校管理质量提升月"活动，贯彻"主体性教育"核心理念，落实"全员育人导师制"，开展"争做班级小主人"活动、"研学旅行"等活动，密切家校联系，积极开展家长学校、家长会、大家访等活动，学生管理风气正，养成教育效果明显，德育实效性富有成效。

班主任靠班勤、到校早，班级管理细致，特别是初四年级班主任几乎每天只要有学生到校就来到学校（杨士平、许爱芹、孙树志、刘玉友），组织早到校的学生学习，其奉献精神值得表扬；全员育人手册使用完整，班级小主人活动开展有序有效，期中考试后分6次针对不同年级分别召开了全员家长会，成立家长委员会，开展家访活动，家长学校开课，家校联合育人成效显著；市级德育创新项目课题《发挥九年一贯制优势，构建主体性德育体系》进入中期汇报阶段，初步形成了一批成果，赵强老师的《激发学生主体意识，实现高效语文教学》发表在《学周刊》上，赵真真老师的文章《教育要尊重人的主体性》已获《教育家》杂志约稿近期将发表；在全国德育年会上有三篇文章获奖；端午、仲秋、重阳等传统节日、"九一八"纪念日、"宪法宣传日"等活动开展丰富，初一年级游"公泉峪"，初二、初三年级去"天堂寨"、初四年级赴"马鞍山"开展爱国教育研学旅行活动；依托淄博化建医院第二老年康复养老中心挂牌成立"金山中学德育实践基地"，当孩子们为老人们唱起歌来的时侯，许多老人激动地流下了热泪；学校管理提升月活动扎实开展，校园卫生清扫、路面划导行线、右行礼让、鞠躬行礼，读写姿势等习惯养成富有成效。

（三）教科室工作富有成效

认真组织实施《主体性教育研究与实践》课题研究工作，该项工作关系全局，通过聆听教研室专家讲座学习校长讲话，并以课题形式组织研究实践，有效统一全校教师的思想，指导教育实践。"书香校园"工作很有成效，组织了阅读周，诵读指导等活动，开展了"公泉杯"第十二届读书节系列活动，组织了首届"诗词大会"。教师研修、校本培训、师德培训、"青蓝工程"等工作扎实开展。组织了教师基本功大赛，参加全区教学新秀评选活动。在2017年区教师朗诵比赛中，焦学军获一等奖，赵强获二等奖。2017年假期读书行征文比赛中，陈庆娜、韩照华获一等奖，赵强获二等奖；陈瑞霞、逄方慧获三等奖。学生组邱佳玥、张毓昊坤获一等奖，练怡宁获二等奖。张书萌获三等奖。舒龙舜、刘立勤等多名学生作文在《语文周报》发表。

(四) 总务后勤工作扎实开展

"硬件优良"的重任压在总务处身上。学校老旧的教学设施设备维护成本高、难度大。分步设计并实施的校园改造升级系列工程有序推进。目前景行楼施工进展顺利，各道工序正有条不紊进行之中。乐知楼改造规划已初步获批，校园整体改造规划设计方案已初步出台并上报，有望获批。服务教学一线，确保校园安全的保障工作责任履行良好。

学期开学初，总务处全体成员提前上班，在总务处安排下会同政教处师生清扫整理初中临时教室、临时办公室，加班加点抢修照明、电铃等设备，以及挂班牌、修桌椅、水管维修、确保供暖等一系列保障工程，许多工作是利用休息日、节假日完成的。体现出高度的"主体性"意识，为广大师生营造了一个良好的教育教学环境。

在建工程、规划工程双线进行。规划、设计、施工、管理同步推进。完成了"明厨亮灶互联网+"工程，建成食堂"快检室"。我校食堂达到A级标准。

办公用品保障，水、电、暖维护维修等工作扎实。

严格落实上级有关要求加强安全管理。校车、安保、食堂、值班护校等校园安全工作常抓不懈。

(五) 督导工作有新突破

本学期重新定位学校督导室的职责功能，把学校各项工作纳入督导，构建工作执行落实监督机制。特别值得一提的是，学校档案室建设取得突破性进展，在姜秋月主任的主持下，学校档案室从无到有，从不规范到规范，经省档案局委托市区档案局验收测评，我校档案室获档案管理"省级先进单位"称号，这是对我校工作的充分肯定。

（六）办公室工作稳中有进

办公室是学校工作的司令部，协调全校一盘棋。全体人员进一步统一思想，牢固树立服务一线，服务学校发展的思想，充分发挥主体性，树立大局观，严守工作岗位，落实岗位职责，各项工作平稳有序，许多工作在原有基础上迈上了新台阶。

宣传工作成效显著。本学期以来，在市教育网发表13篇，在区教育网发表23篇，在中国德育网发表32篇。学校公众号推送学校信息宣传稿件50多条，目前学校公众号关注人数突破1300人。

人事、财务、学生资助、信息服务、文印、校车管理等工作扎实开展。"文明校园"创建、各种材料上报、事业单位考核、群众满意度工作协调等各种临时性工作均圆满完成。

（七）党务工作、工会工作有力推进

深入贯彻"两学一做"常态化，当前和今后一个时期，学习贯彻党的十九大精神是一项重要的政治任务。党总支组织全体党员收看了党的十九大开幕会习近平总书记作的现场报告，结合十九大报告进行了专题党课。各支部严格落实"三会一课"制度，深入学习贯彻党的十九大精神，特别是深刻把握和领会习近平新时代中国特色社会主义思想的深刻内涵。工会组织走访老干部老职工，开展慰问职工家属等活动，为全校职工订制了工装。筹备第五届职工代表选举事宜。

二　下阶段的努力方向

（一）全校上下工作状态、精神面貌、工作作风要进一步提升。通过深入学习贯彻党的十九大精神，深入学习《金山中学主体性教育实施方略》的精神，结合学校发展实际，每一位同志都要眼睛向内，充分发挥自身主体性，为人师表、爱岗敬业，把自己的工作担起来，不要总想着把工作推给别人。把自己工作的过程当成研究的过程、当成实现人生价值的过程，发扬敬业爱岗、无私奉献的精神，不断提升工作的自觉性和主动性，"安安静静办教育，提高标准干工作"，每一个人都要干好自己的本职工作，做学校发展的推动者。

（二）"主体性教育研究与实践"课题以及"主体性德育研究"课题推进工作要进一步深化。把"在研究状态下工作"进行到底。工作即研究，过程即成果。要有"成果最大化"的意识，把"干得好、写得好、讲得好"有机结合起来，更好地推动各项工作。学期末，各项研究工作要出成果。不要像熊瞎子掰棒子，做一个，扔一个，到头来，两手空空。

（三）"一校一案"自主发展方案要结合学校实际进一步修订提升，促进学校内涵发展，迎接各类督导。年底教育督导以及现场观摩督导要做好充分准备。督导室要提前进行迎检的思考和安排。

（四）"书香校园"建设要更加注重长程、长效推进。办人民满意的教育，要把让学生终生受益的事情做实做好。阅读习惯的养成和写好字习惯的养成就是值得做好的事情。我们要注重长程、长效推进。以"诗词大赛"、"成语故事大赛"、"读书征文大赛"三大赛事为抓手，切实抓好书香校园建设。

（五）学校整体规划设计方案要进一步完善。在建工程、规划工程有序协调推进。景行楼学期末启用，做好入驻的充分准备。"五优两满意"中的"硬件优良"是基础性工作。我们要紧紧抓住全区争创义务教育发展"优质均衡"县创建、全区教育布局中"校园提升"工程的有利时机，加强沟通与协调，把工作做细，全面提升学校硬件水平、校园文化设施建设水平、校园信息化建设水平。为临淄区南部地区老百姓建成一所家门口的优质学校。

（六）完善制度体系，推进管理优化。用制度管人管事，修订考核制度及绩效工作分配办法，坚持依法治校，完善民主管理。

（七）其他各项工作有序进行。安全工作常抓不懈。教学工作聚焦提高学业成绩。德育工作要更加注重实效。

同志们，2017年，我们初步实现了学校发展的"文化认同"，确立了学校中长期"发展目标"，描绘了学校未来的"发展蓝图"，这些工作都为我们学校的可持续发展奠定了坚实的基础。2017年即将过去，2018年即将到来。让我们以终为始，继往开来，深入学习和贯彻习近平新时代中国特色社会主义思想，撸起袖子加油干，发扬"钉钉子"的精神，一张蓝图干到底，一锤接着一锤敲，一件事情接着一件事情干，只要我们大家统一思想，保持定力，扎实工作，就一定会让我们的学校发展得越来越美好！

抓住重点　把握形势
摆正心态　掌握方法

（2017年12月18日，在行政办公例会上的讲话）

同志们，大家下午好！

今天利用这个时间召开一次行政办公会。

下面我结合近期工作，我们统一思想，协调各口的工作步调。

上次行政办公会以来，大家积极工作，认真落实学校各项工作安排，各口均圆满完成了期中检查工作，学校于12月7日召开了全校的期中总结会。当前，学校各项工作进展比较稳定有序。全体中层校干，尤其是各科室的副职、干事等同志，大家都各司其职，团结协作，落实学校的各项工作安排，大家工作都非常认真。对大家的付出表示感谢！下面我讲三个问题：

一　近期学校重点工作

近期，学校重点工作主要有八项：从全区要求来看，我们的工作重点有三项：一是全面提升学校管理；二是准备好年终督导工作；三是安全工作常抓不懈。结合学校近期推进的重点工作；四是校园整体改造设计施工工作；五是文明校园审报工作；六是德育创新项目审报；七是书香校园建设工作及教师队伍建设工作；八是个几文件需要进一步修订并通过，包括考核文件、自主督导一校一案、内部审计实施方案等。下面分别讲一讲这八项具体工作：

（一）全面提升学校管理

重点做好规范办学行为，严禁体罚和变相体罚，教辅资料严格按上级要求做到一科一辅，坚决杜绝有偿家教、违规参与办辅导班等行为。这是红线。各学部要教育好广大教职工严格按照省市区有关要求，严格规范办学行为。要有底线意识、红线意识。

（二）准备好年终督导

各科室要进一步梳理"基础性督导"条目，结合以往迎检的经验和教训，从现在起，着手做好期末各项工作，提高工作标准，迎接年终督导检查。这次，学校由督导室牵头，细致统计好督导反馈的结果，我们要对结果实行问责。各口要高度重视督导工作，在期末述职中要体现出来。对督导中存在的问题，要进行责任追究。特别是两个学校教务处、政教处，要早着手，早准备，细安排，高标准。

（三）安全工作常抓不懈

上两个周，区里连续召开了安全工作会。12月12日，全省中小学幼儿园安全工作电视视频会议在区行政办公楼九楼视频会议室召开，省委常委、副省长季缃绮作了发言。全省对中小学安全工作高度重视。学校也一直把安全工作放在一切工作的首位。安全工作是

1，其他各项工作是0，没有1，其他各项工作都等于0。大家一定要高度重视安全工作。总务、政教、初中教务、小学教务、办公室五位主任要具体负责好相关各口的安全工作。全校的安全工作由总务处负总责，协调各口做好各项安全工作。大家都要清醒地认识安全形势，牢固树立安全责任意识。各项安全制度要落实到位。做好冬季安全隐患大排查。"人防技防物防"一定要到位。应急预案制定应急机制运行要顺畅。几个关键点重点提醒一下：一是校车接送、极端天气应急应对机制一定要做好。现在我发现早上晚上接送校车工作执行不力。首先政教处从思想上不够重视！绝不能存侥幸心理，必须把工作做扎实！二是校门口值班，特别是下午放学值班到位情况不好，两个教务处负责教育值班教师要及时到位，有课的要把值班工作调好，不能耽误校门口的值班。三是总务处要做好校园的巡逻、夜间值班安排等各项工作。及时发现安全隐患，及时处理。四是现在每个楼内都有人，每天放学后，政教处负责安排好净校工作，包括水、电、门窗、灯扇等要有具体人负责检查。总之，安全无小事，各位领导都要提高安全责任意识，确保校园安全。

（四）校园整体改造设计与施工工作

目前景行楼的改造正在紧张施工。墙面基本完工，电路基本安装到位，还有门窗、地面、办公隔间以及楼内文化等项目受制于工程进度尚在有序进行中，目前看，元旦前竣工可能困难比较大。但我们不能为了赶进度而忽视施工质量。总务处要统筹协调各方，在确保质量的前提下，争取元旦后两三周内完成施工，尽最大可能往前推进。其他整体规划方案已经上报上级有关部门。从全局来看，"硬件优良"的学校建设目标在有序推进。

（五）"文明校园"审报工作

今天已经把材料提交上去。相关科室尤其是办公室做了大量的工作。全校上下都要为"文明校园"的创建尽责尽力。一方面这涉及到广大教职工的切身利益，另一方面也是对"五优两满意"优质学校建设的有力推动。结合这次文明校园审报，我们发现各口的工作标准需进一步提高。许多活动我们搞了，但是标准不高，过程性材料积累不充分、不细致。这一点，全体中层校干要进一步转变观念，务必对学校提出的"提高标准干工作"进一步加强认识，工作干就要干好，要干出成效来。这里，我们要表扬督导室姜秋月主任，主持开展的档案室建设工作，就很有成效，细致的工作精神、忘我的工作态度，最终获得了省级优秀管理单位称号。各科室都要拿出这种精神来，把工作做细致、做到位。工作不仅仅是做了，而且是要用心做。目前，学校整体上工作作风是正气占上风，这得益于广大中层校干的认真的工作态度的带动。一个组织的作风，往往取决于关键少数。在坐的同志，就是学校的关键少数。我们的作风，就直接会影响到全校的风气。所以，大家一定要保持旺盛的工作激情，以身作则，这也是"文明校园"的应有之义。

（六）德育创新项目审报工作

这个周末，政教处焦主任以及办公室有关同志连续加班，基本完成了材料上报。这也是我们要争取的一项含金量比较高的荣誉："2017年淄博市教育创新项目"评选，区里推荐我校上报评审材料。一方面说明我们这方面做了一些有益的工作，得到了区里的认可，这是值得充分肯定的。但是，通过整理材料，我们发现还有很多工作没有做细、做透。标志性成果还很单薄。政教处要结合这次评审，再把德育课题工作做得更加细致一些，把成果做得更加丰富一些。

（七）书香校园建设工作和教师队伍建设工作

教科室本学期做了许多细致的工作。特别是读书节系列活动，很有成效。对教科室的工作给予充分的肯定。上个周的"诗词大赛"，小学部取得了片区第三名的成绩。初中成绩稍差了些。我们要认真总结，把失利的原因找到，以利于今后的工作。学校内的读书节、书香校园建设工作不能放松。"周、月、季"读书计划要按要求落实好，提前安排好有关工作，别等到年终督导区教研室来抽测时，临时抱佛脚。教科室汇同两个教务处把这项工作做好。同时，我在小学部读书节团幕式上讲话中提到：没有比阅读更实在的素质教育了。请大家认真思考这句话的深意。我们要给学生终生受益的教育，阅读习惯的养成就是其中之一。另外，午读、写字、读写姿势、桌洞桌面整理等常规工作也落实好。教师的业务档案期末整理教科室要安排好。

（八）文件修订工作正在进行

其中考核文件，已经基本成型，音体美考核这个周再征求一下意见，争取元旦后召开职代会，通过包括考核文件、内部审计实施方案等文件，优化学校管理。

以上是八个方面的具体工作，大家要统一认识，形成对全校工作的整体把握，步调一致，把后面的工作做好。但全部工作不仅仅是这八项，各科室依据各自工作计划安排，统筹协调好各方面工作。

二　学校的形势和任务

当前，学校整体发展态势良好。大家干劲都很足，校风比较正。"五优两满意"目标深入人心，广大教职工都兢兢业业地在各自岗位上努力为这个目标而奋斗。我们要充分珍惜这个大好局面。维护好这个大势。学校整体稳定，昂扬向上，这是主流、是大局。

所有同志，都要用自己的实际行动，维护好这个大局，树立大局意识。当前和今后一段时期的重点任务，是贯彻落实十九大精神，提高标准干好各方面工作。

从全国来看，十九大报告中提到，我们的国家、我们的社会进入到一个新时代。习近平新时代中国特色社会主义思想是我们一切工作的行动指南。其核心是加强党的领导。就是要统一意志，凝聚共识，推动实现中华民族伟大复兴的中国梦。其中，习近平新时代中国特色社会主义思想的核心之一是"以人民为中心"，这对我们教育工作者来说是很实在的。当前我们的任务就是全力推进建设"五优两满意"优质学校。这就是要满足人民群众对优质教育的需求，办好老百姓家门口的优质学校，我们的工作价值和意义正在于此。大家要有政治意识，看齐意识。干好我们的工作，完成好我们学校的任务就是在向党中央看齐。赋予我们的工作以社会价值，把我们的工作融入到社会发展的大局当中，融入到中华民族伟大复兴的辉煌事业之中。只有这个定位，我们才能符合像十九大报告主题中所说的"不忘初心，牢记使命"。才更有决心，干好我们的本职工作。把干好工作当成是发自内心的一种需求，而不是被动地、应付性地干工作。工作都是给自己干的。只有大家努力把本职工作干好，我们学校的发展目标任务才会一步一步实现！所有同志，要明确学校发展的大形势和任务，调整好自己的心态，把工作干好。

三　干部作风和工作方法问题

工作作风，之前我已经讲了不少。大家也都做的比较好。作为一个管理者，最好的管理工具就是你本人。眼睛向内，把自己管理好，以身作则，你周围的同志自然就会把工作做好。所谓"打铁还需自身硬"，作为中层干部，一定要意识到这一点。注意自己的一言一行，在各项工作中做群众的表率，带头落实好各项工作安排。说话注意场合和影响。

四　干部培训

倡导"七常工作法"

今天，我主要说说工作方法，我们倡导"七常工作法"：

常分类：工作分两类，一类是已经干了的，一类是还要继续干好的。

常整理：工作已经干了的，要总结经验，归纳整理提升，还要继续干的，要优化工作思路，把它干好。经常保持对工作的规划。

常清洁：各项工作也好，物品也好，要经常进行清理，包括卫生清扫。

办公桌上、电脑桌面要时刻保持清洁。要个文件能随时找到。

常维护：对手头的工作材料做好维护，该装盒的装盒，该贴标签的贴标签，自己的电脑里，文件要分类维护。

常规范：对照工作标准，要工作留痕。提高标准干工作。

常检查：各项工作有布置就要有检查，落实到位。

常反思：做好工作日志，经常对工作进行反思，提高工作能力水平。

最后，与大家共勉一句话，"做人做事都要将心比心，对待自己该承担的责任做到敬之以心，明之以理，操之以法，立之以信"，与大家共勉。

教育服务社会　社会支持教育
——在社会实践基地揭牌仪式上的讲话

尊敬的王院长、高院长；同志们、同学们：大家好！

今天，很高兴，临淄区养老中心第二康复养老院，挂牌成为金山中学的学生"德育实践基地"。这是金山中学在办学过程中迈出的社会化办学的重要一步！也是临淄区养老中心第二康复养老院对金山中学更好发展的重大支持！在此，我代表金山中学对临淄区养老中心第二康复养老院的各位领导表示崇高的敬意和衷心的感谢！

百年大计，教育为本！在刚刚结束的，让全国人民倍受鼓舞，在全世界广受赞誉，国际国内都给予了高度评价的党的十九大上，习近平总书记为我们国家的发展描绘了宏伟的蓝图！全面建成小康社会进入决胜阶段，"两个一百年"奋斗目标呼唤和激励着全国各族人民，到本世纪中叶建成社会主义现代化强国，实现中华民族伟大复兴的"中国梦"，一个富强、民主、文明、和谐、美丽的新中国傲然挺立。中华民族将以崭新的姿态屹立在世界民族之林！光明而美好的前景召唤着我们！要实现这一宏伟目标，需要一代代国人的持续努力，需要一代代青少年继承和发扬中华民族优秀传统美德！自古以来，"尊老爱亲"是中华民族的传统美德，我们为有这样的传统美德而感到骄傲与自豪。临淄区养老中心第二康复养老院在临淄率先开启了"医养结合"健康养老模式，以爱心承载社会的养老责任，为临淄区的老人们安享晚年提供了安适的家园。金山中学秉承"唤醒主体意识、激扬生命自觉"的"主体性教育"理念，致力于培养"有中国灵魂、世界眼光，具生命自觉的现代人"，传承和弘扬以"敬老爱亲"为主题的传统美德，是弘扬社会主义核心价值观的具体体现。

教育致力于人才培养，教育服务于社会发展，同时，教育也需要社会各界的大力支持！

临淄区养老中心第二康复养老院，是淄博市老年康复养老领域的翘楚和领军者！为社会提供了优质的老年康复养护服务。对此，我们深表钦佩。今天，又成为我们金山中学学生德育实践基地，为培养下一代更好地继承中华优秀传统文化，为广大中小学生提供参与社会实践的机会提供大力的帮助和支持！这充分体现了社会力量对教育的大力支持。对此，我们再次表示衷心的感谢！金山中学把临淄区养老中心第二康复养老院作为德育实践基地，是养成学生从小继承和发扬"敬老爱亲"的中华美德的有力举措。中小学生正处在人生观、世界观、价值观的重要形成时期，肩负成为中国特色社会主义的建设者和接班人的重任。我们将以德育实践基地为载体，开展更加丰富多彩的尊老、爱老、敬老德育活动，让学生在为老人服务、与老人的交流中学习关心他人、服务社会，感受祖国大家庭的温暖，树立远大理想，立志做一个对社会有用的人。古人云："老吾老，以及人之老；幼吾幼，以及人之幼。"我们不仅要孝敬自己的父母，还要尊敬别人的老人、亲人，在全社会形成尊老爱亲的淳厚民风。

相信金山中学和临淄区养老中心第二康复养老院会以此次揭牌为契机，进一步密切合作，进一步增进友谊，进一步提升彼此的社会服务水平，为稳定和繁荣化建社区、为建设"家敦民富大气精美"的现代化临淄，为推进中华优秀传统美德教育的落地生根做出更大的贡献！

最后，祝老人们心情愉快、福如东海、寿比南山！

祝同学们身体健康、学习进步、茁壮成长！谢谢！

【回味与感悟】这篇讲话是我在临淄区养老中心第二康复养老院挂牌成为我们学校的学生德育实践基地时的讲话。教育不能脱离社会生活而封闭在"象牙塔"之中，学校必须打开有形的和无形的"围墙"，走进广阔的社会大天地当中。办学者要把广阔的社会生活纳入学校教育的视野当中来。教育要服务于社会，社会也反过来为教育提供支持，学校与社会紧密结合，实现"双赢"！

2018 元旦贺辞

（2017 年 12 月 31 日）

老师们、同学们、同志们：

时光如梭，岁月如歌。挥手告别 2017 年，崭新的 2018 年正昂首向我们走来。在这辞旧迎新的时刻，我代表学校，向全校广大教职员工致以新年的问候和美好的祝福！向长期以来关心支持金山中学教育改革发展的各级领导、各界朋友表示衷心的感谢！

过去的 2017 年，是金山中学实施"文化立校，自主转型，内涵发展"战略，砥砺奋进的一年。全校广大教职员工凝神聚力，开拓进取，克服了许多困难，取得了新的突破，"五优两满意"的中长期发展目标稳步推进，学校保持良好发展态势。

这一年，学校以"唤醒主体意识，激扬生命自觉"的"主体性教育"核心理念统领全校各方面工作，遵循教育规律，尊重学校实际，执守对教育常识的敬畏，走实文化立校，自主发展之路。

这一年，我们把创办"老百姓家门口的好学校，建设五优两满意优质学校"作为奋斗的目标，整体设计了学校的远景布局规划，投资 240 余万元稳步实施了景行楼改造项目，在解决"硬件优良"问题方面迈出实质性步伐，学校发展让广大师生及家长社会有了切实的获得感。

这一年，我们坚定贯彻"在研究状态下工作"这一工作原则，启动全体教职工全员参与的"主体性教育研究与实践"校本总课题，各教研组细化学科研究方案，安安静静办教育，提高标准干工作，学校广大教职工敬业奉献，精研业务蔚然成风。

这一年，我们充分发挥九年一贯制体制优势，积极构建主体性德育体系，德育课题上报淄博市2017年度教育创新项目，办学综述《主体性教育，激扬生命自觉》发表在国家级刊物《教育家》杂志。与化建养老院合作挂牌成立"金山中学德育实践教育基地"，按年级系统开展了"研学旅行"等活动，师生面貌焕然一新，学校发展呈现了强劲势头。

这一年，我们坚持"教师的人格魅力是最根本的教育力"，注重培养学生的核心素养和关键能力，坚持"教师主导，学生主体，双主平衡"原则，以"新基础教育理念"为抓手，做足"主体性教育"课堂教学改革文章，先后邀请区教研室王会芳主任，卞玉陶所长到学校指导工作，新基础教育理念进一步落地，全员公开课扎实开展，教育教学质量稳步提升。

这一年，规范权力运行机制，我们形成了行之有效的"例会工作制度"。各学部每周召开办公例会，学校校委会每两周召开一次。"三重一大"决策严格执行程序，制定学校《内部审计实施方案》，专项检查学校财务，加强内部审计。加强档案管理，我校档案室获"山东省档案资料管理先进单位"。在"职称评审"、"分级聘任"、"弹性岗位"等政策实施上，坚持公开公正原则，让公平正义的阳光洒进每个人心里，学校风清气正，正气昂扬向上！

这一年，我们实施"青蓝工程"，"十二年读书计划"，举办"金山中学公泉杯第十二届读书节"系列活动，让广大师生徜徉书海，让书香溢满校园。有多位教师荣获"临淄区教学新秀"称号，在"一师一优课"平台上多人获得国家级、省市级优课。师生作文多人获奖。

这一年，我们扎实推进课程建设，开齐课程，开足课时，规范办学。在临淄区2017年排球比赛中，学校排球队获得男子团体总分第一名，女队获得团体总分第二名。临淄区 2017 学校足球联赛中，我校足球队获"体育道德风尚奖"，临淄区 2017 乒乓球比赛中，我校获团体总分第五名，女单第三名。在山东省 2017 年中小学生艺术节舞蹈比赛中，我校舞蹈《致·黄河》荣获淄博赛区第一名，并独立参加了全区教育系统迎新汇报演出。

回首过去，每一份成绩与收获，都凝聚着广大师生的智慧、心血和汗水。展望未来，每一份希望与憧憬，都让我们斗志昂扬，步伐坚定。

充满希望的 2018 年正借着十九大的浩荡东风，迎着习近平新时代的光芒徐徐走来，金山中学新年新未来的美好画卷正渐次展开。2018 年必将是金山中学发展步履铿锵，业绩更加非凡的一年。让我们戮力同心、团结一致，践行"主体性教育"，汇聚起内心磅礴的力量，推进学校"五优两满意"中长期目标建设，共同建造金山中学美好灿烂的明天。

衷心祝愿大家元旦快乐，身体健康，阖家幸福，万事如意！

附注：2017 年，学校各方面工作进展顺利。市委组织部考核学校领导班子，获 2017 年度"优秀"等次。学校获临淄区 2017 年度"文明单位"称号。

【回味与感悟】安安静静办学的过程中伴随着一次次的讲话，一次次的讲话过程中渗透着一步步深入的思考。办教育没有轰轰烈烈的壮举，只有平平凡凡的琐事，正是这些看似平凡的琐事中，蕴含着教育的"真"、教育的"善"、教育的"美"！

第五章

实 践

"金砺讲坛"和"值周校长"

学校不是校长一个人的。发挥每一名教职员工的"主体性",大家一起做事,共同成长。

　　本章重点收集整理了学校的两项创新制度中的教师发言。一是间周举行的"金砺讲坛"制度,利用这个讲坛,全体教职工交流分享"我的教育故事",同伴互助,砥砺前行。二是"值周校长"制度,让每一位教职工都有机会站在校长的立场上以校长的视角审视自己的学校。

　　一所学校应当有自己的灵魂,有灵魂的学校文化并不排斥借鉴,但具有伟大灵魂的学校更注重文化创新与制度创新。金山中学坚持的"金砺讲坛"制度和"值周校长"制度正是如此。

（一）金山中学的"金砺讲坛"——

没有爱，就没有教育

程国伟

各位领导、老师：大家下午好！

自参加工作来，我一直因生活、工作在金山中学这样的环境中而倍感荣幸。主要有两个原因：首先，因为我依靠着学校获得自己需要的物质需求，实现了自身的价值；其次，在学校这个平台上，我得到了领导、同事多年来甚至是一直以来的帮助，让我不断成长。借此，也表示深深的感谢，感谢学校，感谢各位老师。

当前，我校提出了"主体性教育——唤醒主体意识，激扬生命自觉"的核心教育理念。主体性包括三个方面——积极性、自主性、创造性。这就要求我们每一位老师在具体的工作中，要表现出积极向上、奋发有为的积极性，以及能够独立思考、不盲从的自主性和不墨守成规，具有创新能力的创造性。今天我站在"金砺讲坛——我讲我的教育故事"的讲台上，谈一谈自己的工作感受和体会。我个人觉得，所有的工作不管是教学、教育学生，还是落实学校安排的工作，都要体现在一个字上，这个字就是"爱"。没有爱，就没有教育；没有爱，也就不能在具体工作中践行主体性教育。所以，今天我主要从以下四个方面与大家交流我自己的工作感受和体会。在这里抛砖引玉，不当之处还请大家批评指正。

一　爱，就是每天默默地为学生做点滴的事

我国著名教育家陶行知先生说过："没有爱的教育将会使教学枯

燥，像山泉枯竭一样。"由此可见，老师对学生实施关爱的教育方法，是教育取得成功的关键。作为老师，只有关心、热爱学生，学生才会"亲其师，而信其道"。我个人觉得，在我们日常的教育教学过程中，爱就是每天默默地为学生做点滴的事。因为学校里不会有惊天动地的大事，有的只是每天重复着的、看似件件都可以忽略的不起眼的小事，所以，工作中做好每天的每一件小事，就是我们每一位老师对自己工作的要求和追求。没有爱，就没有教育，爱学生是核心，爱学生需要体现在教育教学的时时事事。举个例子，每当我接新的班级，我都是在两天内，与班级所有的学生做一个"猜猜我是谁"的游戏，就在与学生接触的第二天，学生举手或主动站起来我就能说出他们的名字，近三年接了三个新的班级，都做到了100%的准确率，今年的新初一也不例外。部分学生在作文中写到老师的记忆力惊人，或者给学生留下了深刻的记忆。其实，学生不知道现在健忘的我为了记住他们名字，采取了强化记忆、特点记忆、形似记忆、位置记忆等多种记忆的方法。学生作文中对老师赞许的话语就是给予我最大的安慰，我也觉得作为老师，这也是获得的最大满足。付出就有回报，老师付出多少爱，学生就能感知多少爱。没有爱，就没有教育。

每天类似这样的小事，我们每一位老师都面对很多很多。比如老师利用午休、课外活动时间辅导学生，或者早晨早早来到学校进行学习指导，对学生做思想工作等等。很多老师都在默默地奉献着，从不计个人得失。所以，爱，其实就是需要我们重复做每天的每一件小事，用心做好每天的每一件小事，坚持做好每天的每一件小事！把每一件小事用心做好、坚持做好就是爱，就是在践行主体性教育——唤醒主体意识，激扬生命自觉。

二　爱，就是在自己的教育下让学生有所进步

《孙子兵法》上说："知彼知己，百战不殆。"没有爱，就没有教育。爱学生，更需要我们尊重学生人格、兴趣、爱好，了解学生习惯以及为人处世的态度、方式等，然后"对症下药"，达到"标本兼治"，也就是说教育学生要教育到心里，让其有所转变，有所进步，并帮助学生树立健全、完善的人格。所以，要想在这些活泼、可爱，又调皮，看似懂事又稚嫩还兼有青春期叛逆的学生面前取得"胜利"，就必须做到多渠道、全方面了解学生的详细情况。只有掌握学生的性格、爱好、交往、在家的日常表现，家庭状况等全面的情况后，对于特殊的个体学生进行单独教育才是最有效的，这是教育学生的前提，也是必要条件。同样的一句话，不同的学生听后的反应不一样；同样一句话，用不同的语气去说，学生听后的反应也不一样。所以，与学生交流或处理学生出现的问题时，不能千篇一律。在我的教育教学过程中，我会利用可以利用的一切机会了解每一个学生的特点，我也会利用可以利用的一切机会"偷学"教育学生的方法，取得了不错的效果，比如一个我教过但已转学的学生，因为我的教育有效果，家长还会利用寒暑假时间联系我，让我跟这个学生谈心，家长说他孩子最听我的，希望能帮助他们引导孩子改正一些不良的习惯。再比如，现在初一四班的"大宝"（化名，小学毕业摸底检测语文成绩21分），该生学习习惯很不好，上课坐姿不端正、听课很不认真、作业经常不写等等，在我找他询问为什么没完成作业时，他哭了，而且后面几次都默默地落泪，我就觉得这个学生一定有想说又不知道如何说的心里话。于是利用一个课外活动时间，我就把他叫到办公室，与其谈心，在谈心过程中，才了解到，该生父母离异，在小学时老师对他学习没有过多的要求，家庭教育

的方式不是训斥就是不管不问，长此以往，就养成了不听课、不写作业的习惯。了解了这些，作为教师，也知道想让他跟其他同学一个标准很难做到，于是我就从思想工作切入，以鼓励为主进行思想交流，鼓励他从现在做起，从简单的事做起，别人背两首古诗，他可以背一首，别人能默写的，他可以抄写。当我发现他在课堂上主动记笔记时，我会在全班表扬他；当我发现他坐姿不端正时，我会悄悄地走到他身边轻声提醒他或者做一个动作提示。10月26日在刘波老师执教公开课练习蹲踞式起跑的课堂上，他因身体原因不能下蹲，在一旁旁观，我就走到他身边去鼓励他，告诉他，能学懂学会（要求）就是成功。体育课之后，是语文课，我在班里表扬了他的作业（还是唯一被表扬的学生），理由是书写认真、按时上交，错字都能改正等等，适时及时关注他，给予他鼓励与表扬。当还有完不成作业的情况，我还会单独找他谈心，给予他鼓励，让他力所能及完成可以完成的作业。就这样，半个月下来，他能做到按时交作业了。在11月1日下午的作文课上我表扬了他的作文。每当看到自己教育下的学生有所进步，我内心就能找到一种成就感和自豪感。作为老师，我想我们每一位教师最大的满足莫过于看到学生的进步。

没有爱，就没有教育。对学生的教育，要了解他的性格特点，把握学生的心理状态或心理活动，及时调整或采取合理的适合学生的方法，使学生有所进步。可能我们不能使每一个孩子都改变，但，我们要把"使我们所教的每一个孩子都有进步"作为我们的目标。这就是爱，这就是在践行主体性教育——唤醒主体意识，激扬生命自觉。

三　爱，就是要善于发现问题，用心去思考并为解决问题而努力

俗话说"好汉不提当年勇"，但是，我非常怀念担任班主任工作

时的那种"累并快乐着"的感觉。(当班主任的经历,逼迫自己学习学生管理、班级管理,学着跟家长打交道等等,让自己不是一个单纯的"上课老师")或许是因为让我赶上了所带的班级学生都通情达理,赶巧所带班级学生在各方面的表现都还算说得过去(班主任经历了几个阶段:1—3:一塌糊涂一无所获。4:历练提高收获颇多。5—8:得心应手轻松应对。这里所指的班级是从2006级开始带的班级;因为之前的班级管理自己都不知道如何管理,更谈不上感受,现在想来当时可能都会成为领导、老师们的反面典型),现在每当想起班级管理工作,仍然令我自豪。所以我也常说,我做班主任的两点体会。

第一,抓小防大,防患于未然。在平时的班级管理中,坚持"爱、靠、严、细、实"的原则(有爱心,是做好班主任工作的前提;靠得上,是做好班主任工作的根本保障;严要求,是取得管理成效的必要手段;重细节,是决定管理成败的重要因素;有实效,是做好班主任工作的现实要求),狠抓细节不放松。"抓小防大,防患于未然"。我的做法是不管问题多小,只要我了解到的问题,就要有落实,让学生知道任何一件小事和我了解到的问题,我都会过问,一追到底,该承担责任的就要承担责任。(当然,前提是要利用日常时机适时经常地教育学生要有承担责任的意识)比如,眼操时间只要有时间,我都会不定时地去教室前后门看看,而且是几乎每次都去看;晚自习时间,在没有自习值班的情况下,我也经常到班级转转,有时候故意让学生发现我,有时候从门外暗中了解情况。如果暗中发现问题,我会在第二天找到相关的学生,这样一来,让学生知道老师无时不在,即使不在也有学生或老师监视班级的情况。这样一来,在班级形成了"有问题一定有落实"的良好的管理氛围,促进良好班风的形成,班主任工作也会越来越顺。有一次清扫高三楼后长期堆积的大量垃圾，赵蕾老师（当时担任我们班的英语教师，又是同年级的班主任）曾经说过，你班的学生真好，真想不到你不在，都能主动找食堂师傅要小推车，能卖命地清理垃圾，一点也不怕脏、不怕累，你真得好好表扬表扬他们。

  在班级管理工作中，我很信奉这么一句话"有班主任在，学生能做好，这个班主任合格；班主任不在，学生能做好，这个班主任很优秀；可是，如果班主任在，学生仍不能做好，那么这个班主任无疑是失败的。"只要坚持"爱、靠、严、细、实"的原则，做到抓小防大，防患于未然，把每天的细节问题处理好了，学生的自律意识就增强，学生的自我管理水平就能提高，班级管理水平自然也就高，也就能形成好的班风，从而促进良好学风的形成。

  第二，主动上报，自觉惩戒。在当前的教育形势下，教师对违纪学生"束手无策"。针对这种情况，我通过召开主题班会，确定了"主动上报，自觉惩戒"的班级管理制度。（这里所说的惩戒当然不是体罚，而是当学生违犯了校规校纪后，自己对自己进行的告诫，使自己不再发生同类事情，让自己向更好处发展，以达到教育的目的）。比如，学生的宿舍卫生扣了分，学生要主动上报班主任，说明详情，说出扣分的原因，自觉惩戒，防止同样的情况出现。（自己想办法让自己不再发生类似的情况，比如担任本周的宿舍监督员监督卫生，确保不扣分等。）在班级纪律方面，也是同样的要求，自觉惩戒，防止同样的情况出现，原高中部的安敬国主任曾对韩照华、逄铭坤等老师说过，"你们多跟程国伟聊聊，他所带的班级纪律很好，晚自习老师不在纪律都非常好。"在班主任量化考核中宿舍卫生得分和总分经常获得第一，我班的学生被年级组长单丽娜老师夸奖"学生除了学习不好，什么都好！"（理科班体育生和没有特长成绩最后的理科生）。学生好，比什么都好，听到这样的话，我由衷地高兴。

（主动上报，并不是意味着班主任老师就轻松，应当比平时更要靠班更要了解班级所有状况。）

唤醒主体意识，激扬生命自觉中的自主意识就是能够独立思考、不盲从。不仅仅在班级管理中，在所有工作中，只要我们善于发现问题，只要我们用心去思考并为解决问题而努力，也一定能收到良好的效果。这也是爱，也是在践行主体性教育——唤醒主体意识，激扬生命自觉。

四 爱，就要真诚待人，踏实做事

没有爱，就没有教育。爱不仅体现在教育学生和班级管理上，爱还要体现在学校的长远发展的方面。目前，"文化立校，自主转型，内涵发展"的学校变革策略正一步步落到实处，围绕"唤醒主体意识，激扬生命自觉"核心理念，作为全校教职工的一份子，在实现"五优两满意"办学目标和教学工作的过程中，要充分发挥自己的主体意识，这就要求我们每一位教职工都要真诚待人，踏实做事。

工作生活中要热情真诚地对待身边的每一个同事，是我的处事原则。我不论是在安排或接受工作，还是正常的交往，从不避重就轻，且踏踏实实做好每天的每项工作。作为学校中层，时时事事按照学校的要求要求自己。绝大多数情况下，每天都能做到提前半个小时到校；到校后，经常到楼内巡视，发现问题及时反馈给相关的责任人。几年前，曾有一个老师给张校长写过一封信，信中这样说，"他早上来到学校后，先把小学楼所有的地方检查一遍；每天上午第二节课后检查课间操，从不间断，并且规范了从离开教室列队、按照行走路线入场，再列队按照路线有秩序返回，每周的周三全体班主任站在一起参观小学部所有班级在学生自主管理下的课间操秩序——入场、跑操、退场等等；下午上班前，又把小学楼检查一遍；

下午第一节课后，还经常亲自检查小学部所有班级的眼保健操情况；学生放学后，他还会检查小学楼的全部卫生；程主任在每次的寒暑假前，都会要求班主任关闭所有的电源和门窗，难能可贵的是每次都逐班检查，即使放了假也通过班主任群通报给所有的班主任检查的情况。为落实主题班会课，经常亲自到十几个班进行检查、照相……"

我个人觉得，在工作中，我们不需要抱怨，也不需要自我标榜。只要我们每个人都真诚待人，踏实做事，群众会给出客观公正的评价，相信群众的眼睛是雪亮的。我也非常信奉这样一句话："不吃亏的人是聪明人，但是，能吃亏的人是智者。"

我对自己一直以来的十分公正客观的评价是能力不强，水平不高，与其他中层领导和在座的老师相比，也深知自身的不足，与大家还有很大的差距，尤其在教育教学工作中仍然需要向大家多多学习，需要进一步提高自身修养和教育教学水平。如今，担任初中教务处主任的职务，我深感压力之大，责任之重，就像担任第五周值周校长的高安文校长所说，我也相信"勤能补拙""天道酬勤"，我也更相信只要心中有爱，就能充分调动自身的积极性、主动性，只要我们每个人的心中有爱，就能做到真诚待人，踏实做事。对于我个人而言，在担任小学政教处主任时对班主任说过，工作中我会做到尽力而为，问心无愧，因为每个人的能力有大有小，水平有高有低。现在同样也是这样一句话"尽力而为，问心无愧"，并为实现"五优两满意"的中长期办学目标贡献绵薄之力。

今天跟大家交流的这些工作和感受，相信在座的多数老师也都在默默地做着，甚至比我做得还要好，所以，今天的交流内容，不当之处，再次请大家批评指正。

谢谢大家！

精心设计德育活动　唤醒学生主体意识

于建磊

各位老师下午好，很荣幸今天有这个机会站在这里与大家分享我的教育故事，今天我交流的题目是《精心设计德育活动 唤醒学生主体意识》。

我想从上个学期的一次主题活动说起，学校组织全校各中队开展了一次动感中队 logo（队徽）设计大赛，要求每个中队设计一个自己的队徽标志。为了培养孩子们的主体意识，我动员学生自主设计队徽标志，活动开始前我给孩子们提了一些要求，让他们有的放矢，然后就放手让队员们动手去做，最后经过小组推荐共有 7 件作品入围最后的投票环节。整个活动过程全体队员们参与其中，展现自己的设计理念与见解，充满激情地参与到活动中来。少先队员们利用课余的时间自主设计出属于自己的独一无二的的四叶草中队的标识。经过学生公平公正投票，选出最满意的队徽来，之后我利用电脑美化了队徽，加上了我们班的班风——细心、诚心、爱心、开心形成了我们中队的队徽，此次队徽设计大赛前后共用了一周的时间。有人说你从网上复制一个不就行了，但我并没有这样做，我觉得只有队员们亲身经历了整个过程，设计出来的标志才是有灵魂的，才是能刻入学生心灵深处的。通过此次动感中队 logo 设计大赛活动，激发了队员们自主设计的灵感，培养了他们对于中队更深层次的认识，更加强了全体队员的集体荣誉感。活动后我也反思过：如果我没有提出队徽一般设计成圆形这一要求，而是让学生们随意设计，会不会发现更多有创意的作品呢？

为大力弘扬以爱国主义为核心的民族精神和中华民族传统文化，传承弘扬红色基因，引导广大未成年人认知传统、尊重传统、继承传统、弘扬传统，大队部组织学校部分少先队员赴临淄区革命烈士陵园，开展"我们的节日——清明节：缅怀革命先烈，传承红色基因，争做新时代好队员"系列主题活动。

活动中少先队员们举行了重温入队誓词、默哀、清扫烈士墓碑、给革命先烈写封信等活动。给革命烈士写封信是我们以往组织清明节活动所没有涉及的，这一想法是我在活动前几天与学生讨论时，学生们想出来的，充分体现了孩子们的积极性、主动性和创造性，孩子们俯身在烈士墓碑前，把心里话读给他们听，表达了自己对他们的感恩及崇拜之情。这一活动使队员们懂得了生命的意义，深切地感受到现在幸福生活的来之不易，激发了队员们立志勤奋读书、报效祖国的雄心壮志，进一步增强了队员们的历史责任感和民族使命感。

学校政教处以主体性教育为引领，进行德育课程建设，形成了学校德育课程体系，包含仪式课程、节日纪念日课程、心理健康课程，安全教育课程。月月有主题，周周有活动，丰富多彩的德育活动能培养学生良好的道德品质，更能锻炼学生坚强的意志；丰富多彩的德育活动能培养学生良好的道德品质，更能锻炼学生坚强的意志。因为思想品德是一个社会的问题，同时又是一个实践性的问题，学生的道德观念、道德行为和道德品质，只能在社会实际活动中才能表现出来，并且在实践活动中受到检验。

一项德育活动，如果敷衍了事，通过摆拍，网上复制等形式主义来完成，德育效果不尽人意，甚至毫无效果，浪费时间。我们应该精心设计，发挥学生主体意识，让孩子们真正地融入活动中来，才能达到好的德育效果，才能完成立德树人根本任务。

科学知识可能随着时间而逐渐被忘却,但良好的思想道德品质却能根植于每个孩子的内心,终身相伴。愿我们每一个教育工作者都能牢记立德树人根本任务,做到教书先育人,向着"培养有中国灵魂、世界眼光,具生命自觉的现代人"的育人目标而努力!

把工作当成研究

杨永梅

刘校长在上次金砺讲坛中说到了一句话,"把工作当作研究。"我觉得特别对,就把它作为我今天的发言主题。作为一名教师,每天和学生打交道、教学、班级管理构成我们每天的生活。今天我结合自己的教学工作和班主任工作与大家分享我的教育故事。

15年前,和一帮兄弟姐妹一起,我们来到了现在的学校。在许多老师的帮助下,我由刚出校门的懵懂变得渐渐成熟。刚上课那会,学生不听讲,我经常被学生气哭。后来我向老教师请教,去听别的老师的课,之后反思自己的课。一步步走到今天,取得了一点点成绩,背后我也付出了一些努力。

先说课堂教学吧。我觉得好的课堂一定是教师和学生互动的过程。以我讲《黄土高原》一节为例,水土流失的原因及治理是本节内容的重点。怎么能让学生直观的体验?我采用了实验探究来完成这节课。这是在地理课堂中很少用到的,因为课前准备的物品太多了。第一次上这节课的时候,我用的是菠菜模拟的植被,因为要演示水土流失,所以菠菜底部必须要带着大块泥土,但市场上卖的都是一根一根的。我就跟着卖菠菜的人到他家的地里亲自去挖了这么一团菠菜。还有这个黄土高原的模型,美术组的韩甫全老师帮着做了一下午。再有这节课中关于黄土治理提到修建护土坡，学生没见过，课本中也没有。一次外出正好看到马莲台的护土坡，我就拍了照片用在课堂上，效果比较好。虽然这节课花了很大功夫，但从学生课堂的参与、展示、探究来看是值得的。我觉得只要自己用心去备课，充分去备课，自己对自己的课堂也是有期待的，何况学生呢！

这是我上的一节《大洲和大洋》的公开课，这节课中我设计了小组拼图的一个活动。这个拼图是我做的一个教具。我从网上买来A4纸大小的磁力贴，对照着地图剪出各个大洲的轮廓，用在课堂上开展小组竞赛效果特别好。

这是《我国气温分布》的一节课。我让学生尝尝南方的橘子再尝尝北方的枳，说出"橘生淮南则为橘，淮北为枳"的原因。来说明我国南北方气温的差异。这个枳在化建市场的上面有很多，但不好摘，为了这个讲课的道具，我的手被它的刺划了好几个口子。但是这个导入让这节课很出彩。

对于课堂教学我并没有止步于课堂，我认为课后是自我反思的渠道。每一节课上完后，只要是觉得还需要再打磨的课我都会进行整理。有的是教学设计，有的是反思整改，有的是经验总结。写好后我就投稿，大多都会被采用。有的老师问我怎么写文章，其实我也没有没什么经验，对课堂的思考就是写文章的来源。

如果说课堂的反思是写作，那么科研的引领则会促进课堂的教学。2012年我和地理组的老师申请了导学案的课题，几年下来，我们编写了初中的地理导学案，促进教学的同时也为自己积累了大量的素材。从去年开始，我们又开始了《思维导图在地理课堂中的运用》这个课题。在平日的教学中，不断去积累，不断去反思，一定会不断的进步。

如果说教学工作给了我工作的自信，那么班主任工作则给了我感动。这是一个天资聪慧的学生，父母的离异让他变得自卑。亲眼目睹父亲在车祸中去世之后，他又变得敏感和消沉。家庭不幸的孩子，往往对老师和同伴的关爱有一种特别的渴望。师爱和友爱虽不能代替父爱和母爱，但至少可以让他感受到学校生活的温情和暖意。这不只是一种爱的补偿，更是一种爱的启迪。一个感到人世间充满着爱的孩子，一定会走出心中的阴影，鼓起生活的勇气，乐观地面对现实。

这是张文慧的妈妈和崔俊烨的妈妈发给我的短信。一件件举手之劳的小事情得到家长这样的肯定与感谢，我内心里感动满满。

"护送所有这些人，带着他们长途跋涉，穿过荒原，然后看着他们消失，穿越过去……这趟下来一定很辛苦，我相信他们中间有些人并不值得你去这么做。"

"开始我真的有想过这个问题，这是我的工作，我做就是了，保护每个灵魂平安无恙，似乎这就是天底下最重要的事情。"

生命因事业而澎湃

冯　亮

"为什么我的眼里常含泪水，因为我对这片土地爱得深沉"这是一个诗人的诗和远方；"天下兴亡，匹夫有责"这是一个仁人志士的诗和远方；"心有大我，至诚报国；只争朝夕，矢志不渝；淡泊名利，甘于奉献"这是黄大年教授的诗和远方；而我作为一名平凡的初中教师，一名普通的班主任，我的诗和远方又在哪里？

想到李振华老先生"捧着一颗心来，不带半根草去"的教育精神，想到刘校长提出的"唤醒主体意识，激扬生命自觉"的办学理念，我突然醒悟到，作为老师，就是要用自己的智趣情爱去唤醒学生求知的渴望，唤醒学生对真善美的追求，唤醒学生对生命的感悟、灵性和欲求。这不正是一名教师所追寻的诗和远方吗？

回首过往，其实我们已经走在追寻的路上。反思一路走来的点点滴滴，作为一名教师，一名班主任，我还是做到了以下几点：

一 以仁爱之心去面对学生

教师的爱，尤其是班主任的爱，是照亮学生心灵窗户的盏盏烛光。对学生的爱应是普遍而广泛的，不以社会原因、家庭背景及平时表现而有所偏爱，而是一视同仁。同时爱心也是具体的，例如每天早晨巡视教室，先看看学生有没有到齐；遇到天冷或天热的时候，照料同学们衣服穿得是否合适；放学前提醒学生注意安全等。看起来很平常的事情，但我投入了真情，也换来了学生和家长对自己工作的认可。

在教育实践中，我们会遇到各种各样的学生，比如问题学生，对待这部分学生，教师应从培养良好的非智力因素入手，启发诱导，激发兴趣，去唤醒学生内在的动力，使其明确学习目的，端正学习态度，变"要我学"为"我要学"。这是一个极其艰苦的过程，教师要付出巨大的辛劳。有人说"教育的全部秘诀在于爱"，那就是让我们的教师多关心、关爱那些有某些问题的学生，去关注他们每一点的进步，用满腔的爱去唤醒他们"沉睡的心灵"。

二 提高自身素质善教学生

教育需要艺术，作为班主任更需要学习这种教育学生的艺术，所以班主任不仅要会备学科课，更要会备班会课。而且备班会课要像备学科课一样，要心中有人。从情智管理、情智课堂、情智校园、情智活动着手，培养情智教师和情智学生。力争在班会课上也使得学生小脸通红，小眼发光，小手直举，小嘴常开。班会课的教学设计也要具备精彩生成，要渗透出人性的关怀和教导，激发学生对自身行为、品德认定的渴望，这就是"唤醒"。

在任前两届初四毕业班的班主任时，我曾精心设计召开了"修养是人的第二身份"、"诚信是做人的基础和前提"、"相信自己"和"如何进行中考冲刺"等几大主题班会，让学生受到真正的教育和感化。

三　用垂范去引导学生

习主席讲过，做好老师，要有道德情操。老师的人格力量和人格魅力是成功教育的重要条件。"师也者，教之以事而喻诸德者也。"老师对学生的影响，离不开老师的学识和能力，更离不开老师为人处世、于国于民、于公于私所持的价值观。一个老师如果在是非、曲直、善恶、义利、得失等方面老出问题，怎么能担起立德树人的责任？广大教师必须率先垂范、以身作则，引导和帮助学生把握好人生方向，特别是引导和帮助青少年学生扣好人生的第一粒扣子。

作为一名班主任尤其如此。榜样的力量是无穷的，喊破嗓子不如做出样子。作为班主任，要以身作则，要求学生做到的，自己首先做到，大到爱国、尊老、护幼、敬长，小到弯腰捡起一张纸片，一言一行，都是一种潜移默化、水滴石穿的力量。

四　用发现、赞赏的眼光去面对学生

哲学家詹姆士说过，"人类本质中最殷切的要求就是渴望被肯定，而学生更是如此。"赞美是阳光，是学生成长中不可缺少的养料。对学生的点滴进步都予以发自内心的表扬和赞赏，努力让每个

学生都能感觉到自己的进步。作为班主任应该善于捕捉每一个学生身上的闪光点，虽然可能只是一个小小的闪光点，但极有可能通过这个小小的闪光点挖掘出埋藏在他心里头的大金矿。上一届的班级中，有一名叫刘雨桐的学生，她上数学课经常打盹，因为是初四毕业班，中考在即，我内心着急上火，便很不客气地训斥了她一通，结果造成了师生关系紧张，她再也不主动问题了。一周后，我把她叫到办公室，把一周来记录她每天上课打瞌睡的次数给她看，并以一种表扬的口吻对她说："每天打瞌睡的次数呈下降趋势，而且我也打电话询问你家长，你晚上熬夜学习也很辛苦，如果能再合理地调整一下作息时间，再加上你用意志力坚持，这个情况完全是可以不再出现的。"就这样师生间的矛盾解除了，她也顺利地考上了临淄中学。用发现、赞赏的眼光去看待每一个学生，每一个学生都是美丽的。

生活中不只眼前的苟且，还有诗和远方的田野。优秀班主任的荣誉对我是一种鼓励，更是一种鞭策。在教育的道路上，我将不忘初心，砥砺前行，以梦为马继续追寻教师的诗和远方。

让爱为他导航

李爱冬

罗杰斯的现代人本主义教育思想强调教育要以学生为中心，让学生主动参与学习过程。近年来，我校把"主体性教育：唤醒主体意识，激扬生命自觉"作为学校办学的核心教育理念。我们始终坚持学生发展主体地位，以实施素质教育为追求，践行人文管理，强调教师学生共同发展。因此，主体性教育"和谐"是它的第一表征，共同发展是它的目标追求。

我们班有个家住农村的学生小凡,性格倔强,学习积极性不高,不遵守课堂纪律,自由散漫,做事拖拉,还经常跟同学打架。父母工作繁忙,没有时间关注他。因此,他就没有养成主动写作业的好习惯,很少按时上交作业,尤其是家庭作业,实在让人头痛。自从我担任他所在班的班主任后,见他一直我行我素。每天收作业总是没有他的,几门课都是如此,搞得组长怨声载道。我反复找他谈心,对他不努力学习的做法进行了分析,告诉他学习是一个学生最基本的任务,老师希望他做一个合格的学生,但收效甚微;我也几次批评过他,还限期补交作业,可是补上这一次的,下一次的又没有完成。我遍查各种书刊资料,寻找相似案例,最后还是决定先与家长取得共识。于是,我在电话中与他妈妈进行了长时间的交谈,对他的学习方式、学习态度、生活习惯等方面进行了细致了解。我也将要对他采取的措施告知了家长,并取得了她的支持。没想到,第二天,他破例按时上交了家庭作业,我心中的一块石头落了地。心想:我的工作有成效了!尽管作业不太理想,但他毕竟有了进步。可是好景不长,不到一周,他又开始不交作业了。怎么办呢?

我冥思苦想的结果是:我的"强攻"策略在小凡身上无效。这时,我才真正体会到我的老师曾说过的一句话,"改掉一个坏习惯要比养成一个好习惯困难得多"。看来,小凡有很多心理准备抵御我的"攻势"。我为此寝食难安,真的感到无计可施了。我请教有经验的老教师,再次查阅有关教育、心理学方面的书籍,也上网搜索了一些小学生心理咨询方面的资料。于是,我准备向小凡发起"软攻"了。我还是找他谈心,谈他们家人的情况,谈他快乐的童年生活,谈他感兴趣的一切,就是不谈学习。慢慢地,我发现小凡变了,变得爱跟老师说话了,也很少与同学打架了,有时还能主动与同学交流问题。我趁热打铁，不失时机地又一次与他谈心，同时告诉他我的计划：若他一周内按时完成作业，及时上交，老师会给他们组加星星，并奖励他一个本子。

第二天上自习前，课代表小曦跑来告诉我："老师，今天的作业收齐了！连小凡也按时交上了！"她是那么高兴，那么激动，岂知这时更高兴、更激动的人是我。上课时，我站在熟悉的讲台上，颤抖着声音对同学们说，老师有个好消息要告诉大家——小凡的作业按时完成了，而且书写工整，得"优++"。教室里立刻响起了一片掌声，这掌声持久而热烈。我留意到，小凡同学的脸上露出了微笑，他难得地微微低着头，羞涩地听着这为他而发出的掌声。我抓住机会又表扬了他勇于同坏习惯决裂，敢于改掉不良习惯的做法。以后，尽管他又有过几次反复，但只要发现他有点滴进步，我都会及时表扬、鼓励。一次次肯定，一次次表扬，一次次鼓励帮小凡找回了自信，使他又拥有了自尊。

我庆幸我的成功，从批评到表扬的转变使我又挽回了一个"学困生"。

明明、小叶、大光几个孩子，他们也有这样那样的不良习惯，也时常不按时交作业。这次，有了前车之鉴，我不急不躁，因人而异，因事而行，对他们进行了方式不同的交流谈心。比如，小叶是个很内向的女孩子，喜欢一个人玩文具。她书写很慢，常常边写边玩，再加上学习很吃力，因此，总是小组内最后一个交作业的。为此，我除了课堂上多加关注之外，还特别利用每节课将要结束前的几分钟，循序渐进地进行注意力集中的训练，表现好的同学当堂给与表扬奖励。这样一段时间下来，效果不错。小叶的注意力集中时间明显增加，书写速度有了显著进步。

通过对这几件事的处理，我更深刻地明白了：师生之间是一种人格上的平等，教师是服务于学生的，并在服务的同时教会他们怎样做人，做一个对社会有用的人。教师专业发展是实现教师人生价值，让学生满意的客观需要。往往教师的一句话，一个眼神，一个动作都会对学生产生极大的影响。总之，学困生缺点、问题较多，心理特殊，不那么可爱，这就更需要教师具有强烈的事业心和责任感，以爱的春雨去滋润他们的心田，让他们在爱中学会自尊、自信、自强，创作出人生自励自强的奋进之歌！

体味平凡

赵真真

尊敬的各位领导、教师：

大家下午好！今天我把我的教育故事分享给大家，和大家一起交流。

有位名人曾说过这样一句话：我终生选择的职业它应该是这样的——首先，它是我所喜欢的；其次，它是我所擅长的；最后，它是能维持我生计的。对照一下，权衡之后，我忽然发现自己竟然更倾向于第一条，原来我是这样爱教师这份职业，一种久久以来压抑的情绪在心底激荡起来。

教师不平凡，平凡的是职业。教书育人，事事琐碎，校园亦非神坛仙土，当黄金潮掠过校园橘红色的天空时，我望着西垂的落日，在心里许下愿望——既然无法走出平凡，就让我把平凡当成一种事业，去奋力耕耘吧！

于是，在平凡的工作中，我体味着平凡，也努力地践行着平凡，才发现—— 平凡是躬行。

躬行者，以身作则也。要求孩子们按时到校，我总是提前一步，在教室门口迎接孩子们的到来；要求孩子们字迹工整，我总是让板书条理分明，让评语笔画端庄；要求孩子们作业认真，我总是逐题批阅，用心批注；要求孩子们讲究卫生，我会轻轻拾起教室里的纸屑而不着痕迹。春风化雨于无声，身体力行显风范，可细细一想，我做的这些，我的同仁们或许比我做得更周全，这让我明白，自己很平凡。

平凡是尊重。尊重是忽略名次，转而重视每一个家庭的希望。于是，我们要让每颗种子都有他们生根、发芽、开花的空间，让他们都有长成参天大树的可能；尊重是淡看优劣，将雨露布施给每一个渴望知识的孩子；尊重是处事公平，就事论事，于是，在我的班上，学习吃力的学生并不是饱受批评的代名词，成绩优秀的学生也常受到老师的批评指正。改变传统教育中"权威主义"的"命令"与"服从"的师生关系，建立相互尊重、相互理解、相互信任的新型的民主、平等、合作的师生关系。这就要求教师不以威压人，处事公平合理，不抱偏见，对自己所有的学生都一视同仁。所以，我学会了俯首，以低姿态面对学生，和他们成为朋友，而不是约束者。

我们班的孩子相对于其他班的孩子都要安静，这样的安静使整个课堂毫无生气和活力，刚开始，我实行"命令式"的方式，强迫学生回答问题，但过了一段时间学生个个噤若寒蝉，没有一个敢回答问题的，就连刚开始几个经常回答问题的学生也被我的高压政策吓退了，我左思右想，改变策略，借学校"班级小主人"的东风，开设"课堂小主人"细化课堂评价，用鼓励和奖励奖卡的方式激发学生的主体性，唤醒学生的课堂主人翁意识——"我的课堂我做主"，使学生主动回答问题，不出所料，几乎所有的学生都积极地回答问题，就连平时捣蛋的同学也加入到这样一种争优的模式。尊重在课堂上发挥了功效。然而，每当我为自己能做到这些而洋洋自得时，却又发现，像咱这样处事公平、尊重学生的同仁比比皆是，我还是觉得自己很平凡。

平凡是爱心。孩子们成功的时候，爱心是一朵赞赏的笑容；孩子们失败的时候，爱心是一句宽慰的话语；孩子们犯错的时候，爱心是一道严厉的眼神；孩子们胆怯的时候，爱心是一个有力的手势；孩子们骄傲的时候，爱心是一句善意的提醒；孩子们自卑的时候，爱心是一轮温暖的太阳。教育是一项需要爱心传递的事业，爱心也是世界上最平凡的一种情感。

在这份沉甸甸的爱中，有一个小女孩的名字常常在我的脑海中跳跃，她是个独特的孩子，她的每一次成长都凝聚着我对这份教育事业的认真和执着，渗透着我对教育本质及教育规律的探究，见证着我对正确教育思想及先进教育观念的追求。

高尔基说过："谁不爱孩子，孩子就不爱他，只有爱孩子的人，才能教育孩子。"所以，我学会的第一个法子是爱学生，这里的爱不仅仅是生活中的嘘寒问暖，还要走进学生的内心世界。这个小女孩，聪明伶俐，几乎所有的任课老师都用"聪明"这个词形容过她，这样一个聪明的孩子却有一个所有老师都头疼的问题，作业不做，考试时试卷不做，我当时用了一个词形容她——"任性"，一个心灵自由的孩子是不能去逼迫的，作为一名教师，学生最亲密的引路者，我该以怎样的教育嗅觉，去关注去爱护学生一个个独特的个体，一个个鲜活的生命，更重要的是，如何去引导、教育学生形成健全的心智、良好的品性？这让我陷入了沉思和探索，我开始想方设法和她谈心，投其所好，慢慢地知道了她想要一个脚踏车，然后联系她的妈妈，让她鼓励这个小女孩，并且以一辆脚踏车为条件，让她在期末考试中取得优异成绩。食髓知味，小女孩尝到了成功的甜头，在接下来的一学期里她总是表现积极，有了很大的进步。

教师对学生的爱，不是只从生活上关心，不是盲目的溺爱，也不是迁就和放任，而是要把耐心教导和严格要求相结合，把学生的个人发展和社会需要统一起来，对学生负责，对家长负责，对社会负责；教师爱学生，不是只爱好学生，而是爱每一个他要打交道的多种多样的学生。在面向全体的基础上，还要偏爱差生，要倾注最大的热情、关心和体贴他们，为他们服务。教师要具备这种心态，才会在日益激烈的行业竞争中立于不败之地，才能为"太阳底下最光辉的事业"添光彩。

平凡是宽容。宽容学生在走廊上的一次无意冲撞，童年嘛，演绎的是不规则的轨迹；宽容学生在课堂上的一次无理的辩驳，童年嘛，徜徉的是不安分的思想。宽容，让宰相肚里能撑船，让将军额头能跑马，细细想想，我离此境界仍有距离，所以我平凡。

平凡是耐心。耐心地矫正孩子们相同的错误，尽管有时是一而再、再而三的高频率重复；耐心地等待孩子们点滴的进步，尽管有时需要经历痛苦而又漫长的周期，却仍旧一无所获；耐心地寻找孩子们的闪光点，尽管有时这是一项需要用高倍放大镜才能完成的任务；耐心地与孩子们交流，尽管有时他桀骜不驯、油盐不进。耐心对待一切，其实是由教师这个特定的职业所决定的，由此看来，我的职业依旧平凡。

教育是一个繁琐的话题，教育故事也如同一篇散文，形式多样，内容不一，但不变的是教育的内核——一切为了孩子，为了一切孩子，为了孩子的一切。我的教育故事，也是你的教育故事，更是我们大家的教育故事。这故事纵使平淡，纵使琐碎，但它的况味也如散文般醇厚，情感更是如诗如歌，让人回味无穷！

做儿童的领读者

孙 蕊

尊敬的各位领导、老师：

大家下午好！

不知不觉中到小学任教已经将近三个月，最初的一段时间，很多人见了我都会问感觉如何？我答一言难尽。今天借此机会，就让我用若干言与大家来分享我的教育故事。

其实想去小学教书已有很多年，愿望最强烈的时候曾经买了不少的书，研读一番后构想过我在小学的幸福生活。所以当今年开学初校长告诉我阅读应该从娃娃抓起，委派我去小学任教时，我心头涌起的是多年夙愿一朝实现的快慰感。从接受调令的一刻起，开发阅读课程，引领孩子读书就成了我的发展方向。

一 多管齐下促读书

如何在三年级的孩子们心中播下读书的种子呢？先让他们知道阅读有多重要吧！开学第一天，我们的晨诵由一首小诗开启，我们反复地吟咏"没有一艘船/能像一本书/也没有一匹马/能像一页跳动的诗行一样/把人带向远方"。就这样让书进入孩子们的心底。从开学那天起，每晚自由阅读课外书不少于半小时就成为孩子们的常规作业，如何确保完成呢？我们借助课外阅读记录助手这一软件来监督，要求家长下载阅读APP，每天孩子读完便给家长讲一讲，然后由家长输入阅读篇目、时长、页数以及感受，请家长协助将课外阅读落到实处。

为了更好的有针对性的训练阅读，这学期精选了三本书共读。它们各有侧重：小说《绿野仙踪》故事性强，适合分角色读，探究主题，排演戏剧；《向着明亮那方》是金子美铃的童谣诗集，适合训练朗读；而《千字文》中有大量的韵文，适合背诵积累，书中的一些小故事则适合训练学生的概括能力。我们每周会抽出两三节课来进行班级共读，为了深化阅读，我们还会努力让阅读与生活相关联，让文字真正走进孩子们的内心。比如在研读过金子美玲的《秋天的消息》、《晴朗的秋日》、《初秋》等秋天组诗后，我们一起在校园中寻找秋天的足迹，而后再一同探讨金子美玲笔下的秋有什么不同寻常处，进而感受作者的独特风格。之后还举行了金子美玲童谣诗朗诵会，下课时孩子们积极排演，课堂上或独诵或群诵，热情高涨，童谣诗被他们演绎的妙趣横生。我们还将阅读与写作相结合，伴随着《绿野仙踪》阅读的推进，我们在摘抄好词好句之余，还写下了一系列的文章：《我眼中的多萝西》《我看稻草人》《勇敢的胆小狮》《铁皮樵夫的智慧》等。读写结合，以读促写，我很欣慰地发现孩子们的文章从最初的别字满天飞，语句不通顺到而今的会用修饰词，能有点题句。成长就在不懈的耕耘后。

为保障孩子们所读书籍适合其年龄，在向家长推荐阅读书目之余，开学初我还依照书单从当当网上订购了上百本童书，最初是想充实班级图书角，后来感觉用于奖励更适合。我们施行奖卡换书制，两张奖卡可以借一本书来读，凑足十张卡则是百本好书随你挑，送书大酬宾！这一举措极大地激发了孩子们的热情，时不时的会有孩子拿着奖卡来借书，也曾出现蜂拥而上把书选的火爆场面，而我则不时地搞推销，心血来潮时讲个故事听，而后大力鼓吹我的书柜中有N多好书，书有多么多么好看，若想看，好好干！本以为十张卡不易凑，谁料就在上周，我的小班长便拿了十张卡来要书，最后选了一本《清朝故事》，被我好一通的夸奖，眼瞅着孩子喜滋滋地离去，我想爱书的种子或许已经在悄然滋长。这些书还有另一重功用，我想在我读过之后，可以在孩子们的生日之际，把书籍作为生日礼物相送，当中的故事形象要契合这个孩子的性格特征，或者其中暗含的精神品质是我期待这个孩子拥有的，让书籍承载老师的教育心愿，将爱注入孩子心底，让美德潜滋暗长，有朝一日成为精神明亮的人。

想让阅读深入开展，还需要给孩子们提供一个展示的舞台，我们举行过神话故事会、名人故事会，让孩子们分享他们读到的故事。此外我们还利用课前三分钟，让孩子推荐好书，分享他的感悟，并让孩子们互相评点，训练口语表达之余还训练他们的倾听力以及思辨力。此外还通过评优来提升孩子们阅读积极性，"读书明星"，"书香家庭"的评选令孩子们的读书热情再创新高。

我们尝试着用书籍中的语言或形象来构建我们的教育密码，建构班级话语体系，让教育不再停留于空洞的说教层面。比如针对班里孩子们喧哗吵闹嗓门大喜欢吼的问题，我们学习了谢尔顿的小诗《尖叫的米莉》，孩子们声音果真就没那么夸张了。而对于如何与同伴相处，在我们读过《绿野仙踪》后，孩子们的体验就更深刻了，我们可以用故事中的人物的表现来做比，一说多萝西，大家就想到她是友善的代名词，她颇受欢迎人缘极好，首先是因为她待人真诚，不会老盯着朋友的不足看，更不会给同伴添乱，而是不断地帮助同伴。于是乎，班里告小状的现象明显减少，互助友爱的画面逐增。我们努力地搭建起生活与阅读之间的桥梁，让孩子们在阅读中经历成长。我们期待着通过序列化阅读，让孩子们穿越海量的好书，从而将勤勉、真诚、勇敢、友善、坚强等一系列闪光的词汇内化为自身的素养，让阅读浸润下的孩子成长为闪烁着人格魅力的栋梁之才。

二　家长助力促阅读

让孩子们爱上阅读还需要后援力量，家长的支持必不可少。如何让家长大力相助呢，我想我的表现至关重要。我希望有一个良好的开局，让我的一些理念能在第一时间传达下去，于是在学生到校报到的当天，就让孩子们带给家长一封信，在信中要求家长加我微信建立班级微信群，同时明言课外阅读意义非凡，告知家长本学期班级的共读书目，咨询家长是否愿意集体订购。这样做有风险，但统一版本有利于共读的开展，我愿意冒险为之。之后将班级微信群打造为一个交流问题、展示班级风采的园地。比如在开学第一天，我将学生一天的活动照片汇总制作成动态影集分享在群中，让家长直观地感受到新学期自己孩子在校的状态，同时在群中写下洋洋洒洒 1600 余字的文章，告诉家长孩子们开学当天存在的问题以及需要家长接下来注意的事项。在第一周里，非常密集的发布消息展示动态，旨在让家长了解孩子在校的状态，明晓老师有多尽责也蛮专业，从而更好地配合工作。之后的每一周，都会在周五下午将学生一周的精彩照片汇总制作成美篇发布到群中，配以精简的文字，让家长感受到孩子们的点滴进步以及老师们的尽心竭力。遇到班级存在的问题，需要家长配合之处，也会以文章的形式发布群中，不为点赞，只为发展。

我们把微信群打造成一个展示的平台，有时要求家长上传孩子在家阅读的照片，有时则是朗读或是演讲的录音，这样做既可以相互学习借鉴，也是一种激励与弘扬。我们还不断地向家长强调读书的重要性，并且大力倡导亲子共读，努力让家长也成为孩子的领读者。如何调动家长们的积极性？除了夸孩子，还得夸家长，时不时地需要点赞鼓励，树典型立标杆，从而激励家长协助培养孩子的阅读习惯。

如今，阅读在班中蔚然成风，随处可见读书的身影。不管是清晨还是课间，亦或是下午课外活动时分，看书的孩子比比皆是。午间的阳光阅读时分，班中静谧的读书氛围令你疑心置身天堂，据说天堂就是图书馆的模样。班级图书角处时常围着借书的孩子，我把一套沈石溪的动物小说放入图书角的当天下午，居然全部被借走。中午放学路上，有孩子热烈的讨论着金鱼是否是鲫鱼的变种，手中拿着的是本《十万个为什么》。下课后，平时沉默不语的小男生把一本《米小圈上学记》放我面前，原来是想向我推荐这书，因为他感觉好看极了。一位家长在微信中如是留言："谢谢孙老师，在您的带领下宝曦喜欢上了看书，早上睁开眼就抱着《绿野仙踪》开看了，想拍张照给您看，他还不好意思呢，宝曦呢有点不自信，可能我平时老吼他，爱上看书真是太好了，孙老师辛苦您了。"这段话曾如一丝微光照入我心房，让我感受到自己一直以来的努力的价值所在，并愿意继续为之奋斗。

三　博采众长助成长

我想我对阅读不遗余力的弘扬来自于我对阅读改变人生的认可，一个人的精神发育史就是他的阅读史，我的人生中有一抹重要的底色就是阅读。我以自己切身的实践体会到阅读可以让人的心灵变得强大，生命日渐充盈。"不悔镜中朱颜改，但喜心头疆域宽。"这份从容与练达，有一部分来自于阅读。读的越博杂，认知越丰富，有时便会超越某些条条框框，抵达不足为外人道的妙境。

如今的阅读与我的专业成长密切相连，三个月来，我随同孩子们一起看了许多的童书，我的休闲娱乐方式从看言情玄幻小说追韩剧美剧改为看国际大奖小说读童话听绘本故事看动画片，我在努力拉近与孩子们的距离，寻找我们的语言密码。在童书的涤荡下感觉自己的心纯净了许多，虽感辛劳，少有哀叹。遭遇困境时习惯于翻书找灵感，时有收获。比如与家长沟通的言辞，得益于《各就各位准备飞》一书，这本书还有个副标题叫"致三四年级学生家长的每周一信"，我从中汲取了不少的养分。案头常翻的一本《苏霍姆林斯基教育学》也给我不少启迪，一大改观就是班会课上不再搞批斗，而是树立正面典型，扬正气树信心。看过《儿童的秘密》后我对动辄来告状的孩子有了更多的耐心，明白这是孩子成长的必由之路，不该越过。《学校是一段旅程》让我对课程建设的认知更为深入，更为迫切。而重读《理想课堂的三重境界》则让我明晓自己未来期望抵达的地方。来到小学后找不到上课的感觉便读《走进名师课堂》，从名家案例中找章法。我喜欢博采众长学以致用，在听过韩兴娥的海量阅读展示课后，我订购了一整套的海量阅读丛书，然后连夜将其中的《韵读成语》一书中的精华内容制成课件，随后上了两堂成语接龙课，从而对海量阅读的实施有了更深刻的体验。我喜欢不断的尝试，在体验中收获，在试错中前行。而阅读无疑给了我诸多启迪，是我灵感的源泉。

何时阅读呢？白天琐事缠身，无暇阅读，夜晚便是上好的选择。无数个静谧的夜晚，是书香伴我入眠。为了督促自己读书，我家中至今不装 wifi，每天至少半小时的阅读，是我与孩子们同步完成的作业底线。在开学初的两周里，每天四点多便会醒来，阅读便成了开启黎明的绝佳方式。如今，阅读已经成为我的生活方式，一日不读书，便觉言语无味面目可憎，有光阴虚度之感，阅读让生命逐渐走向丰盈。

2018对我而言，注定是不寻常的一年。上半年体验使出洪荒之力也无法让学生成绩如意的挫败感，下半年则离开"舒适区"进入全新领域摸爬滚打，伴随而来的辛劳疲惫，困顿失落，让我一度怀疑自己武功全废需重头再来。好在熬过磨合期后一切渐入正轨，阅读课程成效初显，成就感大增，幸福感涌现，未来前行方向也更加明晰。我期望自己成为儿童的领读者，与孩子们一同在书海中遨游，一同穿越岁月流年，互相编织生命，让所有的太阳花都向着太阳开放！

我想我是幸运的，拥有一方施展自己抱负的舞台，得遇诸多尺码相同的人给予点拨与鼓励，学校与领导的支持是我开发阅读课程的坚实后盾，团队的协作互助则提供了有益的助力。建设书香校园，创建读书品牌乃是所有金山语文人一直以来的奋斗目标。而让我们的学校更具人文气息，更富时代精神，更有品牌效应则是我们所有金山教职工的心愿所在。未来，就让我们凝心聚力，和衷共济，唤醒主体意识，激扬生命自觉，向着明亮那方，不断前行！

爱促花开

李 婷

有人曾说"每朵花都有绽放的理由"，也有人说"只要能在春天的枝头占得一米时空，那便是春的使者"。是的，多么美丽的词汇，就这样在我们的笔下流泻下来，源源不断。可是，语言的芳华只会润泽了我们的文章，美丽了我们的荣誉，而最重要的却是，我们的心要像春天的阳光一样，在每一个枝头停驻，静心倾听花开的声音；我们的爱要像和煦的春风一样，在每一朵花苞上拂过，静默观赏绽放的身姿。

去年，我第一次迎来了一群稚嫩的小鸟———一年级的新小伙伴。

我像呵护幼苗、呵护婴儿一样的爱护着他们。孩子们毕竟太小，无论什么时间，什么地方，好像到处都有他们叽叽喳喳似鸟儿般的欢闹声。中午休息时，教室里一时半会儿总是难以自行消停下来。我走进教室，有少许安静了，大部分无所顾及，视而不见。我也不说话，静静站在讲台上，以期盼的眼神望着他们，耐心地等待着他们。此时"无声胜有声"，不少孩子注意到我的神态了，立刻坐端正，闭上小嘴，零星的说话声也渐渐没有了。直至完全静下来，我微微一笑，做了一个伏在桌上的动作。大家都赶紧开始准备睡觉了。我见时机已到就说："哟！大伙儿真乖，请闭上眼睛。"我打开电脑，舒缓的轻音乐轻轻飘荡在教室里，慢慢地，孩子们都已发出轻微的鼾声。我和孩子在进行着心灵的接触。

"教育的核心问题是人格的塑造，而教育的艺术则在于习惯的养成。"午休一直都是中午不回家的孩子最难熬的时光，也是老师头痛的问题，以后我经常变换音乐播放，渐渐地，孩子们习惯于静静地倾听，有的孩子在舒缓的节奏中进入梦乡，有的则尽情阅读着自己喜爱的故事书。我以这样的方式使学生有了一个良好的午休习惯。更重要的是孩子们和我更亲近了。

"师生的和谐相处胜过教师许多的刻意教育。"我总把自己当成孩子们中的一员，走进他们中间。充分利用每次课间时分和孩子们在一起活动。

"老师，您说海的女儿为什么非要变成泡沫呢？"

"老师，请猜脑筋急转弯，为什么蓝色墨水的钢笔却写出红字？"

"老师，'十五天'是个什么字？"

"老师，月宫里真有嫦娥吗？"

"老师，你说我能当上科学家吗？"

瞧，这是我们班的一群"问号娃娃"，都突闪着大眼睛，一脸的稚气，一脸的希望，很高兴地围在我身边，争着抢着说这问那；我们在一起看书、谈心、唱歌、讲故事、做游戏、讨论问题，孩子们无所顾忌地"表现自己"。还把心爱的东西——编织的纸鹤、幸运星等小玩意双手举到我面前，得意地炫耀，然后很真诚地让我收下。记得陶行知先生说过"您不可轻视小孩子的情感，他给您一块糖吃，是有汽车大王捐助一万元的慷慨。"

当我们真的用心置身于孩子中间时，连我们自己也变得纯真起来了。

我不禁想到一首诗：

如果孩子是鸟，你就是天空。

如果孩子是鱼，你就是大海。

如果孩子是花，你就是春天。

爱使我苦中有乐，爱使我不断学习，爱使我多才多艺，爱使我与孩子一起成长。"稻香秾熟幕秋天，阡陌纵横万亩连。"儿童世界绚丽灿烂、丰富多彩，看到了他们中间蕴藏着宝贵的创造潜能。爱使教育融通生命，散发出亲切的魅力，舒展每一个让人怦然心动的美妙。达到"桃李不言，下自成蹊"的理想教育境界。

教育需要等待

吴国平

前两年的一天，QQ上突然冒出了这样一句话："老师，当时都怪我不懂事，恨了老师三年，现在我明白了老师的良苦用心，我很后悔，对不起，老师能原谅我吗？"我看后，感觉很激动，更觉得是一种幸福。

这是合校后我教的第一批学生其中的一个,那个时候我还没结婚,还属于单身贵族,这种贵族的好处是更有时间更有精力去教育学生管理学生,为此我还在化建农办租了一个房子。

但学生最怕被老师严格约束,被老师严厉管理,所以精力无限的我,对他们来说,就变成了魔鬼。由于当时的年轻,对学生的期望值比较高,要求苛刻严格,管理方式可能比较单一,造成了学生比较压抑,于是我有了一个光荣的外号(我一直都没说):暴君"秦始皇"。

这个学生就是其中可能最压抑的一个,因为我管他管的好像比他妈还多,作业不完成,找他,批评他;发型不合格,找他,教育他;上课打瞌睡,找他,吆喝他;学习退步了,找他,啰嗦他等等类似的事情太多,这个学生对我日久生厌,由平静到愤怒。

后来有一件事情,让他彻底恨上了我。那天好像天气阴沉,这个学生由于上课打瞌睡,被我恶狠狠地骂了一顿,正好作业也没写,于是更加怒火冲天,气急败坏地把家长喊到学校。我不顾学生乞求的眼神,便满面狰狞地自顾自的开始揭他的短,数落他今天的表现,还把之前的种种劣迹抖漏出来,全然没有顾及他的感受。他母亲说他昨天晚上玩电脑玩到十一点多,我更加怒不可遏了,变本加厉地批评着他,让他母亲从今天起就给他断网,要不,就别来上学了。我记得我当时说的一句话:"就你这个熊样,还想上高中。"我不知道当时他怎么想的,估计他想让我去死吧。要不然,网上不会有骂我的语言。到现在,从网上一搜,还能看见当时他骂我的话语。都是我"恨铁不成钢"惹的祸。

从那件事情以后,他变得沉默起来,平时也中规中矩,最终毕业后去了英才中学。自此以后,杳无音讯。

其实,我们都明白,管他,是因为希望他变好;严厉,是希望他成才。每个学生身上都有我们爱的踪迹,无论温柔还是严厉。但是学生可能一时理解不了,只记住了我们的不好,忽略了我们的好。但我们需要等待,因为终有一天他会想明白。刘亮程在《毛驴的慢生活中》讲到:"等是一种劳动。"等的时候,可能是一个漫长的过程,可能是几个月,可能是几年,我们在等待中也会变老。但我们要坚信:问心无愧做教育,不被理解也坚持。

上届学生跟我聊天的时候还说,老师,当初您接班的时候,我们都不理解你,甚至抵触您,因为管我们管的太严。我说现在呢?他们说,我们早就知道您对我们是真心好了,我们是一家人。我深受感动,感动他们的接纳与理解,感动能遇上这么好的学生。

教师,是一个平凡的职业,也是一个默默无闻的职业,更是一个静静的职业。我相信:只要对学生付出爱,学生终会理解。教育需要等待!

把小事做好

纪志刚

各位领导、老师们:

大家下午好。工作 31 年来,第一次有机会站在这么正式的场合发表演讲,心里难免有些忐忑。忐忑的原因,一是和老师们相比,确实没有做出什么大的成绩,二是怕讲的不好白白耽误大家宝贵的时间。

在期中总结大会上,刘校长给我总结了一句"家有一老,如有一宝",实际上这里的"老"指的是我到咱们学校的时间是比较早的,我排了一下,加上王校长 5 位领导,孙玉景老师排第六,我排第七。

回顾 31 年来的工作，实际上就和我现在办公室一天的工作一样，从早忙到晚，真正回过头来能记起来的没有多少。下面就结合着本次金砺讲坛的主题"我讲我的教育故事"，把参加工作以来，能想起来的经历以分段故事的形式向大家进行汇报，一会儿根据时间可以删减、调整。

年龄最小的学校职工

我是 1987 年 7 月中师毕业分配到了十化建学校，当时参加工作的时候我还不到 18 周岁，是当时学校教职工中最小的，这个记录保留了 4 年，1991 年 11 月 27 日入党，是当时十公司最年轻的党员。参加工作第一年，是在美术组，担任小学 3 年级到 6 年级的美术课教学。那一年小学楼刚刚启用，因为住的比较近，2 分钟就能到学校，我每天第一个到校，打扫走廊、办公室卫生，认真备课上课、辅导美术小组，虚心向老教师学习，积极完成领导交给的任务。第一年，有了一个良好的开端。（有一项工作，就是教师节光荣榜的制作，我从 87 年负责到现在，只不过那个时候是纯手工制作。）

第一次出差

1988 年暑假开学后，学校领导一看，这小伙还比较勤快，到教务处当教务员吧。于是，从 88 年开始，就离开了纯教学一线，成为兼课的行政人员。在小学教务处期间，我开始了排课表、考务、订书等事务性工作。在小学教务处期间，我有了第一次出差机会——领导安排我去临沂书店买学前班教材，于是从来没独自出过远门的我坐了差不多一天的长途车，住了 4.5 元一天的单间（我记得那张床中间有根撑，两边都凹下去的），那时没有电话，凭纸条上写的地址找到联系人，圆满完成任务。

出板报十年

从 90 年开始，一直到 2005 年，出了 15 年的黑板报，那时我们学校的板报在公司是出名的，每次都是一等奖。其中有一次周五，我在西楼二层一个人出了一宿，因为楼后面就是墓地，当时心里非常害怕，后背一个劲地发凉，硬是坚持完成，第二天早上觉也没睡，又接着去组织参加公司的登山比赛。

从小学到中学

在小学教务处干了 3 年多，感觉琐碎的事务性的工作不利于专业的提高（说白了就是干够了），总想离开教务处，回到美术组（虽然有这想法，工作还是认真干）。结果在 92 年初，中学教务处缺人，非要把我调过去，当时是一百个不愿意，当时管中学的张有蔚副校长找我谈话，做了半天工作，说你是党员，要服从组织安排。于是，我放弃了个人的想法，到了中学教务处，从教务员到教务干事，一干就是十年。当时我上 12 节美术课，排课表、调课、考务、高考报名、订书等等，因为那时有高中，经常模拟考试，所以有时初中、高中的考试能连续一个月。

排课表高手

那时的中学是初中和高中在一起，1996 年，教职工数达到 233 人。在 1995 年 5 月 1 日实行双休日前，还曾实施行过大小礼拜，即单周、双周上班的天数不一样。接触过排过课表的老师可能都有这个体会——不好排。那时排课表的难度，那是相当大。首先要考虑体育课，学生多，高中分男女生上课，小学到高中全在一个操场上，要尽量均匀，再一个，初中、高中跨学部、跨年级，还有一个，大小礼拜，相当于两套课表。那时没有电脑，全是人脑，排完后班级课表、教师个人课表全是我一个人手工抄写。有一次由于人员变动等原因，开学的课表排了三次。调课也是通过教务处调，曾经有那么几次，个别老师不配合，就是不同意，调课进行不下去，我气得也是急得直掉眼泪。（其中有一个叫教历史的杭义寿老师，平时挺好的一个人，那一次不知犯了什么邪，怎么商量都不行。）

高考工作

那时的高考报名不像现在这样在网上报名，全是现场采集照片，手工填写各类表格。有一次在区招办开完会骑摩托车往回走的路上，过了炼厂红门开始下雨，我急忙把后备箱里的高考报名表格用雨衣包住，冒雨往回赶，因为那一路没有避雨的地方，雨越下越大，等到了家全身湿透，但材料完好无损。

高考送考

从1995年暑假开始，一直到2001年，每年暑假陪同张有蔚校长去高考录取现场"送考"，也就是通过各种渠道把我们学校的参加高考的学生顺利送入大学。因为那时有录取现场，投档都是人工操作，因为投档比例是1∶1.2，而且每个高校都有机动计划。95年暑假，那时我家孩子还不满一岁，记得当时是学校的面包车顺路把我妻子和孩子送回了周村老家。等一个多月后回来，孩子见了我就把头扭到一边不认我。当时心里是比较酸楚的。

艺考带考的十年

2001年，由于特长发展需要，我从教务处到了体卫艺科，分管艺术工作。那时的艺术高考从起步到如火如荼，各校都非常重视，最多的时候山东省艺术考生到了 16 万人。为了组织好学生的艺考，从 99 年开始一直到 2010 年高中撤并，学校安排我负责带领高三艺术教师和学生参加专业考试。每年的正月初六出发，一开始几年，考期是一个月，后来改成半个月，我有 11 年的正月十五都是在潍坊和学生一起过的，那时走的时候棉袄是干净的，等带考回来，袄袖、衣角都是亮的。带考的目的，首先是为了学生安全，再一个是为学生服好务，主要是帮学生安排好吃住，选择报考学校、报名，加强与高校的沟通，有时能想办法提前得到考试内容（有一年西安工程学院的播音与主持专业是我帮着组织的）。艺术考点报名点，可以说是人山人海（图），在潍坊富华国际会展中心，外面广场排长队、里面门厅再排一次，然后才能进到报名现场，有好多学生是当天有考试任务，还要报名参加次日的考试。我们就通过报名点组织部门，争取到集体报名的机会，可以堂而皇之地随便出入报名现场，给咱们的学生带来极大的便利。有一次，有个音乐生给我发短信"老师，救命啊"，经我联系得知是她在潍坊七中考点排队候考，前面有近 200 名考生，而她还有另外一个考点的考试也要着急去参加，于是我连忙赶到考点，带着从关系高校弄来的工作牌，直接把这名同学带到了最前面，冒充高校老师对负责维持秩序的人员说，先安排这个学生考了，于是这名同学就顺利地参加了完了当天的考试。

艺术考点分潍坊、济南、青岛、淄博等几个地方，有时我会和老师们分好工，提前单独到另外的考点给同学们报名。记得有一次，我一个人从潍坊赶到济南轻工学院考点为学生报名，正好我发着高烧。坚持给学生报完名，晚饭也没吃，一个人蜷缩在宾馆的床上，浑身发冷，虽然感到非常的孤独和凄凉，但是能给学生节约出更多的时间从容参加考试，还是比较欣慰的。

一次被骗的经历

2004年前后，临淄二中、三中还有十化建学校，争生源、比高考成绩到了疯狂的程度，各个学校都想办法招美术复课生，就是为这部分学生提供一定的生活费，招来考上算学校的成绩。2004年12月份，学校安排我和维柱老师到济南王官庄（美术复课生聚集区）招复课生，那天是下雪后的第二天，我们两个在一间画室里从不到中午谈到晚上，和一帮美术生讨价还价。当时那个房间的温度和室外差不多，由于穿的是单皮鞋，没做好充分的防寒准备，最后全身都冻僵了，尤其是膝关节留下后遗症，一到冬天就隐隐作痛。结果招来的学生里有几个学生拿了一半定金，留下户口本、毕业证，等高考报名时，人不来了。那段时间，害得我整晚上睡不着（连跳楼的心都有），好在学校领导及时做我的思想工作，没有去追究。

舍小家顾大家

在负责艺术工作期间，暑假期组织学生集训，寒假带学生考试，基本没有时间陪自己的孩子。在平时，晚上我一般都要到高中部查看艺术生的学习情况，经常给艺术生提问英语单词，与学生谈心交流，而自己的孩子却很少过问。

"司令部"的工作

2010年，高中部撤并，体卫艺撤消，我又到了办公室。主要任务是负责宣传、车辆调度及日常杂事。在当学生时期不愿意写作文的我，开始学习写宣传稿，在时间节点配合团委、少先队组织活动，积极投稿。在2010年至2013年，连续四年被评为全区教育信息宣传先进工作者，学校在2011年被评信息宣传先进单位。在2014年第一年国家公祭日活动报道中，淄博日报的编辑从网上查到咱们学校的活动照片，连夜打电话催要，当时已接近晚上十点，我到学校后办公楼的一楼的门已锁，我从校门里侧找了个梯子从二楼爬进了办公楼，按时完成了任务。

办公室的工作非常琐碎，尤其是到了近几年，上级安排的活动多，QQ群、微信群，通知一个接着一个，基本上计划的工作没时间去做，因为临时工作着急做。到办公室近8年多来，几乎没有课外活动时间，我也知道身体的重要，但是确实是抽不出太多时间来去健身。

"文明单位"的争创

2017年10月1日小长假还没过完，接到刘校长的通知，说文明单位的立项通过了，需要尽快准备材料，于是我提前从黄岛往回赶，路上就开始咨询稷下小学、实验小学社会主义核心价值观雕塑牌的制作办法。开学后，又去实验小学把他们的资料拷贝回来作为参考，由于是第一次组织这样的材料，对照考核办法，政教处的同志和相关班主任付出了大量劳动，补活动、补材料、补照片，材料汇总到办公室后，我按照区文明办的要求，逐一编排、按序打包，编制了大量的文件，扫描、分类归档，尽最大可能丰富材料内容，在最后阶段，经常加班到后半夜。为了做到完美，引起评委的关注，我设计了光盘盒封面，当时交材料的时候只有我们一家有盒。

我在镜头背后

到办公室以后，发挥数码相机的优势，我尽可能详细地记录学校、级部、班级组织的各项活动。8年多下来，我积累了近500个G的近9万张影像资料。

勤俭节约

作为学校的一员，在学校工作 31 年，对学校有着深厚的感情，我关心关注学校的一草一木。今年暑假，我冒着酷暑，在小学楼拆旧的办公桌，为的是留下来可以替换活动室有些破旧的桌子；看到冬季初中楼前看不清台阶，我及时向校长汇报，找王师傅安上照明灯；开家长会，我会跑前跑后想办法让楼前的灯亮起来。在学校文明校园雕塑制作、学校宣传栏、制度牌制作中，我不会扔给广告公司放任不管，总是反复修改，直到满意为止，如果有时间，尽量自己动手安装，这样能省出不少的安装费，降低了费用支出。

我最后悔的事

我的 QQ 个性留言是"人到中年，真希望能倒退十年，重新开始"。在为学校工作尽心尽力的背后，是领导、老师们的关心，更是我家人背后的默默支持。对我在学校的加班，妻子和女儿都习以为常，我的"一会儿回去"，常常就是半小时，一个小时。父母更是全力以赴支持。父亲 2002 年肠梗阻、今年 9 月 21 日摔着腰，都是做完手术住院了，家里人才告诉我一声。2017 年 10 月 22 日，是个周日，文明单位的材料到了最紧要的阶段，周六、周日加了两天班，周日晚上 9：00，我往家打了一个电话，父亲在电话中告诉我：你娘牙痛的很厉害，说不想活了。当时真想连夜就赶回去，但是考虑到第二天的工作，我还是安排妹妹第二天去陪母亲看病，我只是远程及时了解情况。而让我感到这一辈子最后悔的是我的母亲手术事故。2010 年 9 月，母亲在一次感冒住院时查出肺上有个结节要做手术，因为当时我刚到办公室，一切工作都是从头开始，当时有过去济南肿瘤医院做手术的想法，但最后还是采取了妹妹的意见，在周村所谓最好的医院——解放军 148 医院做了开胸手术，手术那一天我才回去，手术单上签字人是我妹夫。一是大意，二是觉得在当地比较方便，离家近，不用请假、不耽误工作。没想到却遇到了庸医，没有切对地方，而我们还每年做复查，总以为像医生说的那样是疤痕，直到 2017 年病情进一步恶化，比较住院病历、去省立医院影像科研所咨询才知道手术有问题。母亲的肺癌从一期的早期完全有希望可以治愈，拖到了晚期、扩散，2017 年下半年到 2018 年初，不到一年的时间，母亲体重从 90 多斤到了 70 斤多。现在，我每个周末都回老家，看到每天忍受病痛折磨的母亲，作为家中长子的我感到非常的自责和内疚。

责　任

在陪母亲看病的过程中我有个体会，每个病人对于医生来说，是几千分之一、几万分之一，但对于一个家庭来说就是百分之百。医德好、水平高的医生对病人和家属来说是希望，相反则是灾难。那么对于学校的学生及学生家庭来说，何尝不是这样呢？

近一段时间，在"1024 之问"的推动下，全校师生积极贯彻"主体性教育"理念，教师和学生都迸发出强烈地积极向上的干劲，值周校长认真履职、学部管理更加规范、晒课研课蓬勃开展、老师们自我提高的意识不断加强，我从心里替校长高兴，有这样一支服从命令听指挥的教职工队伍，学校"五优两满意"的目标一定能够实现。

做为学校办公室主任，我深感自己责任重大，看到老师们在工作中都这么"拼命"，我没有理由停滞不前。自己不能全身心地投入到教学一线，那么就要努力为一线教师服好务，让老师们心无旁骛、专心教学。所以，处理各种临时性的工作、迎接各种检查督导评比、上报各种材料等等，就成了我日常工作的主要部分。以前有公车的时候，各处室以及老师个人报送的材料，我都安排办公室人员或是自己捎带，现在没有公车了，我自己去的时候也会从群上通知一下，因为去趟辛店坐公交车的话，来回得两个多小时，像教研室、师训处交通还不方便。我到教育局一般每个处室都去走一趟，看有没有新的事项要办理，避免前脚走后面又有事。

我愿做一片绿叶

有位诗人写道："花朵的事业是美丽的，果实的事业是尊贵的，但我愿做一片绿叶，绿叶的事业是默默地垂着绿荫的。"

习近平总书记希望党员干部要有"绿叶精神"，就是要乐于奉献、甘当配角、忠诚实干。

我愿做一片绿叶，为学校的快速发展、为教师的幸福成长做出更大的贡献！

（二）金山中学的"值周校长"制——

值周校长制度

2018年8月24日，新学年即将开始，我决定在新学年开始，实施"值周校长制度"。

初步计划是这样的：为激扬每一位教职工的主人翁精神，实行"值周校长制"，每学期选出12位，一学年共24位教职工担任"值周校长"，值周校长完成十项任务：①周一升旗仪式上总结一周工作并介绍下位值周校长与全校师生见面；②巡查校园，对发现的任何有损学校利益的人和事有权提出批评意见；③至少听两位老师的课以了解课堂教学情况；④至少与两位教职工谈话，汇集群众对学校发展的意见和建议；⑤至少与两名学生谈话，了解学生对学校发展的意见和建议；⑥参加一次教研活动；⑦有权参加任何中层科室的会议，了解各科室工作情况，并对科室工作提出自己的意见和建议；⑧有权向校委会提出学校管理方面的合理化建议；⑨周五向校长汇报一周工作；⑩有权在周五第八节全体教师会上报告一周工作，并发表自己对学校管理的意见和建议。学年末对24位值周校长进行民主测评，以工会名义评出"最佳值周校长"，进行表彰奖励。值周期间，享受中层副职待遇加5个工作量单位。

之所以产生这个想法，源于2015年去参观成都杜甫草堂小学。时任校长是蓝继红，她就在杜甫草堂小学成功地运行了"值月校长制"。我借鉴于杜甫草堂小学的这一做法，采取这一做法至少有以下几点好处：1.可以充分让每一位教职工都有机会参与学校管理；2.可以有效地增强广大教职工的主人翁精神；3.可以让教职工有换位思考体验的机会；4.可以发挥广大教职工的聪明才智；5.这就是一种民主治校的具体实践。

值周校长的产生，可以先让每一个年级组外加行政后勤和体育组、音美组共12个单位，每个单位出一人共计12人，一个学期也就够了。

如果值周校长制运行比较顺利，下一步可以考虑"值周学生校长助理制"，每学期从学生中确定24人，作为"校长助理"，2人一组参与到学校治理当中。每组"学生助理"完成以下任务：①周一升旗仪式上总结一周工作并介绍下两位值周助理与全校师生见面；②巡查校园，对发现的任何有损学校利益的人和事有权提出批评意见；③至少家访两名学生家庭以了解家长的家庭教育状况；④至少与两位不同年级的同学交流，汇集同学们对学校发展的意见和建议；⑤至少参加一次社团活动以了解学生对学校社团活动发展的意见和建议；⑥至少组织一次公益活动；⑦有权代表学生向校长提出对学校管理方面的意见和建议；⑧有权向校长委会提出开展同学们希望开展的活动；⑨周五向校长汇报一周工作；⑩有权在周五第八节全体教师会上报告一周工作，并发表自己对学校管理的意见和建议。

勇于改革发现！对学校治理现代化，不同人有不同人的理解。我之所以要推行"值周校长制"，是对民主治校、众智治校的一种实践。学校不是校长一个人的学校，学校是全体师生共同的家园，每一位教职工，每一名学生都有义务为学校的发展做出自己的贡献。

"值周校长"启动仪式上的讲话

（2018年9月12日）

今天，召开首批"值周校长"第一次会议，虽是个短会，但也算是一个启动仪式。"值周校长"制是一个新事物。我们从本学期开始，实行"值周校长制"，大家也不必过度解读。我讲三点：

一　为什么要搞"值周校长制"？

大道理不需多说，简单讲，就是校长让度出一部分权力体验空间和决策参与的机会给全体教职工，让全体教职工有机会站在校长的立场上思考学校的问题。这既是一种民主治校的具体体现，也是一个将心比心，换位思考的机会。大家是各组推选出来的"值周校长"，都是来自一线，我就是要请大家带着来自一线的经历、体验和感受，换位在校长的角色位置上来透视和发现学校的问题，思考和审视学校的问题，为校长的决策提供来自不同视角的参考意见。这背后体现的是校长民主治校的思想，也是尊重全体教职工，发挥全体教职工的聪明才智，实现众智治校的一项改革举措，也是党的群众路线的一次生动实践，必将有利于推动学校的改革和发展。

二 值周校长的职责是什么？

各组推选的首批"值周校长"，肩负着创新的重要使命。不管出于一种什么考虑，把你推上来，你要珍惜这次机会。有的班组可能考虑到要推年龄相对大一些的老同志，因为老同志经验更丰富，对学校的感情可能更深厚，对问题的认识也可能更深刻。更重要的是如果不推你，你可能以后就没有机会了。这种想法是好的。也是值得肯定的。既然大家把你推上来了，你就要端正心态，从思想上重视和珍惜这一难得的角色体验机会，先诚意，正心，从心理上做好承担好"值周校长"职责的准备，并尽自己最大努力完成值周校长的工作职责。

值周校长完成十项任务：①亮相。周一升旗仪式上汇报一周工作体会，并介绍下位值周校长与全校师生见面；汇报工作时有一个规定项目：表扬学校里的一个好人或一件好事。我们要有一双善于发现美好的眼睛，及时捕捉我们身边的好人好事进行大力的表扬；②巡查校园。首先要仔细观察并善于发现学校存在的安全隐患，及时报告给总务处维修，其次发现任何有损学校利益的人和事有权提出批评意见；③听课。至少听两位老师的课，以了解一线课堂教学情况；④谈话。至少与两位教职工谈话汇集群众对学校发展的意见和建议；⑤沟通家校。至少与两名学生或家长交流沟通，一是了解学生或家长对学校发展的意见和建议，二是宣传学校的好的做法；⑥有权参加各教研组的教研活动；⑦有权参加任何中层科室的会议了解各科室工作情况并对科室工作提出自己的意见和建议；⑧有权向校委会提出学校管理方面的合理化建议；⑨有权实践自己的一项管理举措；⑩有权在周五第八节全体教师会上报告一周工作，并发表自己对学校管理的意见和建议。当然报告之前要向校长作好汇报，并得到校长的首肯。今天，全体校委会成员也在，我这里明确一下，"值周校长"的工作，校委会必须大力支持，他们的意见必须虚心听取。

三　强调两个字

一是"责"。我们是有责任的，周一升旗仪式上，我要给值周校长颁发聘书，你要面对全体师生表态发言。全校师生都会盯着你，你的一举一动，都会牵动全体师生的目光，请好自为之。二是"心"。心在哪里，事业就在哪里。我希望你的"心"放在一个点上，那就是"如何让我们的学校发展的更好"这个点上。心在，事业就在，价值就在。这就是所谓的"为天地立心"。最后，预祝大家工作顺利，收获满满！

"值周校长"交接仪式设计

主持人：

1. 下面我宣布金山中学"值周校长"交接仪式现在开始。

2. 请上任值周校长为下任值周校长颁发绶带。（上任值周校长给下任值周校长戴上绶带。）

3. 请上任值周校长讲话。（上任值周校长发言：老师们，同学们，我把值周校长的绶带颁发给＊＊＊老师，在＊＊＊老师担任值周校长期间，我们称他为"＊校长"。我担任值周校长期间，主要做了以下工作，现向大家汇报……，汇报完毕！）

4. 请新任值周校长讲话。（新任值周校长发言：老师们，同学们，我接受值周校长的绶带担任新一届值周校长。我担任值周校长期间，我向大家作如下表态：……表态完毕！）

主持人：交接仪式顺利完成。请以热烈的掌声向新任值周校长＊＊＊校长致意！

不忘初心，温暖前行

首任值周校长陈庆娜工作总结

（2018年9月24日）

一　年级组中的温暖

我今年第一次担任一年级班主任和语文教学工作。年级组的老师们是我成长中的领路人，从他们身上我读懂了老师的可爱。他们满腔的教育热情，他们对学生无私的关爱，他们的责任和担当，让我们看到在岗位上勤勤恳恳，有着教育情怀的践行者。

每天的路队，在我们看似再平常不过的事，但时时处处渗透着老师对孩子的日常常规训练。"下台阶要小心""两人手拉手""哪一组小朋友走得最好？"看似平常的话语中包含着老师对学生的关爱。放学后，与家长短暂交流，及时进行沟通，让家长更好了解孩子在学校的表现。

雨天，孙娜丽老师打伞将坐校车的孩子送上车。为了不让孩子淋湿，她自己的一个肩膀被雨水打湿。我调侃到，像是送走你的小儿子。望着开走的校车，孙老师笑了。爱像大树，已深深扎根于我们老师心中，他们像对待自己的孩子一样关注学生的成长、关怀他们的生活。

一年三班的王康博，由于不适应小学生活。每天上学哭泣耍赖成了他的必修课。李景芝老师抱他进校园，累得筋疲力尽也没有丝毫抱怨，而是抓住能正面管教的机会鼓励他。对一年级的学生，我们老师用爱心、耐心认真对待每个孩子，赞赏每个孩子的独特性，赞赏每个孩子取得的哪怕是极其微小的进步。每当听到邓所怡老师谈论他们班哪个同学进步的时候，我看到她眼睛里都闪着光。他们从内心深处迸发出赤热的爱，温暖着学生，也温暖着我。我也愿意同他们一样做温暖教育的践行者。

二　听课中的收获

走进李景芝老师的课堂，听李老师讲解的《aoe》不禁感叹刚入学几天的小蹦豆听课竟然这么认真。李景芝老师注重学生学习习惯的培养，如：认真倾听、书写习惯、坐姿纠正。一节课流畅轻松，充分调动了学生学习的积极性。课堂上，老师对学生更多的是鼓励和善意的提醒，让一年级的小朋友找到学习的自信和乐趣。我仿佛也变成了一名一年级的小学生，享受了课堂学习的乐趣。

宋主任执教的《怀念母亲》，设计思路清晰，通过品读课文，资料补充来体会情感；抓重点词句使学生感受到季羡林对两位母亲同样的爱慕和崇敬。一篇这么难讲的文章也进行得轻松流畅。语文课上，激发学生主体性，既咬文嚼字，也书声琅琅。在咬文嚼字中拓展学生的思维，训练学生的理解。很多处理，都丰富了原有的文字之限，成就了课堂的增值所在。在朗读指导中，宋主任着重于学生对文字的理解训练，而不是浮在表面的朗读课文。这样扎实的训练，学生必然会有所收获，有所进步。

从两位老师身上我看到了教师的工匠精神，工作中踏踏实实地备课，认认真真地上课，勤勤恳恳地为学生付出，把自己的业务做到精益求精。反思自我,学而知不足。正所谓一路成长一路感知,心之所向,素履以往。

三 身边的点滴感动

清晨,无论是风里还是雨中,我们都能看到校车值班老师的身影。傍晚,伴着点点星光,初中楼的办公室仍灯火明亮。周末,我们的排球馆依然热闹,我们老师仍在悉心指导。学校社团活动有序开展,舞蹈、跳绳、排球为校争光。荣誉的背后不仅是点滴的积累、扎实地训练,还有我们老师辛勤的付出——牺牲休息时间带领孩子紧张训练,毫无怨言。"采得百花成蜜后,为谁辛苦为谁甜。"正是我们身边有这么一群不辞辛苦、默默奉献的老师,我们的学校朝着"五优两满意"的目标稳步向前。

以值周校长的视角,我发现了校园中不一样的风景。点滴感动将铸就金山中学的辉煌。回到本职工作后,我将继续前行,以"俯首甘为孺子牛"的奉献精神,以"蜡炬成灰泪始干"的豪情,不忘初心,温暖前行,用教师博大怀柔的爱心对待每一位学生,做教书育人特殊的工匠,与孩子们共同成长,共同享受教育的美丽。

短暂的值周工作就这样结束了。在这一周里,我真正体会到了作为一名校长的不容易。这次的值周给我带来的又何止是一个星期的经历,也是一番值得我深深思索的启示。

第二任值周校长陈姝老师的发言

(2018 年 10 月 15 日)

老师们、同学们:

我作为上一周的值周校长在这里做述职总结。按照学校对值周校长的要求，我巡视校园，深入课堂，和教职工、家长交流谈心，越发感到我们金山中学是一所有文化底蕴，有学校精神的学校，我为我是金山中学的一员感到骄傲和自豪。

从 1972 年建校，到现在我们的学校已经 46 岁了，46 年来一批批优秀毕业生走出校园，成为祖国各行各业的栋梁，有的成为国家重点院校的学者教授，有的成为国际知名企业的老总总监，有的在自己喜欢的岗位上辛勤耕耘，实现着各自的人生价值，你甚至可以在这里发现一种有趣的现象，一家两代人甚至三代人，都是我们金山中学的学子和校友。

金山中学不仅是一所有历史积淀的老校，她还有丰富的文化底蕴和深厚的学校精神。一所学校如果没有精神，就会变成一个毫无生命的楼房和建筑物的集合。相反，当人们走进一所具有鲜明精神特色的学校，一定会处处感受到这种精神的存在。从学校的建筑、布局到校长、教职工和学生的一言一行，再到学校的一砖一瓦、一草一木，人们会明显感到凝聚着一种精神力量，那是一种精神魅力，是一种激涌着、富有生命力、令人感动、奔腾激越的学校精神所创设出的氛围。这种精神犹如"随风潜入夜，润物细无声"的春雨，能以最深刻、最微妙的方式进入师生的心灵深处并产生深远的影响，能唤醒、激发师生崇高的情感和强烈的进取心，成为师生员工心理和行为的强大内驱力，对他们道德与价值观的确立、行为方式的选择、人生观与世界观的形成都起到巨大的推动作用。

那么，我感受到的金山中学的学校精神是什么呢？就是全身心地投入，坚持不懈地努力，不计较个人得失，齐心协力托举起孩子美好的未来。现在初二的女孩子们，你们还记得吗？你们小学三年级的时候跟着常萌老师练舞蹈，师生全身心地投入，刻苦训练，三年磨一剑，舞蹈《黄河颂》由区一等奖一路向上，获得市一等奖，省一等奖的好成绩，你们不仅获得了荣誉，你们更收获了优雅的气质，坚忍不拔的品格，团队成员的情谊，我想这段经历一定会成为你们人生的美好回忆。而常萌老师又从三年级招收新同学，开始新的舞蹈征程，两年再磨一剑，《卖报歌》又斩获省一等奖，这就是金山中学学校精神的体现。

人民教育家陶行知曾说，熏染和督促两种力量比较起来，尤其是熏染更为重要。俗语说："铁打的营盘，流水的兵。"为什么一届又一届不同时代、不同经历、不同个性的学生，都能从本校的学校精神、校风教风中受到陶冶和启迪，甚至终生受益，铭志不忘呢？其重要原因就在于学校精神会产生潜移默化的影响力。一个学校的校风决定了该校群体的心理定势，群体中的多数成员在不知不觉中形成了一致的态度、共同的行为方式，通过耳濡目染、潜移默化，对个体的心理和精神领域产生影响。再看我们学校的男女排球队，二十多年前就在全省赫赫有名，排球队员们在高考前就被全国有实力的高校相中，只要分数达到一定标准，他们就能上心仪的大学。清华，人大，山大，都向他们伸出了橄榄枝，他们也从此开启了新的人生篇章。我们可爱的吴金凤老师就是当年我校女排的主力队员，山师大毕业又回到母校当了一名老师、教练，她几十年如一日，训练了无数队员，取得了无数骄人战绩，为金山中学争了光，在她身上我看到了金山中学学校精神的光辉。

一所誉满社会的学校是靠精神站立的，靠精神站立起来的教育充满力量，深入骨髓。当精神站立起来时，所有的努力都变成自觉、自动和自发。无论是教师还是学生，每个人都倾其所能，倾其所力。这样的努力中充满奋斗的激情，充满体恤的关爱，也充满人性的光辉。有了这样的精神作为支撑，教育质量、学校声誉、社会评价，一切尽在"桃李不言，下自成蹊"中。

金山中学是我们全体师生播种爱，收获爱的地方，我们深深地爱着这片热土，让我们在这里挥洒生命激情，实现人生价值……祝愿我们的学校能更高更好的发展，从一个辉煌走向另一个辉煌。谢谢大家。

第三任值周校长张娟发言

（2018 年 10 月 22 日）

各位老师，全体同学：

大家好！

这一周，我作为值周校长，得以从一个独特的视角来观察我们的学校。我看到了学校平时不曾发现的生机与美好，品味到了从未体验过的辛苦与快乐！今天我将我的感受分享给大家。

我感受到了金山中学教师团队表现出的可贵的敬业态度和无私奉献精神。他们在各自的岗位上恪尽职守，兢兢业业，甘于平凡。他们对工作投入极大的热诚，倾尽所能，显示了极强的敬业心。无论是教学，还是特长生培养，还是参加市区活动，呈现出的都是积极的态度和饱满的热情。这一周是忙碌的一周，更是充实的一周。除了正常的教学，还有区领导的巡回检查，有和社区联合大型的活动，有项目繁多特长生训练和众多社团活动，有铁打的常规检查，还有立标课的展示等等。

老师们为了迎接区教研室的巡检精心准备，从容应对，区领导十几节课听下来，好评不断。这是我们老师实力的体现。老师们不仅教学有方，还多才多艺。"欢度重阳"文艺晚会上，我校编排表演的《小报童之歌》和诗朗颂《我爱你，中国!》，均获得观众经久不息的掌声和广泛好评。这是广大家长对我们学校的认可和赞扬，更是我校实力展现。雄厚的实力来自于我们老师平时的扎实积累和刻苦学习。我们对常规工作从不放松，这周的常规检查，老师们从备课到上课再到作业批改、单元测试都落到实处，从领导检查到老师的备查，都一丝不苟，准时到位。立标课上，老师们更是各尽所能，展示自己的特长。纵观这些，我再一次被老师们对工作的敬畏心感动了。老师们深知肩上的责任，尽教书育人之责，助学生踏上美好的前程。"全面加特色，合格加特长"是我们金山中学的特色。请看我们一直活跃着足球队、排球队、乒乓球队、田径队；还有实践课中的我是环保小卫士；重阳节孝心餐；我是"家庭小主人"活动；有坐车安全和消防安全的演练活动；还有鼓励学生多读书的讲座等活动，从多侧面展示了我们学校的办学特色。还有体现金山中学师生智慧结晶的班级文化墙，为我们崭新的教室增添儒雅的气息，有为参加区运动会的师生的精心筹备以及登山活动的开展等等，真是说不完。说到这里，有一件事必须说，小学楼装修即将完毕，大量学生桌椅需要回搬，参与搬运的人员主要是没课的老师，四、五年级的学生和初中的部分学生。同学们来来回回数趟，累得气喘吁吁，但都一脸笑容，无一人说累。就是凭借这种蚂蚁搬家的精神硬是将桌椅搬回了小学楼……这正是金山精神的具体体现。更是"发挥主体意识，激扬生命自觉"的办学宗旨的具体体现。有困难大家一起克服，你奉献智慧，我奉献才能，你助我，我助你，上下团结，凝心聚力，没有我们克服不了的困难。现在的金山中学就像一艘扬帆启航的巨轮，载着我们学生家长的希望，向"五优两满意"这个中长期目标奋进！

第四任值周校长李婷发言

（2018年10月29日）

老师们、同学们：

大家上午好！

金秋送爽碧云天，漫步金山赏悠然。一直以为：秋之悠，是秋高气爽，落叶飞舞；秋之雅，是清风明月，海阔天高；秋之彩，是层林尽染，遍地金黄；秋之韵，是秋月融融，秋水盈盈。平日里脚步来去匆匆，未曾刻意留步观赏校园之美。一周值周下来，走遍校园周边环境，有心细赏身边一草一木，秋水长天就这样在眼眸中依次展现：远望，蓝天白云飘逸，青山苍翠；近看，整修一新的小学楼和初中楼在操场两端相映成趣。在刚刚过去的一周中，我们金山中学的每一名师生就是在如画的校园中忙并快乐着。

刚刚过去的一周是甜蜜的，因为这是捷报频传的一周。孙玉景老师的队员在区运动会上分获60米和200米决赛第四名，刷新了我校在临淄区中小学生运动会中的最好成绩。訾白云老师辅导的学生张馨月获得山东省中小学生创客大赛三等奖。金山学子在老师们的辛勤培育下为学校的辉煌增添了绚丽的色彩，而我们的老师们也在各级各类比赛中大显身手，斩获诸多奖项。徐国磊老师创作的微课在淄博市教育教学信息化大奖赛中荣获一等奖；姜能仲老师、韩甫全老师、栾玉芹老师、张淑萍老师的作品在临淄区齐文化主题创作大赛中分获二三等奖。这真是师生各展风采，佳绩连连，凸显金山魅力。每一份荣誉的取得，背后都浸透着我们师生辛勤付出的汗水，孙成波老师为了带孩子们在淄博市比赛中取得好成绩而无暇顾及生病住院的女儿，有这样的老师，学生们在赛场上怎会不拼搏？每一份荣誉的取得，也都见证了我们金山人在践行"唤醒主体意识 激扬生命自觉"的道路上的点滴努力。

刚刚过去的一周还是京味十足的，因为临淄区金凤凰艺术团的演员们为我们带来了京剧《红灯记》选段，演员们精彩的表演深深吸引了孩子们，最后李玉和的扮演者还邀请了多名同学走上舞台学唱京剧。那个下午，报告厅里上演了一场优秀传统文化的盛宴，让传统文化在更多孩子心中生根发芽。

刚刚过去的一周里，最纯正的味道应该是忙碌。初三年级在周一举行了"阳光心态助成长 高效学法促进步"的学习方法与经验交流会，促进了学生健康学习状态的形成和巩固；小学和初中老师积极参加市区里的各类培训，为自己的课堂教学不断注入新的血液；初中立标课高质量展开，老师们听课学习积极性空前高涨，小学的全员展示课也开始筹备进行；刘校长百忙之中亲自为小学前段时间评选的家庭小主人颁发奖状，并用心夸赞了每名小主人；行政党员不怕苦不怕累，清理了车库前的垃圾，使那里整洁一新；初中陈瑞霞老师为学生进行了《整本书阅读》的读书讲座，为学生的阅读又提供了宝贵的方法资源；周五的金砺讲坛中，于建磊老师和赵真真老师和大家分享了自己日常教学中的切身体会，给我们如何在教学中更好落实主体性教育提供了不少启示。而这一切，只是上周日常工作的冰山一角。对于小学的师生们来说，最重要的莫过于周四周五的小学楼回迁工作。

历时三个多月的小学楼整修终于在上周告一段落，小学的全体师生在初中的鼎力相助下，欢天喜地地回到了焕然一新的小学楼中。整个回迁过程中，全体师生齐上阵，别看我们小学的孩子人小力气轻，我们学小蚂蚁搬家，一人几本书，两人一个板凳，三人一块小黑板，一下午的功夫，安全顺利地完成了回迁任务。

　　回迁完成的师生们，看到教学楼里崭新的一切，似乎忘记了搬家的劳累，又快速投入到了教学楼的卫生清洁整理中，扫地擦窗整理桌椅，师生们忙得不亦乐乎。闻讯而来的家长们也在第一时间加入了新教室的整理中，还为我们带来了许多装点教室的绿植，人多力量大，中午还灰头土脸的小学楼渐渐露出了自己美丽的容颜。老师们揉着自己酸痛的腰背和手臂，露出了幸福的笑容。回想一下，为了能够如期保质保量地完成小学楼整修工作，我们的校领导和总务后勤的老师们不知牺牲了多少个休息日，盯在施工第一线；为了我们在回到小学的第一时间可以正常使用网络和多媒体设备，信息中心的李主任和王老师利用午休时间和周末加班加点，将小学楼的电教设备全都准备就绪，在此，想沏一杯最香的茶——送给你们，道一声："辛苦了！"

　　金秋启迪智慧，蓄意深远，且与时光对坐，笑与时光把盏，再把深深浅浅的一周经历记下，融合在墨笔里舒笺感言，与同仁们共勉……

　　最后让我们乘着文字的香帆，让一路霞光轻染的枫韵将未来的路铺就。我们相信：只有经历勤奋耕耘，金秋的累累硕果才会缀满金山……

第五任值周校长高安文发言

（2018 年 11 月 12 日）

老师们，同学们：

　　上午好！

秋风起，寒意渐浓，一周时间倏忽而过。我承担的值周校长任务也结束了。一周里，学校的各项活动井然有序的进行。校园里处处可见美丽的风景，辛勤忙碌工作的老师们，勤奋刻苦学习的同学们，为这个秋天增添了一抹抹靓丽的色彩。

优良的教学水平是学校生存的关键。两个学部为提升教师专业素养，提高教师教育教学水平，落实推进"唤醒主体意识 激扬生命自觉"的主体性教育理念，开展的"人人晒课，磨练提升"活动正在如火如荼进行中。小学部宋玉平主任，以及初中部的三位老师为我们展示了精彩的课堂。

书籍是人类进步的阶梯。苏联著名教育家苏霍姆林斯基这样说："如果学生的智力生活仅局限于教科书，如果他做完了功课就觉得任务已经完成，那么他是不可能有自己个性爱好的。"为了让同学们爱上阅读，小学部"阅读大讲堂"正式开讲。李婷老师的《送你一根神奇的魔杖》讲座，为小学部三至五年级师生带来一场别开生面的阅读盛宴。精彩的演讲引人入胜，赢得了全场的阵阵掌声。这是小学部开展大阅读系列活动之一，为把整个小学楼打造成一个巨大图书馆迈出了坚实的一步。

学校工作千头万绪，安全为重中之重。刘斌校长在参加完校长培训后，周五召开全校教师大会，部署安全工作，强化安全教育，提醒全体师生要增强防范意识，因为"安全"是学校的生命线。

新起点，新征程，明亮的教室，崭新的办公室，全新的面貌，学校五优两满意的目标正在达成。上周一，小学部召开了全体教师大会，重点对开学以来教学常规检查进行反馈总结，并布置下阶段的任务和注意事项。此次会议促进了教学常规工作的进一步落实。真正做到"提高工作标准，细化常规管理"，把工作精细化、研究化、规范化。

干净整洁的校园我们来创造。小学搬进新装修的教室，展开大规模清扫活动，在全体师生和部分热心家长的帮助下，现在整个教学楼焕然一新。初中部周五卫生大扫除，全体师生齐上阵，彻底清理卫生死角。

社团活动丰富多彩。跳绳队、乒乓球队正在紧张备战；排球、足球、田径队、舞蹈队正常开展训练。尤其是排球队加班加点，他们的奉献精神让我感动。当然其他社团也当仁不让，活动照常开展。

通过一周来的巡查和参与，我常常被这样的一幅幅画面感动着：朝阳刚刚升起，我们的校车值班老师就已站在校园里迎候同学们；七点刚过，我们初中部的班主任和老师们就已站在教室组织晨读，开始了一天忙碌的工作；伴着晨曦，初中部的同学们认真清扫校园，捡拾落叶；小学的班主任们亲自上阵，示范如何拖地，清理卫生；课间操整齐的步伐，响亮的口号展现了蓬勃的朝气；夕阳西下，运动队同学们刻苦训练的身影，小学同学们整齐的放学队列……这一幕幕场景，无不展示着我校的"唤醒主体意识，激扬生命自觉"理念的实施深入人心。

不过也有一些不尽人意的现象需要同学们注意：入楼即静做的不够好，还有个别同学随手丢垃圾等。

文化立校，自主转型，是我们的选择！让我们在"唤醒主体意识，激扬生命自觉"理念的指引下，身体力行，将金山中学建设的越来越美好！

第六任值周校长刘俊梅发言

（2018 年 11 月 19 日）

尊敬的各位领导、老师、亲爱的同学们：

大家上午好！

时间过得真快，弹指间，紧张而愉快的值周任务很快结束了。这一周里，我巡视了校园的各个角落，领略了美丽的校园、整齐干净的教学环境，看到了老师们认真做事的态度和无私奉献的精神，看到了同学们紧张有序的学习状态和良好的精神风貌。我们的校园是迷人的，是充满快乐的！

我身处初一办公室，对初一组的老师了解更多，也更细致。两个多月来，我一直被感动着：感动于初一组全体老师负责的态度和敬业的精神。面对初始年级还懵懂无知的孩子，他们投入了更多的精力和耐心。不仅是耐心，还有可贵的方式方法。初一组的每位老师都是和蔼的长辈，更是充满智慧的导师。他们对学生适时进行关爱、点拨、疏导、激励、提携。尤其是初一的四位班主任——韩照华、杨士平、许爱芹、刘玉友老师。他们每天早上坚持早早地来到学校，第一时间就到教室，督促和检查班级事务，组织学生早读、打扫卫生，给学生最贴心的陪伴。难能可贵的是，他们天天如此，这是他们工作中的常态！我想，他们的付出，不仅仅是因为责任，更是源于他们对学生的爱和对教育事业的无限忠诚。还要特别提出的是刘玉友老师，家中有高三学生需要照顾，还坚持每天早上7点以前到校，天天早来晚走，多么的难能可贵！我生活在这样一群老师中间，作为值周校长，我为我们金山中学有这么多无私奉献精神的老师而自豪！

上周学校各项教学工作井然有序，但不乏亮点：

（1）初中部进行了期中质量检测。我在程国伟主任的带领下巡视了16个教室，感受到了同学们的考试状态：考场内遵守纪律、认真答题、坐姿端正，形成了良好的考风考纪。

（2）小学部请区教研员来学校指导小学语文教学工作。韩老师还亲自执教了一节阅读交流课,给我校的语文教学起到引领作用。老师们感到受益匪浅,我有幸听了这堂课,从韩老师身上也学到了很多。

(3)尽管是考试期间,初四年级下午的社团辅导还是在有序进行,各位老师都是认真备课、反复磨课,尽可能的让每一位学生收益最大化。家里有3岁小孩需要看管的张梅老师下午6点还在辅导学生,我看到当时的场面时,很为之感动!

(4)由于天气的原因,这一周的室外卫生困难很大,我看到班主任老师们早早到校,增加人力、物力,并亲自帮助学生打扫树叶、清扫卫生,这一场面也是感动了刘斌校长!

(5)一年级去农场参加了主题为"触摸泥土 耕种采摘 亲自互动"的活动。

(6)我校队员参加了临淄区小学初中乒乓球比赛。小学男队获得团体第八名,初中女队获得团体第五名的好成绩,其中初四学生杨天姿获得单打第六名。

学校有着优质的教育教学资源和教学环境,有闻名遐迩的排球队、乒乓球队、足球队、田径队和各种社团近50个,给同学们提供了足够的学习、体验、尝试和成长的空间,希望同学们珍惜当下,刻苦努力,学会感恩,学会爱身边的每一个人,为自己美好的未来做出不懈的努力。

老师们,同学们,让我们一起努力吧,为自己加油,为学校争光,为社会添彩,用实际行动打造我们学校更美好的明天!

第六章

回 响

念念不忘　必有回响

"三环六步　立体合作"教学模式
——临淄区金山中学课堂教学改革纪实

课堂是教育活动的主阵地，课堂教学的本质功能是发展人的综合素质，使每一个孩子在课堂上获得健全的人格、充盈的心灵，在学习文化知识的同时激发其生命自觉的潜能。基于学校地理位置偏远、生源以农村子女、外来务工子女为主的现状，在学校"唤醒主体意识，激扬生命自觉"的主体性教育核心理念指导下，学校围绕让课堂体现学生主体性、教师的主导性，让课堂更加精彩高效，确立了"三环六步　立体合作"教学模式。

一　重视课堂地位　提升综合能力

创新教学模式，唤醒教育活力。课堂是实施主体性教育的第一平台和首要载体。以课标和教材为依据，以学生为主体，以培养学生的思维方式、创新精神和实践能力为根本宗旨，"三环六步　立体合作"教学模式旨在唤醒教育活动的每一个生命，让每一个生命真正"活"起来。

突出教学转变，打造高效课堂。"三环六步　立体合作"教学模式，主要突出四个转变，即课堂教学由教师为中心向学生为中心转变；由学生被动学向主动学转变；由知识为本向能力为本转变；由课堂结构封闭式向开放式转变的"动态生成　主体拓展"自主高效的课堂教学模式转变，打造具有学校特色的"三环六步　立体合作"的高效课堂。

培养各种能力，提升课堂实力。学生自主，教师主导，双主平衡，培养学生的自学能力；以学定教，以教促学，学教平衡，激发学生的学习热情；目标明确，过程精细，归纳提升，使教师的深度备课、备课预设与课堂生成平衡；当堂检测，狠抓双基，兼顾三维，强调教师的课堂调控，当堂归纳总结提升。

二 创新教学模式 打造精彩课堂

学校主体性教育"三环六步 立体合作"课堂教学模式，主要体现在"三环节、六步骤"，形成封闭的学科大循环学习结构，极大地提高学生的学习效率和课堂效率。

前置任务导学——强调学生主体地位："三环六步 立体合作"的基本原则之一就是"双主"平衡，即充分发挥学生自主性、教师主导性；教师充分研究教材，了解学情，精心设计前置学习内容（课上展示）；学生自主完成前置学习任务，重点落实预习指导、预习内容和预习效果的把握。此环节让老师们更加注重有针对性的设计适合于学生学习现状的预习项目，更加注重教会学生学习（预习）的方法，更加重视预习的课堂检查，更为关键的是培养学生养成了自主学习（预习）的良好学习习惯，真正实现了由教师为中心向学生为中心的转变，由学生被动学向主动学的转变。

自主互动课堂——转变课堂原有模式：课堂是提高课堂效率最关键环节，重点围绕"精心预设、课堂生成、教师主导、学生主体"几个方面进行设计，以"情境引入 目标呈现（明确任务、要求）、自主学习（自学、对学、群学）、合作探究（组内小展示、班内大展示）、点拨提升（师生互动生成、精讲精练）、当堂检测（进行训练反馈）、小结升华（归纳、拓展、升华）"六步骤为基本参照，根据不同的课型，采取灵活多变的形式，精心组织课堂教学流程，让课堂体现自主互动。

老师们在课堂教学改革的理念指导下，更加注重启发、引导学生内在的心理需要，更加注重引导激发学生主动参与学习的过程，让学生在积极参与的过程中自主解决学习中存在的疑难问题，达到处理好传授知识与培养能力的关系，构建起"让学习变得更加主动""让课堂变得更加生动""让师生变得更加轻松"的高效课堂。

在老师、教研组的课堂教学实践研究中，都突出强化课堂中的学生自主、课堂预设与生成、当堂达标，真正体现出学生主体性学习过程，体现课堂中由知识为本向能力为本的转变，由课堂结构封闭式向开放式的转变。

主体拓展延伸——提高课堂学习效率：拓展延伸是课堂教学当中很重要的一个组成部分，拓展延伸在尊重学生学好教材、立足课堂的基础上有效地拓宽，主要是完善知识建构、实现知识迁移、进行错题纠错，社会家庭资源整合，学生通过有针对性的实践或有效拓展，能将所获知识逐步内化，使课堂教学收到事半功倍的效果！并与第一环节相衔接，形成封闭的学科大循环学习结构，极大地提高了学生的学习效率和课堂效率。

三　完善教学评价　促进专业成长

学校以课堂教学改革为抓手，在实践中不断完善"三环六步　立体合作"教学模式，并通过"主体性教育课堂教学实践与研究"课题研究，促使教师立足实践对"三环六步"课堂教学进行研究，提出"教学实践问题即研究课题"，形成在实践中研究、在研究中实践的教学氛围，进一步提升了教师加强业务理论学习和提高自身教学水平。

抓实教学常规，营造课改氛围。为了追求课堂教学阶段性成果最大化，学校突出抓实教学常规检查、抓好过程精细化落实，做到

"五有",即有布置、有检查、有反馈、有整改、有提高,极大地增强了课堂教学工作的实效;每学期,推行"开门亮课"、专题教研,要求教师全员、全程开放课堂,人人参与亮课,人人参与听课评课,营造出了人人参与课改的浓厚氛围;同时,采取自评、互评、自查、互查、普查等多种形式、问题即课题等多维视角的评价、研究,围绕学生自主、课堂预设与生成的互动、当堂达标,有针对性的开展专题教研活动。

提升业务水平,促进专业成长。通过"自评互评 多维视角"的教学评价体系,引领教师不断反思自身的教学,提高自身业务水平,教师在"学习—领悟—实践—交流—提高"中得以螺旋上升。"三环六步 立体合作"课堂教学改革的推行,引领了教师的专业发展,有力地促进了学校教师队伍整体专业化发展。自去年来,学校六位老师全部获得临淄区教学能手称号;杨永梅老师在淄博市初中地理学科网络研修中作了"基于学业水平考试说明指导下的初三复习策略"专题讲座;区教科室王会芳主任到校做专题报告和教科所下玉陶所长在我校蹲点调研时,都对我校的自主互动课堂给予了高度评价;韩照华等多位老师获得部级、省级、市区级优课;在我校的教师座谈会上,老师们一致认为"三环六步 立体合作"课堂教学改革促进了教师个人专业成长。

实现学生自主,锻炼多元思维。基于我校现状提出的"三环六步 立体合作"课堂教学模式的核心是转变教师教的方式和学生学的方式,实现学生自主、合作和探究学习。教师在"三环六步"的具体指导下,通过学生自学、生生研讨、师生研讨,让学生主动提出问题、分析问题、解决问题,以达到掌握知识、深化思维、培养能力的目的。在整个过程中,课堂是舞台,教师是导演,学生是主角,教师主导作用的发挥体现在"诱发"学生思维,"引导"学生探究，课堂是学生探究、发现、创造的场所，学生真正是学习的主人、教学的主体。

结　语

金山中学的"三环六步　立体合作"课堂教学改革取得了一定的阶段性成果，在以后的教学中，我们将继续对"三环六步　立体合作"课堂教学的应用持之以恒，发现其真正的价值。我们相信，只要怀着积极心态，正确理解，根据不同学情，科学灵活应用，"三环六步　立体合作"课堂教学就一定会在我校开花结果。实践"主体性教育"课堂教学改革，我们一直走在路上！

主体性教育，激扬生命自觉
——临淄区金山中学办学纪实

山东省淄博市临淄区是齐文化的发祥地。在这片蕴含丰厚文化的沃土上，有一所九年一贯制义务教育公办学校，她秉承"以人为本，整体推进，和谐发展"的办学思想，以"主体性教育：唤醒主体意识，激扬生命自觉"为核心教育理念，激发起学校的每一位教师和每一位学生的生命自觉，使学校里的每一个生命都全面、和谐、可持续的发展。学校发展朝气蓬勃、蒸蒸日上，她就是山东省淄博市临淄区金山中学。

基础教育不是培养少数精英的教育，而是以激扬全体师生的生命共同成长为目的教育。金山中学以培养"有中国灵魂、世界眼光、具生命自觉的现代人"为方向，以建设"有家国情怀、社会担当、具人文气息的规范校"为办学目标，坚持"全面加特色，合格加特长"的办学宗旨，以"惜时如金，尚行以山"为校训，以"博彩成趣，和乐竞进"为校风，以"爱润无声，责铸师魂"为教风，以"和乐竞进，明礼扬长"为学风，落实主体性教育，促进学生核心素养的发展与提升，致力于激扬人的生命自觉，人人做最好的自己，培育全面发展的具有主体性的人。

立足课程建设，挖掘课程魅力

走在校园中，一片生机勃勃的景象扑入眼帘。各种丰富多彩的学生活动场景次第展开。操场上跳绳、街舞、排球、乒乓球、篮球、足球，各项体育活动热火朝天，绿茵场上活力四射，学生们的欢笑声，呐喊声，彼此起伏，在璀璨的阳光下回荡。这只是学校校本课程中的一部分，这所学校还设有、绘画、声乐、舞蹈、合唱、朗诵、游泳、电钢琴、泥塑等百余项社团活动校本课程，供学生自主选择。

课程是引领，是载体。活动是手段，是平台。为给孩子充分搭建实践生命成长的舞台，学校每年举办校运动会，年级排球比赛，拔河比赛，跳绳比赛，每年四月举行"读书节"开幕式，十月举行"读书节"闭幕式，至今已举办十二届，每年五月举行举办校园"艺术节"，每年国庆节举行"金秋赛诗节"，每年元旦举行"校园合唱节"以及"课本剧"等展演活动，活动有效检阅了学校素质教育的成果，增强了师生的凝聚力，激发了学校发展的勃勃生机。

几多汗水，几多耕耘。在各级各类竞赛中，全校师生辛勤劳作，取得了许多可喜的成绩。近几年来，在参加市、区级各类比赛评比中，获得荣誉625人次。其中国家级荣誉20人次，省级荣誉64人次，为学校赢得了良好的声誉。

聚焦课堂教学，深化教育学改革

近年来，学校加强教研组建设，提高学科团队的整体水平。学期伊始，各教研组制定切实可行的教研活动计划，按"定内容，定时间，定主讲人"的"三定"原则，制定有自己特点的集体备课活动。

各教研组充分开展备课观摩和交流活动，落实组内听课制度，听课结束随即进行评课活动。实行评课"三三一"（三个优点，三个缺点，一个可操作性建议）的原则，对开课者提出中肯评价。教研组每周一次集中备课，学校中层领导包组参与教研活动，教师不得无故缺席。集体备课中要求教师发扬团结协作和无私奉献精神，贡献个人智慧结晶，追求全组共同成长。

学校严格控制作业量，当天没有课时的学科不得布置书面作业，反对贪多贪难，重复机械，实行分层和形式多样的作业，减轻学生负担，确保作业的时效性。鼓励加强探索研究社会实践作业、研究性学习作业、学科反思总结性作业等形式的作业布置。教师要对作业及时全批全改，学生改错后及时复批。

每学期，要求教师听课不低于16节，年级组长、教研组长、学校领导都要进班听课，不低于30节。大力开展"同课异构"或"异课同构"组内公开课活动，每学期期中举行"优质课评选"评选活动，要求35岁以下中青年教师全员参加，展示和检验各教研组的专业发展成果，促进中青年教师的生命成长。

精细化落实教学常规，提升课堂教学效益

课堂效益的提升最终落实到教学常规上，为此，金山中学结合"三环六步"教学模式的要求，认真贯彻"自主、合作、探究"的课改理念，把握"以学定教、自主互助"的课堂教学思想，以教学为中心，聚焦课堂课程，尊重学生基础，重视教育环境，遵循教育规律，尊重学生生命成长，提高教育教学质量。

一是精心备课。每位教师精研课标，钻研教材，认真落实"三环六步"教学课堂模式的要求。二是专心上课。使用普通话教学，提前2分钟候课，课堂教学面向全体学生，实施分层教学，采用小组合作学习方式，突出学生的主体地位，充分利用现代信息技术手段，提高课堂的实效性。三是精心选编、耐心批改作业。严格控制作业量，强化前置性作业；做到全批全改，即改即批；任课教师和学生人手一册错题簿，养成自我修正的习惯。四是爱心辅导。在集体辅导的基础上切实加强个别辅导，培优补差，科学合理安排各科辅导时间，使尖子生更突出，让后进生变优秀。五是用心组织单元测评。研究近几年中考题型，按照教学进度，以实效性为目的，有针对性地仔细出题，认真组织考试，强化试卷讲评与分析，做好过关率，实行二次过关。

加强德育建设，培养良好习惯

金山中学坚持"德育为首、安全为重、以人为本、注重实效"的德育工作理念，以构建"主体性德育体系"为追求，突出"全员育人"，以养成教育为重点，整体构建德育体系，打造平安和谐校园。近几年来，学校围绕"主体性教育——九年一贯制德育体系建设研究与实践"的市级德育创新项目，先后成立学生会、金砺读书社、尊老志愿服务队、小记者站、小摄影家协会、少先大队等十几个学生组织，由政教处统一组织安排，努力践行主体性德育。充分发挥学生的主体性，开展"人人争当班级小主人、活动小主人"活动，唤醒学生主体意识，让学生成为自我教育的主角。学校把学生会干部的选拔和培养放在学校育人工作的重要地位，党总支、政教处、团委通过学生会例会和团干部例会，加强对学生干部的培养，让学生参与各项检查，开展志愿者服务队活动，以提高学生自我教育、自我管理、自我服务的意识。

学校深入开展"秩序校园"建设工程,强化学生的养成教育,"立规成习",从日常行为习惯入手,开展近距离、小目标、经常化的养成教育活动,从一点一滴的小处、细处做起,低起点,严要求,促使学生的卫生习惯、文明礼仪、学习习惯、纪律习惯、体育锻炼习惯等逐步由被动为主动、为自觉。

学校落实"一岗双责",营造"全员育人"氛围,树立"人人都是德育工作者"的理念,通过规范、引导、学习培训和考核强化教师育人意识,不断引导全体老师、家长面向每一个学生,做到"思想上引导,学业上辅导,生活上指导,心理上疏导",营造"全员育人、全科育人、全程育人"的氛围,创建学生健康成长的温馨和谐家园。

"主体性教育"实践,为金山中学赢得了良好的口碑和荣誉,学校先后获得"淄博市依法治校示范学校""临淄区教学工作先进单位""淄博市学校文化建设先进单位""全国年度德育科研工作先进实验学校"等荣誉称号。但学校深知,教育现代化任重道远。展望未来,金山中学将振奋精神,凝心聚力,转变作风,敬业求实,更加奋发有为地工作,努力推进学校现代化,推进学校创新发展,把学校办成真正让广大人民群众放心满意的高质量学校。

关于优质学校的思考

优质学校,一定是有内涵的学校。其办学成果和特色是学校在长期办学实践中"创"出来的,而不是上级教育行政部门"评"出来的。有不少学校为了迎合上面的一次次"评比",加班加点,加大投入,做表面文章,搞虚假一套,这样"造"出来的"优质",不是真正意义上的优质学校，是假优质。

优质学校是社会群众期待的学校，是广大求学者向往的学校，更是教育工作者追求的学校，是社会美誉度高极具口碑的学校。判断一所学校是否优质，其衡量指标是多元的，可谓仁者见仁，智者见智。作为校长，心中要有自己的优质学校标准，努力去办一所自己心目中的优质学校。校长办学一定要有自己的定力。注重眼睛向内，关注学校的内涵发展，不断从办学思想、办学目标、课程建设、管理机制、课堂教学、教育科研、特色品牌等方面提升学校形象。要做的是扎扎实实的内功，摒弃浮躁的心态，拒绝急功近利的做法。

一 一看学校的整体面貌和精神气质

优质学校的地理位置、校园环境要与学校所处的自然地理环境、地域社会环境相融洽。学校的整体面貌干干净净，整整齐齐，层次分明，窗明几净。鸟语花香、绿树成荫。校园环境设施不一定豪华高端，却永远是整洁有序。学校的一草一木，一砖一瓦，一墙一角，富有文化气息。办学理念渗透其中，师生作品点缀其间。

学校改革发展步伐不一定最豪迈，却永远是从从容容，扎实稳健。学校发展目标明确，规划清晰，既不急功近利，也不混沌无序，宁静而致远。教育教学成果不一定最耀眼，却永远内涵丰厚、富有品位、耐人寻味持久而隽永。

二 二看校长的教育思想和治校方略

校长必须要有自己清晰的教育思想。校长对学校的领导首先是思想的领导。校长有自己坚定的教育思想，才会有高瞻远瞩的思考，才会有办学的坚守和创造，才会对学校的发展充满憧憬，才会全力以赴去谋划学校的发展，才会有影响力和感召力去斗志昂扬地、自信地引领广大教职工办出优质教育。校长是一个理想主义者，但要平视教育的功利现实性，要准确把握理想和现实的平衡点、结合点。既不能一味屈从于教育功利化倾向，也不能一味搞空洞的完善理想主义。校长要平和而不平庸，思想深刻但不事张扬，学识渊博又平静内敛。

我的教育思想主要反映在以来十个方面：

1. 教育即生长。一切教育都指向成就人的生长。而人的生长一定是其内在的与生俱来的、本自具足的本性的发挥与发展。而绝不是他本身不俱备而完全是从外部强加的灌输。

2. 敬畏生命。儿童并非是一个未来存在之人。不要把儿童当成是一个"未来的成人"来培养。儿童本身是生命阶段就有其独特的生命价值。人生的每一个阶段都有其不可替代的生命意义和价值，教育要尊重生命的每一个阶段。因材施教，因时施教，创设适合的教育。学校的课程、人、事、物……等等，我们更愿意说成是"成长陪伴系统"。

3. 教育的目的是摆脱现实羁绊求得人的解放。教育绝不是教人适应现实，而是让人获得解放。通过不断丰富充盈自己的生命，从而获得一种实力，即有实力面对现实而能实现生命的自由。

4. 一切有效的教育都只能来自于自我教育。所有成功的教育，一定是基于潜移默化的、基于润物无声的、基于言传身教的人格影响。

5. 忘掉课堂的一切，剩下的才是教育。课堂上积累了许多知识，记了许多笔记，做了许多习题，但是，最终能渗透进生命骨子里的东西，才是教育。

6. 一流学校的唯一标准是有一群一流的教师。作为校长，我深刻地认为，优质的教师队伍才是成就优质学校的最根本的也是唯一的因素。所以，我一直在倡导一个共识"教师的人格魅力是最根本的教育力"。

7. 爱，是一切教育的前提。没有爱就没有教育。学校里，课堂中，第一要关注的是人际关系，师生之间，生生之间，是不是充满了爱的温馨，人际关系是不是和谐纯朴。

8. 教育是最大的民生。作为教育，是社会生活的一部分。任何社会发展的终极追求都是'风调雨顺，国泰民安'。教育承担着社会责任。

9. 教育是最大的政治。教育脱离不了经济社会的历史局限性和人类社会发展的阶段属性。"建国军民，教学为先"，教育是社会的稳定器，教育是任何政府都要考虑优先发展的基础性工程。

10. 教育是值得做的永恒的事业。作为校长的职业，必须从心底里对教育事业有很高的认同，认为教育是值得用一生去做的一件大事。正如陶行知的心志："人生天地间，各有所禀赋，为一大事来，做一大事去。"教育，就是一件大事。

优质学校要有一整套极富效能的运行机制。我校的时间维度上的"31111"体制，空间维度上的"12241"机制，还有完整的各层级的"例会制度"，各层面的"述职制度"，各科室层面的"月度工作督查制度"等都是基于建设优质学校而设计的组织运转机制。

三 三看师资队伍的专业素质

教师群体人人都极富人格魅力，教师专业水平高。"教师的人格魅力是最根本的教育力"。师生关系融洽，课堂气氛和谐，课堂教学简约而灵动。课堂上课时，教师脸上有期待的微笑，眼中有温暖的目光，脑中有敏捷的智慧。管理班级时，教师心中有原则，有方法，教育在无痕处，润物细无声。师生都是教育的主体，"唤醒主体意识，激扬生命自觉"在师生双方都得到体现。教师恪守有教无类、因材施教，关爱每一个学生，善于发现每一个学生身上的闪光点，给予真诚的赏识。工作雷厉风行，张弛有度。生活中热情友善，优雅有风度。教师能做到规范而不墨守成规，照本宣科，教师的工作极富个性魅力，给一个平台，尽显才华，给一个台阶，能登高望远，给一个机制，能自我发展，给一个讲坛，能自我反省完善。

四　四看学生的行为表现

入校井然有序，早到校清理卫生，见到师长鞠躬问好。升国旗仪式，庄严肃立，尊重国旗、国徽，大声唱国歌。面带微笑，彬彬有礼。妨碍别人时，礼貌道歉，受到别人帮助时，微笑致谢。热爱读书，把好书推荐给同学。上课认真听课敢于提问，积极参与课堂活动，学习积极主动，学习效率高。上下楼梯，上下学的路上，按规则行走。不追逐打闹，不乱扔废物，不随地吐痰。讲卫生，穿着干净整洁，头发、指甲干净。热爱体育运动，做操认真，充满活力。

以上四个方面，当然不能穷尽优质学校的外显标志。甚至不同于传统世俗性对优质学校的解读，没有谈及"教学成绩优异，升学率高"等等，但是，这四个方面却是优质学校应有之义，我认为，若无以上四个方面，就难谈得上是优质学校了。

后　　记

　　"人生天地间，各有所禀赋，为一大事来，做一大事去。"这是陶行知先生的一首诗，也是我的座右铭，放在本书最后表达我的心声：人一辈子，能做成一件事就不容易了！

　　在茫茫的宇宙中，人的生命短暂而脆弱。在我看来，每个人的生命在宇宙当中的存在，宛如一粒尘土在无垠的时空之中飘荡，如电光火石一般稍纵即逝，不知所终。在这极其有限的生命存续期间，一个人能做些什么？这样的思考，我大约在40岁时才渐渐稳定而清晰起来，正所谓"四十而不惑"。2016年9月，在我的生命到达42岁年纪的时候，我被组织任命为一所学校的校长。当一个人到了"不惑"的年纪，对生命存续的意义有了一些"思考"，恰好命运又把你"抛"到一个团体的领导者位置上时，你的生命注定要与团体的发展融合为一体。尤其是这一团体恰恰又是学校——培育人的组织——与生命相关的组织时，我意识到，我的生命中得有一段时光投向教育之"事"，教育之"事"关乎人，关乎生命，斯"事"体大，是为大事。

　　在我担任校长从事教育之事的这两年的极其有限的时光里，我体会到必须要有自己清晰的办学理念和办学思想，要有"自己的话语表述"和"自己的行为方式"。作为一名极为普通的校长的个人经历和感悟也许对本人来说是独一无二的，对他人来说或许并没有多少意义，但"越是个人的，就越是社会的"，如果放到整个社会生活中来考查，或许可以把我个人的感悟上升到"为教育事业作了些思考与尝试"的角度，为关注教育的同仁提供一点点借鉴。一个人必须要有自己清晰的人生哲学和价值坚守，要有"自己的精神支柱"和"自己的行为逻辑"。这本书所记录下来的实际上已经超越了一名初任校长两年来的工作流水账了，它呈现的是我担任校长前后的一段斑驳的人生旅程。此期间，我秉承"唤醒主体意识，激扬生命自觉"的教育理念，努力为城乡结合部的老百姓"办一所家门口的好学校"。办学的过程是实践我的人生哲学的过程，彰显了我的价值坚守。书中记录下的所思所想、所作所为都很平凡，但能体现出一点点人生旅程的感悟，现结集出版出来，既是对自己的这段人生旅程的纪念，也为关心我的朋友留下一点点回忆。

教育是一件大事，但再大的事也只是些平凡事。虽平凡，却美好。

平凡的事，要安安静静地做。

在这本取名《安安静静做教育》的小册子即将付梓之际，心情有一丝释然，更多的却是一种感激，因为这里面浸淫了太多人的心血和关爱。正是那些给予我无限关爱和帮助的亲人、朋友、领导、同事们，无私地给予了我许多的体贴、帮助、鼓舞和鞭策，让我有机会、有可能、有勇气和有信心做我自己。

妻子苏玲，她善良贤惠，体贴入微，当年毅然决然嫁给了这个刚刚大学毕业一无所有、一贫如洗、并且在上大学期间欠下一屁股债务的穷小子，给予了我一个完整的家。在我投入工作和编辑这本书的过程中，妻子全心全意支持我，不仅无怨无悔地操持着家务，而且当她知道出书需要资金时，一向崇尚简朴连买付手套都要在淘宝网上反复淘便宜货的爱妻，却为我出书毫不犹豫慷慨解囊。儿子刘佳禾，特别懂事，如今已在淄博实验中学读高二，学习成绩稳居年级前50名。高二上学期期末考试成绩位列全年级第10名，获二等奖学金600元。主要从小得益于外婆吴清郦女士的悉心照料，德智体美劳全面发展，热爱体育运动，喜欢打篮球、踢足球，喜欢NBA球员库里，是CBA辽宁队球迷，还是球员郭艾伦的铁杆粉丝。他学习上的事从来不让我操心，对于我出书采用了"激将法"——老爸还能出书？——语气中的潜台词明显是"算你牛！"。

  最要感谢的是我的老师、领导和同事们，象母亲一样关心指导我成长的谭爱菊老师，我们的情谊早已超越师生关系；多年悉心培养我的张有蔚老校长；对我帮助巨大的临淄区委教育工会常务副书记、区教育局党委书记、局长刘学军；给予我许多教导的张锡华副局长、刘建伟副局长等教育局领导；教育部首期中小学校长领航班成员名校长临淄一中孙正军校长；给予我无私帮助和支持的王竹报副校长、朱以才、宋杰、张尧强、蔡书荣等老领导；与我肝胆相照的关丙卿、张忠诚、纪志刚、任树村、王柏林、焦学军、郭元亮、程国伟、宋玉平等同事；还有许多与我一起共事的教职工们；还有社会各界的领导和朋友们，如中石化第十建设有限公司党委书记、总经理王存庭、工会主席陈西洲、淄博分公司党委书记、经理刘金考、淄博绿环公司董事长闫吉元、淄博化建医院的院长王光发、副院长李广收、奥华商贸公司经理袁辉义、副经理曾桂梅、伊善学等等，大家都自始至终给予了我大力的帮助和支持，在此不便一一列举，敬请海谅，借此机会一并致谢。

  最后，我要特别感谢临淄区作协主席周游先生。先生系山东省作家协会会员，山东省作家协会创作专业委员会委员，山东省报告文学学会理事，是淄博市"德艺双馨中青年文艺家"，著有长篇小说《姜太公》、报告文学集《生命河》等200余万字，可谓著作等身。

周主席其实是第一个读到这本书草稿的人。我一直对这本小册子的出版感到十分忐忑，因为自己感到内容太过粗糙，语言太过贫乏，对于出版一直有所踌躇。但先生在百忙之中通读了我的初稿，并且毅然作了序文《静水流深》。周先生本来工作就非常繁忙，而且还有许多文艺社会团体方面的事务要处理，可谓日理万机。先生是牺牲了休息时间，甚至熬夜用心来读我的这些文字。尤其令我感动的是周先生从我粗糙的文字中读出了连我自己都不甚明了的心境，他在序文《静水流深》中写道"作者几十年如一日如何专心想教育、痴心办教育、静心做教育的痴迷和安静程度让我打怵了。因为，在日新月异、纷繁杂陈的大变革、大发展的形势和环境中，形形色色的人们，有的是行走脚缥缈，垂钓浮水上；有的是为了达到某种目的左顾右盼，患得患失；有的则看重权，盯着钱，物欲横流，利欲熏心。正因如此，我一下走进这样一位安安静静的似乎不食人间烟火的辛勤园丁火热的内心世界时，不禁被深深地震撼了……"这对我是多么大的鼓励啊！先生说："作为探索的第一部，能做到这种地步已经很不错了！"我心怀惴惴，剖心致敬——

  拙作草成，内心忐忑，自感浅薄，羞于示人。
  感谢主席，真心实意，垂爱有加，不鄙不夷。
  用心良苦，挑灯夜读，拙作粗砺，劳烦先生。
  妙笔生花，润色点睛，点石成金，化朽为神。
  心意相通，不吝赐文，静水流深，堪为知音！

刘　斌

2019年1月5日